本书为国家自然科学基金项目
"大学治理、财务管理和价值增值的关系研究"（71573090）研究成果

财务管理视角下的
大学治理与价值增值

杨　蓉◎著

华东师范大学出版社

·上海·

图书在版编目（CIP）数据

财务管理视角下的大学治理与价值增值／杨蓉著
. —上海：华东师范大学出版社,2021
ISBN 978 - 7 - 5760 - 2219 - 3

Ⅰ.①财… Ⅱ.①杨… Ⅲ.①高等学校—财务管理—研究—中国 Ⅳ.①G647.5

中国版本图书馆 CIP 数据核字(2021)第 219653 号

财务管理视角下的大学治理与价值增值

著　　者　杨　蓉
责任编辑　王海玲
责任校对　江小华　时东明
装帧设计　卢晓红

出版发行　华东师范大学出版社
社　　址　上海市中山北路 3663 号　邮编 200062
网　　址　www.ecnupress.com.cn
电　　话　021 - 60821666　行政传真 021 - 62572105
客服电话　021 - 62865537　门市（邮购）电话 021 - 62869887
地　　址　上海市中山北路 3663 号华东师范大学校内先锋路口
网　　店　http://hdsdcbs.tmall.com

印 刷 者　上海商务联西印刷有限公司
开　　本　787×1092　16 开
印　　张　18
字　　数　265 千字
版　　次　2022 年 1 月第 1 版
印　　次　2022 年 1 月第 1 次
书　　号　ISBN 978 - 7 - 5760 - 2219 - 3
定　　价　69.00 元

出 版 人　王　焰

前　言

　　大学是很有价值的。习近平总书记在党的十九大报告中明确提出:"加快一流大学和一流学科建设,实现高等教育内涵式发展。"从价值活动的角度看,这个一流大学和一流学科的建设过程实际上就是大学价值不断增值和实现的过程。

　　我长期在高校从事财务管理以及教育经济与管理的教学和科研工作,又先后在学校的商学院、财务处、发展规划部等部门担任领导工作,深切体会到大学价值创造的意义。大学价值的实现与完善大学治理息息相关;换言之,大学治理对学校价值形成和增值,从而进一步对一流大学和一流学科的建设,具有十分重要的作用。良好的大学治理通过很多途径正向作用于大学的价值增值,从财务专业的视角,我认为财务管理是一条十分重要又不可或缺的途径。这是因为财务管理是大学价值活动的重要支持,其形成的资金流、信息流如同人体中的血液,贯穿大学教学、科研、社会服务等各项价值活动运行的全过程,大学治理可以通过有效的财务管理活动,推动大学价值的增值与实现。

　　2013年,受教育部经费监管事务中心的委托,我完成了高校财务管理状况评价指标的设计,并对2012年75所教育部直属大学财务管理状况进行了试评价,反应效果良好,得到了教育部有关领导的认可,认为这是一项基础性工作,特别是在扩大高校自主权的同时,加强政府监管特别是经费使用监管是必不可少的环节。基于此,2016年我申报并获得国家自然科学基金面上项目"大学治理、财务管理和价值增值的关系研究"(项目号71573090)的资助。经过几年的努力,通过大数据的挖掘、整理和分析,研究发现财务管理对大学价值增值具有显著正相关的影响。随着研究的深入,发现财务管理确实是大学治理促进价值增值的关键路径。

本书是在国家自然科学基金面上项目成果《大学治理、财务管理和价值增值的关系研究》基础上经过修订、充实而形成的论著。在对这个项目进行的 4 年研究和 1 年出版过程中,发生了三件值得一提的事情:其一,2017 年 1 月,经国务院批准同意,教育部、财政部、国家发展和改革委员会印发《统筹推进世界一流大学和一流学科建设实施办法》,这是党中央、国务院在新的历史时期为提升我国教育发展水平、增强国家核心竞争力、奠定长远发展基础,做出的重大战略决策。其二,2019 年 10 月,十九届四中全会召开,审议《中共中央关于坚持和完善中国特色社会主义制度、推进国家治理体系和治理能力现代化若干重大问题的决定》。对高校而言,要加快构建法治化、科学化的现代治理体系,提升治理能力,切实激发高校办学活力。其三,2020 年 10 月,中共中央、国务院印发《深化新时代教育评价改革总体方案》,改进高等学校评价,加快推进教育现代化、建设教育强国、办好人民满意的教育。这三件事形成的冲击波及其影响,对我国高等教育,特别是高校的内涵式发展具有重要指导意义。我深深感到,应尽快出版这本书,为实现高等教育内涵式发展做出自己微薄的贡献,这是一个理论工作者应有的历史责任与使命。

本书以教育部直属高校为研究对象,构建大学治理—财务管理—价值增值关系的逻辑框架,通过实证研究和案例分析,探究大学治理,如何通过高效规范的财务管理,实现大学的价值增值。本书的研究结论主要包括:(1)大学治理对价值增值具有显著正相关的影响。大学治理对教学与科研均会产生正面影响,促进其价值增值,并进一步通过教学、科研转化提升社会服务价值。(2)财务管理作为大学价值链中的一项重要支持活动,不但支持教学、科研、社会服务三个基础活动,也为其他支持活动提供保障,即财务管理对大学价值增值具有显著正相关的影响。(3)财务管理确实是大学治理促进价值增值的关键路径。

在课题研究与本书的成稿过程中,我十分感谢我的博士研究生王雯、刘婷婷、高群、罗昆、朱兰亭等,他们收集整理了大量国内外相关研究文献和资料,进行了艰苦又卓有成效的工作。我十分感谢很多来自教育界、理论界的专家,他们对书稿提出了宝贵意见和建议,使我受益匪浅。我也十分感谢本书的责任编辑王海玲老师,她为本书的出版做了大量工作。

德国诗人歌德有一句名言:"理论是灰色的,而生活之树是常青的。"为了说明"理论由实践赋予活力,由实践来修正,由实践来检验"的观点,列宁在《论策略书》一文中曾经引用过这句经典名言。理论只能基本反映和概括已经发生的实际生活,只能大体预测未来的复杂性状况,还需要实践的检验。从这个意义上看,本书的一些观点和理论从出版之日起就可能过时了,或者局部过时了,不能概括出今天和未来复杂的实践活动。因此需要站在昨天的基点上,时刻关注今天和明天的实践活动,不断修正和发展自己的理论观点。这是一个 VUCA(Volatility、Uncertainty、Complexity、Ambiguity)时代,充满着易变性、不确定性、复杂性和模糊性,需要我们不断求索。学无止境,一个课题结题了,另一个课题接力而上,周而复始,螺旋上升,让理论紧跟着实践长青,这就是理论工作者的生活方式和态度。

十分感谢读者们对本书的批评和指正!

杨　蓉

2021 年 8 月 6 日

目　录

第三章　大学财务管理　/44

第四章　大学价值增值　/105

第一章 导论

第一节 研究背景和意义

一、研究背景

当前,国内外形势正在发生深刻复杂变化,我国处在过渡和转型的重要阶段,改革已深入社会的各个方面。习近平总书记强调我们要推进国家治理体系和治理能力现代化,就要大力培育和弘扬社会主义核心价值体系和核心价值观。高等教育是社会公众关心的重要领域,大学改革创新已迫在眉睫。党的十九大报告指出,要把教育事业放在优先位置,加快教育现代化,办好人民满意的教育;并且针对高等教育提出了具体要求,即要加快一流大学和一流学科建设,实现高等教育内涵式发展。《国家中长期教育改革和发展规划纲要(2010—2020 年)》提出要完善中国特色现代大学制度,完善治理结构。《关于深化教育体制机制改革的意见》也提出要完善中国特色现代大学制度,坚持和完善党委领导下的校长负责制。《国家教育事业发展"十三五"规划》则进一步提出要改革教育治理体系,深化简政放权、放管结合、优化服务改革,落实学校办学自主权,加快现代学校制度建设,拓展师生参与学校民主治理的渠道和途径,加快推进教育治理现代化。教育部前部长袁贵仁在 2014 年年度教育工作会议上的讲话中指出:"实现国家现代化,教育要率先现代化。实现教育现代化,教育治理要率先现代化。"可见,完善大学治理势在必行。

为提高大学外部治理能力,2010 年教育部颁布了《高等学校信息公开办法》,明确了高等学校信息公开的内容和要求;2011年教育部、财政部颁布《高等学校总会计师管理办法》,要求大学设立总会计师。为提高大学内部治理能力,2011年教育部颁发了《高等学校章程制定暂行办法》,以文件的形式明确指出大学章程必须载明学校的领导体制、法定代表人、组织结构、决策机制、民主管理和监督机制,内设机构的组成、职责、管理体制;2014年教育部制定颁布了《高等学校学术委员会规程》,加强学术委员会建设,完善内部治理结构。这些法规和制度将学校治理特别是大学治理一步一步引向规范化和法制化。为加强教育经费管理,2010年10月,教育部正式批准设立教育部经费监管事务中心。该中心受教育部委托,对教育经费使用管理承担监管职责。中心成立以来,通过加强教育财务监管队伍建设、推进大学总会计师制度,探索建立巡视、内部审计、专项检查、财务评价、信息公开等综合监管方式,逐步建立和完善教育经费监管体系。为进一步推进教育经费管理工作,教育部把2013年确定为"教育经费管理年",提出推动建立大学财务巡视制度,侧重从制度、基础工作层面帮助大学规范财务行为,提升管理水平。研究建立对大学财务管理进行全面评价的指标体系,并将评价结果与财政拨款挂钩。2014年,教育部提出加大教育经费使用监管力度,制定高等学校会计制度。启动实施直属高校财务巡视制度,推动各级学校实行阳光财务。《国家中长期教育改革和发展规划纲要(2010—2020年)》第五十八条明确提出要加强经费管理。《国家教育事业发展"十三五"规划》也提出要加强教育经费监管,提升经费管理专业化水平。从中,我们可以看出国家对教育事业特别是高等教育的高度重视,对于改善大学治理、强化教育经费监管的决心和信心。

我国从2007年起高等教育规模就超越美国,成为世界第一。但从投入看,我国高等教育依然是既缺乏经费又缺乏人才。从产出看,中国的高等教育培养了数以亿计的高层次人才,却面临着整体学术竞争力不强的困境。我国大学至今保留了以行政权力为中心,学术权力偏基层的模式。行政机构之中,学术组织和行政机构职能不清,行政权力和学术权力之间不能形成有效制衡,与建设世界一流大学目标还有较大距离。

基于此,本书从大学财务管理视角探索大学治理与价值增值之间的关系,认为大学治理要高度重视财务管理,改善大学财务管理有利于大学的价值增值。

二、研究意义

本书主要依托委托代理理论、利益相关者理论、公共产品理论、新公共管理理论和价值链理论,构建大学治理—财务管理—价值增值关系的逻辑框架,探究规范的大学治理如何通过高效、规范的财务管理,最大限度地提升大学的价值。

具体地看,大学治理、财务管理和价值增值研究的理论意义至少体现在以下方面:

第一,探索了国内外大学内部治理与外部治理的发展、类型、特点和模式,总结了国内外大学治理的趋同性和差异性,在一定程度上丰富了有关大学治理的理论。

第二,将价值链理论用于分析大学教学、科研和社会服务活动,提出大学的目标就是价值增值,具有一定的理论创新。

第三,建立了大学治理—财务管理—价值增值理论框架和模型,以大学财务管理为切入点,考察大学治理与价值增值之间的内在联系,丰富了大学治理的理论。

第四,分析了大学财务管理的影响因素,即体制因素、技术因素和环境因素,考察不同因素对大学财务管理水平的影响程度,丰富了大学财务管理的理论内容。

第五,研究了大学治理和大学价值增值之间的内在关系,探讨大学内部治理和外部治理对提升大学价值增值的作用差异,具有一定的理论创新。

大学治理、财务管理和价值增值研究的实践意义是:

第一,本书系统运用价值链分析工具,对大学的教学、科研和社会服务活动进行了分析,这对大学有效利用资金、提升自己的价值具有实践参考价值和意义。

第二，本书基于大学治理—财务管理—价值增值相关关系，分析了我国75所教育部直属高校2012—2015年的财务管理状况，评价大学财务管理状况，提出相关建议。这些建议具有一定的可操作性，有利于教育主管部门制定相关政策，规范大学治理举措，提升大学治理水平。

第三，本书研究结果便于有关高校领导重视和改进财务管理，有针对性地提出改进措施，进一步完善大学治理，提高财务管理水平，实现大学价值增值。

第二节　研究思路和方法

一、研究思路

本书主要依托委托代理理论、利益相关者理论、价值链理论、公共产品理论和新公共管理理论，构建了大学治理—财务管理—价值增值关系的逻辑框架，探究规范的大学治理如何通过高效、规范的财务管理，最大限度地提升大学的价值。因此，本书按照理论研究—实证研究—案例研究的整体思路，依次从如下五个核心内容展开：

一是大学治理：从内部治理与外部治理两个方面对大学治理进行研究，其中内部治理包括行政权力与学术权力，外部治理为政府和社会监督，并在此基础上探究影响大学治理水平的主要因素。

二是财务管理：将大学从投入到产出之间的运行"黑箱"变为"白箱"，深入探究大学财务管理的影响因素，并将之划分为制度因素（制度与组织）、技术因素（预算管理、核算管理、决算管理）、环境因素（财务信息公开）三个方面，建立一个科学、合理、有效的大学财务管理状况评价指标体系。

三是价值增值：根据价值链理论，结合大学的三大功能（教学、科研、社会服务），对大学价值活动及其增值的过程进行研究，并提出运用大学排名的变动来衡量大学价值增值。

四是三者之间关系：重点对大学治理、财务管理与价值增值之间的关系进行研究，并依此提出两大假设：（1）大学治理对价值增值具有显著正相关的影响；（2）通过财务管理途径，显著提高大学治理对价值增值的促进作用。最后通过实证研究方法检验三者之间的关系。

五是案例分析：选取上海交通大学作为案例，着重对上海交通大学的大学治理、财务管理、价值增值以及三者之间的关系进行研究，进一步佐证上述假设。

具体研究思路如图1-1所示：

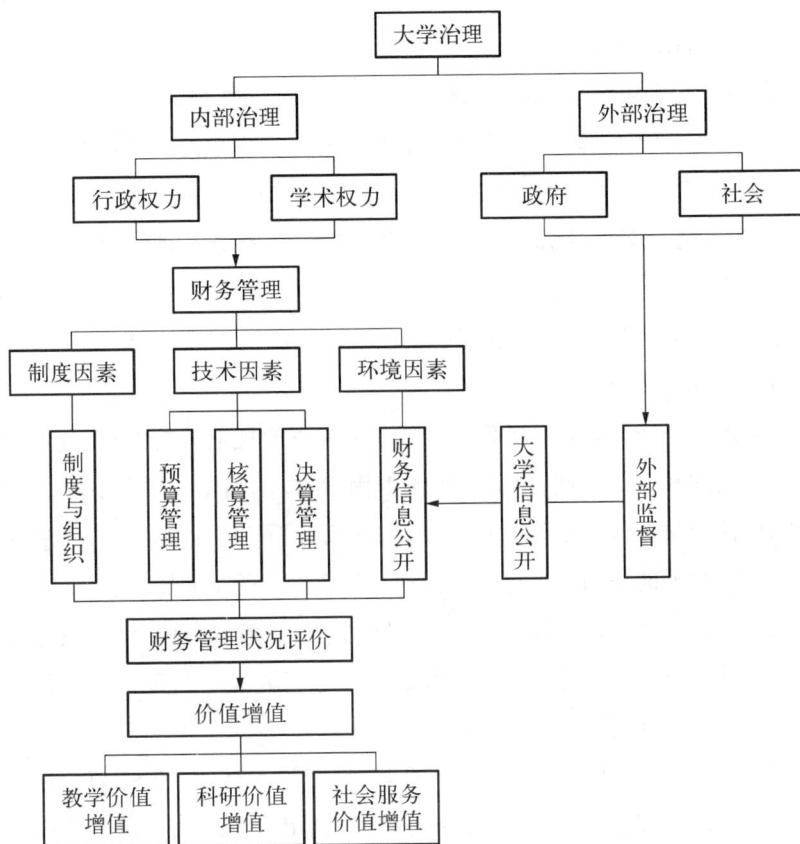

图1-1 研究思路

二、研究步骤

研究步骤如下：

第一步,提出问题,阐明课题的研究背景和意义、研究思路、研究方法、研究内容与框架；

第二步,从内部治理和外部治理两个方面对大学治理进行深入的理论研究；

第三步,从制度、技术、环境三大因素角度对大学财务管理进行研究；

第四步,运用价值链理论,从教学、科研、社会服务三个方面对大学价值增值的形成机制进行研究；

第五步,对大学治理、财务管理、价值增值之间的作用机制进行研究；

第六步,对大学治理、财务管理与价值增值的关系展开实证研究；

第七步,进一步研究大学治理、财务管理与价值增值的关系；

第八步,通过案例分析,进一步验证大学治理、财务管理、价值增值三者之间的关系；

第九步,形成研究结论和政策建议。

以上步骤主要分为三个阶段：

一是理论研究阶段：主要采用文献分析为主的规范分析方法,分别研究大学内部治理和外部治理,财务管理制度因素、技术因素、环境因素,大学教学、科研、社会服务价值增值的理论基础,进而分析三者之间的关系,从而得出财务管理水平的提高会促进大学治理对价值增值的正向影响。

二是数据获取阶段：从教育部官方网站、75 所部属高校官网、教育部经费监管事务中心、13 种世界大学排名数据库等获取大学治理、财务管理、价值增值方面的数据,为实证检验做准备。

三是实证研究阶段：通过建立实证模型,运用 EXCEL 和 STATA 14.0 进行数据处理,验证理论研究阶段提出的命题,利用多种统计方法和不同视角的模型检验大学治理、财务管理、价值增值三者之间的作用机制。

三、研究方法

本书主要运用经济学、管理学、教育学、会计学、财务管理等多个学科的基本理论和原理,对大学治理、财务管理、价值增值进行深入探索。遵循经济学中规范经济学与实证经济学相结合的思想,综合运用规范分析与实证分析相结合、动态分析与静态分析相结合、案例分析、比较分析、专家咨询和小组讨论法等研究方法。此外,在样本调查与统计分析中采用必要的计量经济研究手段,如 EXCEL 和 STATA14.0 统计软件工具:

1. 规范分析与实证分析相结合。本书采用了规范分析与实证分析相结合的研究方法,即在构筑大学治理—财务管理—价值增值的理论分析框架的基础上结合经验数据进行应用研究,兼容具有逻辑推理性的规范研究与具有解释性的实证研究内容。对大学治理、财务管理、价值增值之间的作用机理,采用具有逻辑推理性的规范研究;对大学治理如何通过财务管理途径提高大学价值,采用具有解释性的实证研究。

2. 动态分析与静态分析相结合。本研究尝试将动态分析和静态分析结合起来,采用面板数据模型方法分析了大学治理、财务管理、价值增值之间的关系,这有助于对大学治理及其增值形成更全面的认识,弥补以往仅运用静态分析的不足。

3. 理论分析与案例分析相结合。为了更好地在实践中验证理论分析部分提出的大学治理、财务管理对价值增值的促进作用,选取上海交通大学为案例,对其在实践中的大学治理、财务管理进行分析和归纳总结,进而验证了大学治理如何通过财务管理促进大学价值的增值。结合案例对理论分析部分提出的运作机理进行了验证,在此基础上提出政策建议。

4. 专家咨询和小组讨论法:定期进行小组汇报讨论,并对目前大学治理水平、财务管理方面存在的问题以及如何促进大学价值增值等关键性问题进行专家咨询讨论。

第三节 研究内容和研究路线

一、研究内容

本书共分为九章。其中,第一章为导论,第二章为大学治理的理论研究,第三章是大学财务管理的理论研究,第四章为大学价值增值的理论研究,第五章为大学治理、财务管理与价值增值的关系研究,第六章为大学治理、财务管理与价值增值关系的实证研究,第七章为大学治理、财务管理与价值增值关系的进一步研究,第八章为以上海交通大学为例的案例研究,第九章为结论与建议。各章所涵盖的内容简介如下:

第一章为导论,阐述研究背景、研究意义、研究对象、研究思路和方法,为后面各章的研究打下基础。

第二章为大学治理的相关研究,对公司治理和大学治理进行概述,分析了大学治理的基本理论,并对国内外大学治理的发展进行了研究,在此基础上分析了国内外大学治理的趋同性与差异性。

第三章研究大学财务管理的基本原理和基本理论,分析大学财务管理的基本理论,并对国内外高校财务管理进行了比较分析。

第四章研究了大学价值和价值增值,并将大学的价值分为教学价值、科研价值和社会服务价值。在此基础上,分析了大学教学价值、科研价值和社会服务价值的特点和实现路径。

第五章为大学治理、财务管理与价值增值的关系研究,包括大学治理与财务管理的关系研究、大学治理与价值增值的关系研究以及财务管理与价值增值的关系研究。

第六章为大学治理、财务管理与价值增值关系的实证研究。在大学治理、财务管理与价值增值关系理论研究的基础上,运用回归分析的方法,对大学治理、财务管理与价值增值关系进行实证检验。

第七章为大学治理、财务管理与价值增值关系的进一步研究。一方面，详细研究了财务管理的体制因素、技术因素和环境因素三大因素对大学财务管理水平的影响；另一方面，借助关联度分析方法，研究了大学治理与大学价值增值的内在关系。

第八章为选取上海交通大学进行案例研究，研究其大学治理、财务管理与价值增值的关系，为本课题的研究提供佐证。

第九章，在理论及实证研究的基础上，得出大学治理、财务管理与价值增值三者间关系的结论，提出提升我国大学治理、财务管理与价值增值水平的对策建议。

二、研究路线

本书的研究路线如图1-2所示。

三、创新点

本书以教育部直属高校为研究对象，对大学治理、财务管理与大学价值增值三者的关系进行实证研究，以期拓展相关理论深度，为实践提供参考。本研究的创新之处主要有以下几点：（1）从内部治理和外部治理角度，对大学治理的关键影响因素与相关变量进行了较为全面的研究。（2）在大学内部，各种人力、物力和财力的运行状况一直被置于"黑箱"里。本书试图打开这一"黑箱"，并建立一个科学、合理、有效的大学财务管理状况评价指标体系，从财务角度对大学内部的资源运用如何推进教学、科研、社会服务活动进行研究，探究大学价值形成与增值的过程。（3）运用价值链分析工具，建立一个大学价值形成及其增值的模型，深入剖析与解读大学价值形成和价值增值的过程。（4）从财务管理角度提出大学治理与价值增值的相关关系，构建了大学治理—财务管理—价值增值的理论分析框架。（5）对上海交通大学进

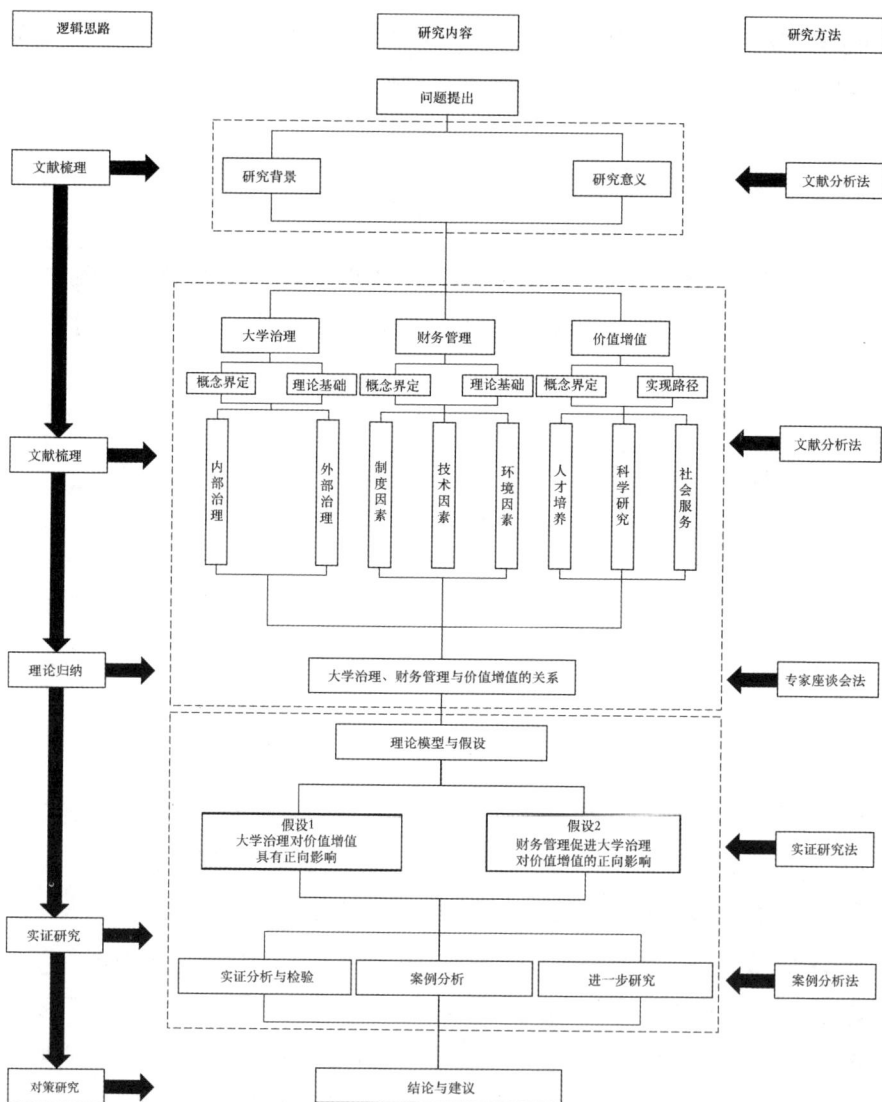

图 1-2　研究路线

行案例研究,为理论提供了佐证。在此基础上,应用大学治理—财务管理—价值增值的理论成果,向有关部门提出有针对性的建议,具有应用价值。

习近平总书记指出,要加快一流大学和一流学科建设,实现高等教育内涵式发展。提高我国大学治理水平,进而提升大学价值,用党的十九大精神指导学校"双一流"建设实践和内涵式发展,对中国向着全面建成社会主义现代化强国目标迈进的高等教育建设具有重要意义。在完成书稿的过程中,笔者深深感到一位理论工作者的历史责任感与使命感。

第二章　大学治理

第一节　大学治理概述

我国大学治理的核心是充分协调大学的内外部关系,平衡利益相关者的利益,最终确保大学理念的实现。而利益相关者之间决策权的制度安排,就是大学的治理结构。大学的治理可以分为内部治理和外部治理两大部分:内部治理旨在合理界定党委形成的政治权力、校长形成的行政权力和教授形成的学术权力以及工会、学生等形成的民主权力,外部治理旨在解决政府干预、市场环境以及社会环境与大学之间的关系(见图2-1)。

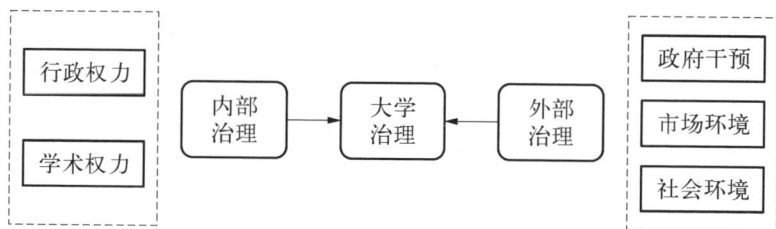

图 2-1　大学内部治理和外部治理

一、内部治理

大学内部行政权力和学术权力的制衡是大学内部治理的核心。一方面,行政权力与学术权力既相辅相成,又有不同的特点;另一方面,行政权力与学术权力既相互统一,又相互矛盾。

行政权力与学术权力既相辅相成,又有不同的特点。首先,行政权力和学术权力的性质不同。行政权力是以"科层化"为特征的法定权力,处于强势地位。学术权力是以"自主性和个人的知识"为基础的专业权威,在权力结构中处于弱势地位。其次,行政权力和学术权力运用的规则不同。行政系统是科层组织,科层组织重视效率和低成本运作,组织严密,强调下级服从上级,组织结构控制着组织内部的上下沟通。学术系统是专业组织,人员享有大量的自治权,这种权力是以其专业知识和技能为基础的,专业人员之间的交流是相对开放和非正式的,专业组织关心质量甚于关心成本,其组织结构松散。再次,行政权力和学术权力的主体不同,并呈现出多元、交叉的态势。行政权力的主体是校长和行政人员,但是教师、学生对行政决策有建议权和监督权,对一些重大行政决策拥有投票权、制约权。学术权力的主体是学术人员,但随着大学的发展,情况在逐步产生变化。

行政权力与学术权力两者既相互统一又相互矛盾。行政权力与学术权力在高等学校发展中具有统一性,具体表现在:两者产生和发展统一于高等学校自身发展的内生需要;两者具有功能互补性,统一于高等学校的管理实践;两者具有最终目标一致性,共生共荣,共同致力于实现大学发展,即人才培养、科学研究与社会服务的目标。而两者又互相矛盾,具体表现于:在文化价值的根源上相互冲突,在运行方式和作用客体的实践上互相冲突,学术权力日益分散与行政权力日益集中的矛盾日益突出。

所以,影响大学治理效率的内部治理要素主要涉及行政权力和学术权力的利益整合与协调,两者在活动中产生了合作与非合作的治理结果,具体可以分为行政权力导向、学术权力导向与混合权力导向的大学治理内部权力的三种运行模式,如图2-2所示:

第一种,行政权力导向。行政权力导向的特点是学校重大事务由行政权力和学术权力共同决策,二者没有明确的分工,主要依靠行政人员行使行政权力决策,教授有限参与行使学术权力,校长权力较大。当行政权力起主导作用时,学术权力趋于弱化,在各项学术事务或者非学术事务中没有充分的

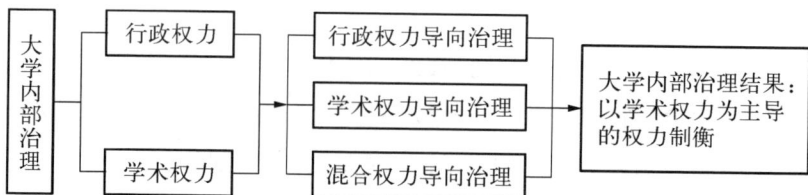

图 2-2　大学内部治理关系图

话语权。行政权力泛化,学术权力的发展空间受到挤压,学术人员的权益得不到保障,从而弱化了学术组织的学术权力,由此会产生强化官本位意识、官员数量膨胀、催生一批校属研究机构的负面影响。

第二种,学术权力导向。学术权力居于主导地位的权力配置使得学术权力处于一种"兼容并包、学术自由"的学术环境之中。专家学者们基于知识生产的内在发展逻辑,积极参与大学内部各种学术委员会、专业委员会、学科委员会、校务委员会的各项学术性和非学术性事务。他们对学术事务、学术活动有充分的咨询、建议、参与、决策、保证和监督权力。然而,任何权力都需要制衡,缺乏制衡的权力都有可能走向异化。随着学科、专业的分化,学者之间学术领域的共同性越来越少,使得学术人员思考问题时候容易产生片面性,可能导致学术官僚,从而影响系统的整体判断和组织整体目标的实现,故单纯以学术权力为导向也不利于大学内部治理效率的提升。

第三种,混合权力导向。大学既是一个按知识和学科内在发展逻辑组织起来的学术机构,又是一个行政化的具有管理倾向的科层化组织,两种权力实际上存在一定程度上的互补性,两者是分离的,但边界有时候是模糊的,它们作用于大学组织的不同方面,共同服务于大学的整体目标,相辅相成又相互制约。

但在大学行政权力与学术权力的实际运行中,行政权力是大学管理制度的主要供给者,相对于大学学术权力而言处于信息优势地位,两者之间是一种典型的"不完全信息博弈"。在利益对比中,学术权力总是有采取不正当竞争的利益驱动,而行政权力也总会有越位意图,两者最终达到一种"纳什均衡",因此,在很多情况下大学行政权力的越位可能是一种被动越位。

本书认为,大学内部治理形成行政权力和学术权力两权分离,学术权力为主导的格局最有利于大学治理效率的提升。大学行政权力与学术权力作为大学内部特有的两种基本权力,共同服务于大学的整体目标,只有形成高效互补、自我约束、职责明确、和谐运行的权力博弈机制,走向行政权力与学术权力的双赢,构建"行政权力与学术权力二元分离——学术权力主导"的大学内部权力运行模式,我们的大学才能够进一步地发展。由于我国大学里行政权力的强势和学术权力的弱势,因此,为提升大学内部治理效率,大学应强化学术权力,并最终形成"学术权力、行政权力适当分离,学术权力为主导的权力制衡"的运行模式。

二、外部治理

大学外部治理的核心主体是政府和社会,政府和社会参与外部治理的方式主要是政府监督和社会监督。

1. 大学外部治理中的政府监督

凯恩斯等人的"教育公共化"思想认为高等教育是实现国家目的的重要工具,政府应积极干预大学。贺佩蓉认为,在"政府控制型"治理模式中,大学外部实行国家控制,政府与大学是一种高度的控制与被控制关系,政府要实现对大学的有效干预,就必须根据自己的目标和价值系统采取控制化的治理工具。[①]从实践来看,"强国家—强社会"模型是中国现代国家建构的逻辑走向,国家与大学应不断调适权力边界与活动空间。一方面是国家权力对大学的外部渗透,进而形成对大学治理空间、结构、制度和生态的全方位塑造甚至同构;另一方面则是大学因其独特的组织特性、使命任务和精神文化,对国家权力的干预形成独具特色的内在抵制与抗争。政治权力与大学治理之间的这种形塑和互动成为透视中国现代国家建构、研究中国特色现代大学制度的极佳入口。

长期以来,政府全面享有国家教育权。目前,大学的自主性很弱,很多控

---

① 贺佩蓉. 政府·市场·社会:大学外部治理的权力要素与模式创新[J]. 江苏高教,2015(03):45-47.

制权依然被教育部和其他政府机构掌握。因此,政府要实行分权化改革,将权力充分授予学校,以发挥其治理的积极性,强化它们的绩效责任和自我负责的态度。然而,政府放权,并不意味着政府的作用减弱了,而是变得更加重要和有效。政府应主要从宏观上进行调控,如制定高等教育的宏观政策,监督、管理大学对资金的使用,协调学校、社会之间的关系,注重对大学绩效的评估,为学校竞争提供公平的制度环境等。①

2. 大学外部治理中的社会监督

许慧清指出,我国大学治理结构的完善,要重点解决三大问题,即政府如何依法管理大学,大学如何自主办学,社会如何参与监督。② 政府作为最终的公共责任主体,理应作为大学的监督主体。但是政府对大学的监督资源、力量、视角是有限的,必须有社会监督资源、社会力量的参与,才能形成系统有效的监督体系,引导、推动大学的科学发展。社会监督是大学治理的组成部分,是指社会组织、社会公众等作为大学治理的利益相关者,监督大学的各种活动或事务的决策、管理及运作,并据此影响大学权力的运行和结构,分享大学发展成果和过程。大学的社会监督是一种非正式的监督机制,它使得每一个对该组织关心或有疑问的人,有权力、有渠道对大学进行监督,具有范围广、影响大、方式灵活等特点。社会监督相当于给大学一个较强的自律激励,自律与他律相结合,能够发挥出正式监督机制所不能替代的作用。社会资源参与大学治理是评价大学治理能力的重要指标,体现了大学治理的新内涵,是建设中国特色现代大学制度的关键。③ 社会评价是社会参与大学治理的重要方式,是大学治理内在逻辑与外在需要的统一。④

---

① 盛冰. 高等教育的治理:重构政府、高校、社会之间的关系[J]. 高等教育研究, 2003(02):47-51.
② 许慧清. 大学外部治理视野中的社会监督[J]. 中国高教研究,2013(01):82-85.
③ 郝永林. 大学治理的社会参与:中国情境及其实现[J]. 大学教育科学,2014 (03):29-36.
④ 余小波,陆启越,周巍. 社会评价介入大学治理:价值、路径及条件[J]. 大学教育科学,2015(04):23-27.

其以"第三人"的立场对大学的办学质量与水平做出公正、合理的价值判断,有利于充分发挥"第三人"价值无涉的优势,提高评价结果的信效度和公信力。

综上所述,在大学外部治理结构中,治理的主体主要是政府和社会,治理体系由政府主导,同时要合理约束政府权力,适当放权;鼓励社会力量更多地介入到大学治理中,并要协调学校、政府、社会之间的关系,完善我国的大学外部治理结构。如图 2－3 所示:

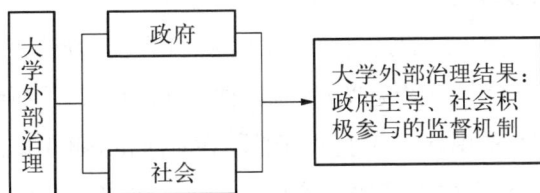

图 2－3　大学外部治理关系图

第二节　大学治理的基本理论

一、委托代理理论

委托代理理论是现代企业理论的重要组成部分,产生于企业的契约理论。现代委托代理理论是 20 世纪 30 年代由伯利(Berle)和米恩斯(Means)开创的,他们在实证研究中提出了"所有权与控制权分类的理论"并运用其研究股份制企业的经营者控制现象。

(一) 委托代理理论的内涵

罗斯(Ross)首先给出了现代委托代理的概念,如果当事人双方,其中代理人一方代表委托人一方的利益行使某些决策权,则委托代理关系就随之产生了。① 詹姆斯·莫里斯(James Mirrlees)用"分布函数的参数化法"和著名的"一阶化"方法建立了标准的委托代理模型,即委托人不能直接观测到代理人的行动,而只能观测到其行动的结果,但结果受到行动和其他因素的共同影响,委托人在最优化其期望效用函数时,必须面对来自代理人的两个约束。② 詹姆斯·莫里斯因提出这一理论而获得了 1996 年诺贝尔经济学奖。

(二)委托代理理论的假设前提

第一,存在信息的不对称。代理人的某些行为(努力程度、机会主义等)和私有信息(能力大小、风险态度)等难以被委托人证实,从而给委托人的监督和控制带来很大的困难。另外,由于信息在时间和空间上的分布是不均匀的,签约前后双方信息的不对称也很明显。第二,委托人与代理人均为理性人,双方都遵循自身利益最大化原则,二者的目标函数也不一致。第三,代理结果具有不确定性,代理结果不仅受代理人的行为的影响,还受包括许多代理人无法把握的不确定因素的影响。第四,契约是不完备的:一方面,订立完备契约的成本太高,甚至高于契约带来的利益,这样人们都不想花太高的成本去订立一份所谓的完备契约;另一方面,由于当事人双方信息不对称,其中一方可能欺骗另一方,这样也会使本来显得完备的契约变得不完备。

(三)大学治理:委托代理理论的应用

高等学校是一个多要素或多要素所有者的交易契约,高等教育属于准公共产品,其特殊性造成了高等教育委托代理关系的复杂性。受教育者个人、家庭等全体人民作为大学的初始委托人,把权力委托给国家,政府是国家意志的代表和执行者,但其不直接参与大学的经营与管理,而是任命校长和书

---

① ROSS S. The economic theory of agency: the principles problem[J]. American economic review, 1973(63): 134 – 139.

② MIRRLEES J. The optimal structure of incentives and authority within an organization [J]. The bell journal of economics, 1976, 7(01): 105 – 131.

记等大学管理者代表国家和政府的意志对大学进行管理。大学委托代理关系比较复杂,初始委托人缺位,缺乏实质意义的委托,是一种行政式的上下级授权的关系。

大学所有权与运作的权力分离是大学组织的基本特征,大学拥有的两项主要权力——行政权力和学术权力,都不是由所有者直接行使。所有权与运作权力的分离引申出一个问题:大学中的权力运用,何以保证其运行方向是体现大学目标,而不是为小团体服务?委托代理理论结合大学的特征分析可以说明大学为什么要采用非营利组织形式而非企业形式,大学中松散的组织特征,以及学术权力自治的重要性等。①

近年来,我国的部分学者把委托代理理论应用于高等学校的治理中来。根据委托代理理论,大学治理的关键是构建有效的制衡机制,以激励代理人为实现委托人的目标而努力,同时,对代理人形成有效的约束。在激励机制设计中,要重视控制权激励,让大学校长等代理人享有较多的控制权。在约束机制设计中,要重视权力约束。权力约束主要通过完善监督机制来实现。监督机制包括外部监督和内部监督两种形式。外部监督主要是学校外部的政府有关部门对代理人的行政监督和社会舆论监督等。内部监督主要是学校内部通过设置监督机构和制定监督措施对代理人实施的监督。

二、利益相关者理论

利益相关者理论是 20 世纪 60 年代以来发展起来的新的公司治理理论,它主张所有的受企业影响的利益相关者都有参加企业决策的权力。

(一) 利益相关者理论内涵

斯蒂芬·P. 罗宾斯(Stephen P. Robbins)认为,利益相关者是环境中受组

---

① 赵成. 大学治理的含义及理论渊源[J]. 现代教育管理,2009(04) : 35 - 38.

织决策和政策影响的任何有关者。① 琳达·特雷伊诺等（Linda K. Treyino & Katheriine A. Nelson）认为利益相关者是能够影响企业或受企业决策和行为影响的个人与团体。② 管理者负有服务于所有利益相关者利益的信托责任，企业的目标应该是促进所有利益相关者的利益，而不仅仅是股东的利益。③ 利益相关者理论认为，企业是由多个利益相关者所构成的"契约联合体"。企业的所有者不能仅仅局限于股东，所有利益相关者，如企业的雇员、供应商和债权人等，都是企业的所有人。企业的风险不是由股东全部承担，其他利益相关者也在承担着企业的风险。利益相关者之间的权力是独立的、平等的，他们共同拥有企业的所有权。

（二）大学利益相关者：利益相关者理论的应用

根据利益相关者与大学的密切程度不同，大学的利益相关者可以分为以下四个层次：第一层次是核心利益相关者，包括教师、学生、管理人员；第二层次是重要利益相关者，包括校友和财政拨款者；第三层次是间接利益相关者，包括与学校有契约关系的当事人，如科研经费提供者、产学研合作者、贷款提供者等；第四层次是边缘利益相关者，包括当地社区和社会公众等。我们可以运用利益相关者理论构建大学的治理结构，实行利益相关者的共同治理。④ 在利益相关者理论视界下，大学治理问题是复杂的，股东利益最人化要求利益的集中、管理的集权，而利益相关者理论则要求利益的均沾、权力的分配。⑤ 而且从利益相关者角度分析我国大学现有的管理体制，我们会发现，依靠传统的科层制和单一行政化方式建立的大学管理，并未

---

① 斯蒂芬. P. 罗宾斯. 管理学[M]. 孙健敏, 译. 北京: 中国人民大学出版社, 1999: 101.
② TREYINO L K, NELSON K A. Managing business ethics[M]. second edition, New Jersey: John Willey & Song Inc, 1999: 181.
③ BOATRIGH J T. Contractors as stakeholders: reconciling stakeholder theory with the nexusof-contracts film [J]. Journal of banking and finance, 2002, (26): 1837 – 1852.
④ 李福华. 利益相关者理论与大学管理体制创新[J]. 教育研究, 2007(07): 36 – 39.
⑤ 刘爱东. 利益相关者理论视界下的大学治理价值取向分析[J]. 中国高教研究, 2008(05): 38 – 41.

涉及大学众多利益相关者的利益需求。从利益相关者理论出发，大学必须在正确处理与利益相关者之间的关系的同时，构建起更完善、更能体现各方利益相关者价值需求的内部治理结构。大学的决策必须在诸多利益主体之间寻求一种平衡，不能走任何一个极端，仅仅强调某一方面的利益。① 就目前我国大学实际运行来看，需要建立几个方面的利益均衡机制：一是政府与大学之间，二是大学与校内的二级学院之间，三是学校各部门领导与教师之间，四是主要利益相关者和边缘利益相关者之间。因为从当前的大学管理实践来看，几对利益相关者之间表现出前者处于强势，而后者则处于弱势的状态，这种不均衡已经在一定程度上影响了大学组织正常秩序，导致大学组织的功能紊乱。但是，单纯强调前者对后者的放权是不够的，重要的是在二者之间建立一种利益均衡机制，在二者之间保持一种必要的权力的张力和平衡。

首先，政府作为大学的出资人，如果说政府完全不干涉大学的内部事务，这似乎不切实际。政府对大学的领导主要体现在大学的办学方向上，而不是大学内部具体事务的管理上，应当充分体现政府的领导职能，而不是管理职能。这种领导职能表现在国家制定相关的法律和制度规范，大学在法律和制度规范下进行自主管理。政府包括中央政府和地方政府，这两个相关者有时在利益方面表现出一致性，有时则有较大的分歧，中央政府更多考虑大学的办学方向问题，而地方政府更多考虑大学如何为地方经济建设做出贡献的问题。

其次，大学对学校二级学院，在教学、科研、课程设置、人事管理、财务资产管理等方面应适度放权。这里之所以要讲适度放权，是因为每个大学情况不一样，不能一概而论。对于高水平的大学，放权有利于调动二级学院的积极性，但有些能力较弱的二级学院不一定能较好使用自己的权力，甚至可能产生更多的腐败。同时，大学内部的二级学院和各个部门有其较为独立的利益，各个部门也在考虑其利益最大化，有些部门已经具备很强的实力，有些权

① 张维迎. 大学的逻辑[M]. 北京：北京大学出版社，2004：20.

力过强的部门常常成为学校改革的最大阻力。最明显的例子就是,在有些大学进行部门合并时,因为各部门的利益难以协调而最终夭折。

最后,学校各部门领导和教师之间的利益均衡,也就是我们常说的行政和学术的权力均衡。这里的领导主要指党组织和行政机构的领导。当前,很多学者都在呼吁学校管理的专业化,即从事学校主要管理的人员不能再从事学术事务活动。其实这种提法更多的是一种无奈之举,因为国内存在的一种普遍的现象就是学术对行政的依附,离开行政权力,很难搞好学术,对二者进行剥离会让教师们获得更多的学术资源。

第三节　国内外大学治理的发展

一、国外大学治理的发展与特点

纵观国外大学治理结构变迁,主要经历了"学者自治""学术主导""联邦制""共同治理"以及"一院制"。① 表2-1按照治理结构模式出现的先后顺序排列,但实际上每一种模式目前国外均有一流大学采用。

表2-1　国外大学的治理结构

开始时间	大学治理结构	特　　点	代表性大学
12世纪	学者自治(学术自治)	强调共同的学术信仰、共同分享权力、意见一致性、集体负责的领导和维护学术自由	牛津大学、剑桥大学
19世纪中叶	学者主导(学术主导)	大学所属的学院在校园设施、财政、教学组织与管理、学术活动等方面有着不同程度的独立性	城市大学

---

① 甘永涛. 英国大学治理结构的演变[J]. 高等教育研究,2007(09):88-92.

（续表）

开始时间	大学治理结构	特　　点	代表性大学
20世纪初	联邦制	学校的最高权力机构由董事会和学术委员会组成	伦敦大学
20世纪60年代	共同治理	代表公共利益的董事会位于最高权力层次，代表学术自治的评议会居董事会之下，但是董事会同时采取向下授权和不干涉的方式，进而确保学术评议会的独立性	华威大学、大多数美国大学
1992年	一院制	大学理事会作为单一的决策机构，替代大学董事会、学术参议会与校长咨询委员会的功能；强调权力的集中和决策的效率效益	多伦多大学、东京大学、耶鲁大学、荷兰的大学

不同国家因为文化传统、政治体制、管理模式等差异而形成不同的大学治理结构模式，其中有四种主要模式：行政力量处于强势地位而学术力量相对弱化的美国模式，学术力量和行政力量比较均衡的英国模式，以及学术力量突出而行政力量比较弱的德国模式，还有一种混合型的日本模式。[①] 根据美、英、德、日四个国家大学治理的情况，国外大学治理具有以下几个特点：

（一）学术权力与行政权力相互制衡

在美国大学内部，大学评议会和校长办公室象征的是学术权力和行政权力，学术自由、终身教职和大学自治是美国大学的三大传统；英国大学行政权力由校务委员会行使，学术评议会行使学术权力，两者相互制衡；德国历来崇尚学术自由，评议会是教授治校的载体，校长和校务委员会行使行政权力；日本大学校长有较大的行政权力，与以教授会为代表的学术权力各司其职，达到动态平衡。由此可以发现，四个国家的学术权力在大学中均发挥着重要的作用，与行政权力处于相互制衡的状态。

---

① 李成刚，许为民，张国昌. 大学治理结构中学术力量和行政力量的配置与定位研究——基于四所国外高校的分析[J]. 中国高教研究，2014（08）：11-16.

（二）实行民主管理，走向共同治理

美国大学董事会中，代表公众利益的校外人士占据主导地位，董事会、行政人员、教授之间形成权力制衡机制，实行共同治理；英国的学术权力组织都有学生代表参与，教职员大会是学生和教师提供参与大学治理的途径；德国一直以来极力维护学术自由，奉行"大学自治""民主管理""教授治校"的基本理念；日本大学重视教师和学生的主体地位和基本权力，基层组织在人事制度上享有较大的自主权，《东京大学宪章》赋予教职工和学生参与管理的神圣使命。四个国家在大学治理的过程中，都通过各种途径来保障民主权力的实行，教师、学生等利益相关者积极参与大学治理，是完善大学治理结构的有效途径。

（三）政府间接参与大学管理

美国的教育权属于各州政府，各州政府管理大学的主要途径是法律手段和拨款；英国政府对大学的调控手段主要体现在教学和研究经费的分配控制上，但经费投向由大学质量评估报告和大学财政信息决定；德国政府通过相关的职能部门对大学实行监管，而这类监管并不涉及大学教学与科研的具体内容；日本政府虽在经费等方面给予大学一定的支持，但国立大学不是政府的附属物，政府对其的控制为间接控制。总体而言，美、英、德、日四国政府都通过法律、经济等手段间接地管理大学，而不插手大学运行过程中的内部具体事务，保证了大学的自主性与独立性。

二、我国大学治理的发展

新中国成立前，我国大学治理结构更多的是反映特定历史阶段的社会需要、政治权威集团自身的需求，而并非大学自身的逻辑。① 中国现代大学的发展以及真正意义上大学治理问题的出现是从新中国成立后开始的。

---

① 李建奇. 我国大学治理结构变迁的路径选择[J]. 高等教育研究，2009，30(05)：39－44.

李建奇、罗红艳等根据 1949 年以来我国公立大学治理政策变迁史划分了三种治理范式。第一种是国家控制型大学治理（1949—1977 年）：1949—1956 年，以苏为师，推行高度集权的治理政策；1957—1965 年，不断探索，逐渐建立国家取向的本土治理政策范式；"文革"期间，大学治理失控。第二种是行政主导型大学治理（1978—1997 年），包括计划经济体制下扩大办学自主权外部治理政策提出和社会转型时期大学外部治理政策范式初建。第三种是法人治理型大学治理（1998 年至今），包括社会主义市场经济语境中法人治理型大学治理政策范式的初步探索和全面深化改革背景下法人治理型大学治理政策范式的不断完善。本文借鉴罗红艳关于我国大学治理发展类型的划分，即分为国家控制型大学治理（1949—1977 年）、行政主导型大学治理（1978—1997 年）、法人治理型大学治理（1998—至今）三种类型。①

关于新中国成立后我国大学治理具体发展阶段的划分，学者们并没有达成一致的观点。李建奇将其划分为新中国成立初期（1949—1963 年）、"文革"期间（1964—1976 年）、大学治理结构重建（1977—1990 年）、大学治理发展路径选择（1991 年至今）四个阶段，但是其划分方法，在某些时间节点（如1964 年、1990 年）并没有明确的依据。周光礼从大学办学自主权的角度将我国大学治理的发展历程划分为新中国成立十七年（1949—1966 年）、改革开放初期（1978—1992 年）、社会转型期（1993—2012 年）三个阶段，但是其划分的角度仅从办学自主权出发，不够全面。② 李素敏、王子悦以 1977 年恢复高考、1999 年第三次全国教育工作会议的召开为时间节点，将新中国成立后我国高等教育的发展划分为起步发展、稳步发展和飞跃发展三个阶段，③这种

①　参见：李建奇. 我国大学治理结构变迁的路径选择［J］. 高等教育研究,2009,30（05）：39－44. 罗红艳. 我国公立大学治理政策变迁的制度逻辑——基于历史制度主义的分析［J］. 中国高教研究,2014(03)：16－21+41.
②　周光礼. 中国大学办学自主权（1952—2012）：政策变迁的制度解释［J］. 中国地质大学学报（社会科学版）,2012,12(03)：78－86+139－140.
③　李素敏,王子悦. 建国以来中国高等教育发展的历史回溯与思考［J］. 天津师范大学学报（社会科学版）,2012(02)：72－75.

划分过于简单。

结合对我国大学治理类型的分类,本书将我国的大学治理三种类型具体分为七个阶段。

一是国家控制型大学治理阶段(1949—1976 年),包括改革开放前我国大学治理的发展时期(1949—1965 年)和"文革"时期(1966—1976 年),这两个时期的划分以"文革"为节点,这是因为在十年"文革"期间,我国逐步建立起来的大学治理结构基本遭到破坏。

二是行政主导型大学治理阶段(1977—1997 年),包括大学治理结构的恢复与调整时期(1977—1984 年)、大学治理结构改革启动时期(1985—1991 年)、大学治理结构的发展时期(1992—1997 年)。1977 年我国恢复高考,高等教育重新步入正轨;1985 年 5 月,中共中央做出了《关于改革教育体制的决定》,首次明确提出了扩大大学自主办学权,标志着我国大学治理取得了历史性突破;1992 年,随着十四大的召开,我国社会主义市场经济体制建设的目标得以确立,以及相关文件的出台,我国大学治理逐渐向市场本位转型。

三是法人治理型大学治理阶段(1998 年至今),包括法人治理型大学治理探索时期(1998—2009 年)和法人治理型大学治理不断完善时期(2010 年至今)。其主要标志为 1998 年出台的《中华人民共和国高等教育法》,其中

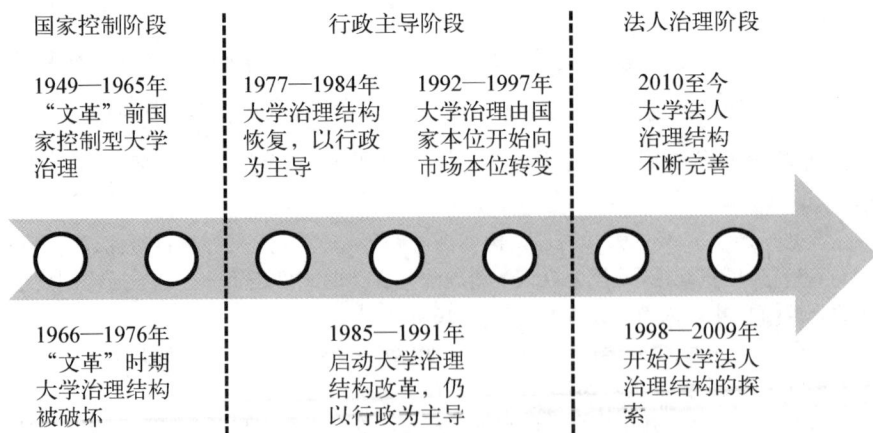

图 2-4 我国大学治理的发展阶段

第三十条明确指出:"高等学校自批准设立之日起取得法人资格。高等学校的校长为高等学校的法定代表人。"我国的公立大学从此进入法人治理结构的探索阶段。2010年,《国家中长期教育改革和发展规划纲要(2010—2020年)》审议通过,明确提出了要完善大学治理结构。

70多年来,尤其是改革开放以来,我国政府与大学的关系由直接行政管理到政校分开,大学办学权力和责任不断扩大。一系列法律法规的颁布明确了政府和大学各自的权力义务,为大学行使办学自主权提供了法律保障。

三、我国大学治理的特点

中国特色的现代大学制度建设,既有国家和政府层面的制度设计与安排,也有大学内部管理体制的改革和建构。① 陈德敏、林勇,钟秉林、赵应生、洪煜,卢晓梅,董泽芳,张应强、蒋华林等学者均认为,现代大学制度的概念包括两层含义:一是形成符合提高办学水平与效益要求的现代大学内部管理机制;二是建立适应时代发展需要的现代大学办学体制。② 前者是指大学内部,规范其运行方式和管理制度,明确大学内部行政权力与学术权力的关系;后者是指大学外部,明确各级政府、社会各方面与大学的关系。③

根据《国家中长期教育改革和发展规划纲要(2010—2020年)》中建设现代大学制度的内容以及学者对现代大学制度内涵的解读,现代大学制度建设首先要有高等学校的"宪法",即大学章程,它是上承国家法律法规下启内部各项规章制度的大学最高纲领。在大学章程之下,现代大学制度应包括两个维度:一是大学内部,主要是处理好行政权力、学术权力的配置与制衡关系;

① 杨天平. 中国特色的现代大学制度建设:问题与思考[J]. 现代大学教育,2010(02):39-43+111-112.
② 陈德敏,林勇. 初论建设有中国特色的现代大学制度[J]. 中国高教研究,2001(03):6-7.
③ 范明. 构建中国现代大学制度:普遍共识与中国特色[J]. 国家教育行政学院学报,2011(02):12-16.

二是大学外部,主要是协调好大学与政府、大学与社会之间的关系。

（一）大学章程：各项规章制度的最高行动纲领

现阶段,人们越来越认识到大学章程对高等教育发展的重要性。推进大学章程建设,是建立和完善现代大学制度,实行依法治校,规范办学行为的必然道路。① 在我国,包括《中华人民共和国高等教育法》《国家中长期教育改革和发展规划纲要(2010—2020 年)》在内的多部法律和政策曾对此反复重申。可以说,大学章程已经是大学完善内部管理、建立现代大学制度的重要内容,是高等学校的"宪法"和"根本大法",是大学之最高行动纲领与基本行为依据。② 因此,在国家的法律体系下,大学章程作为"上承国家法律法规下启内部各项规章制度的大学最高纲领"③,无论是政府还是大学,均应对大学章程给予相当的重视和尊重,使章程成为大学治理的基本依据,在观念、心理和行为上习惯于通过章程进行的大学治理。大学章程的内容应严格依照现行国家法律、法规的规定来制定。同时,章程的具体内容还应结合大学的实际状况进行规范,唯其如此,方可实现章程内容的合法性和可行性。

从中外大学发展的历史与规律看,章程在现代大学的制度建设中具有非常重要的作用。我国的大学章程应是一种"准自治规则",其授权性部分属于法的范畴,且与自主性部分统一于"法治社会"要义中。随着我国高等教育改革的深入,制定章程已成为完善中国特色现代大学制度的关键环节。章程是高等学校实现依法自主管理,实现科学发展、依法治校的必要条件,也是明确高等学校内外部权利义务关系,促进大学完善治理结构、建设现代大学制度的重要载体。

---

① 赵亮. 法治社会背景下的公立大学章程效力论[J]. 黑龙江高教研究,2017(06)：31－33.

② 赵会泽,周佑勇. 当代中国大学章程的法律效力之辩[J]. 南通大学学报(社会科学版),2017,33(04)：45－51.

③ 周光礼. 完善中国现代大学制度——以大学章程为载体,以治理变革为突破口[J]. 大学(学术版),2012(01)：50－51.

1. 我国大学章程的目标、功能与内容

（1）大学章程的目标

目标和宗旨是行动的方向和指南，任何行为的实施都必有其一定的目的，制定大学章程也不例外。具体来说，我国大学章程的目标包括以下三个方面：

其一，以建立现代大学制度为基本目标。大学章程是大学制度的文本化，大学制度是大学章程的行动化。大学章程随着大学制度的演变与创新而不断变更，大学制度的演变与创新又需要大学章程的消化与支撑。为了保障大学的有效运行，大学应当加强现代大学制度建设，制定各种相应的规章制度，这些大学规章制度是大学章程的具体化，不得与大学章程相违背。①

其二，以提高高等学校办学效益为主要目标。政府提出制定大学章程，并不只是为了规范大学本身的办学行为，也包括在可能的范围内规范各级党委和政府部门的大学领导管理职能，进一步扩大和落实大学办学自主权，激发大学的办学活力，提高大学办学效率，加快创建高水平大学的步伐。② 具体而言，通过制定大学章程推进高等学校办学行为的规范化，推进政府干预行为的法治化，推进社会参与行政的合法化，从而形成高等学校可持续发展的良好秩序；通过制定大学章程降低高等学校用于非教育性的支出和降低管理成本，直接提高高等学校办学效益；通过制定大学章程形成相互监督机制，包括教育投资与使用的监督机制，提高高等学校教育资源内部配置与使用的效益；通过制定大学章程明确教师、学生、管理人员的责权利，进而激发他们的积极性，从而提高高等学校内部的学术生产力。

其三，以办学自主权的法律化为核心目标。依法制定学校章程并严格依照章程治理，既可以使大学章程与法律法规的原则要求相衔接，也是依法治校的前提要求。首先，通过大学章程制定的法律程序及其基本内容来明确高

---

① 杨慧文. 论法治视角下的高校章程建设[J]. 南昌大学学报（人文社会科学版），2016,47(04)：125-129.

② 别敦荣. 论我国大学章程的属性[J]. 高等教育研究,2014,35(02)：19-26.

等学校办学自主权的法律渊源,从而为高等学校更好地行使办学自主权提供法律保障;其次,通过制定大学章程来进一步厘清高等学校办学自主权的真正内容,从实质性自主权和程序性自主权两个方面来进一步界定高等学校办学自主权的真正内涵;最后,通过大学章程的制定来引导高等学校建立起依法办校、依法治校的内部自我约束机制和自我规范机制。

（2）大学章程的功能

人才培养和学术研究是大学所承担的重要职责和使命,而大学章程的构建就是从制度层面彰显大学的职责和使命,从具体的办学目标、办学特色以及办学定位等多方面规定着大学的存在价值,规范着大学的未来发展方向。从这个角度来讲,大学章程是国家设立大学的制度性根基;是大学在履行人才培养、科学研究、社会服务三大职能过程中实现自主管理和学术自由的制度性保障;是基于国家法律法规,针对学校的重大事项和发展根本而制定的制度性规范。

作为衔接学校内部规章制度和国家教育法律法规的中介和桥梁,大学章程发挥着保障校园秩序顺利运行和规制大学权力良性发展的双重功效,既能调整大学的内部关系,也能调整大学的外部关系。因此,大学章程作为大学治理的总纲领是大学永恒价值的制度化体现,作为学校制定治理结构的根本依据和调整学校发展过程中各方利益的合法规范,它自有其存在的法理和情理。大学在依法制定大学章程的同时,也要依照章程规定管理学校。① 另外,由于不同大学的改革发展的需求是不同的,因此大学章程还必须适合具体大学的特殊要求,能够为大学发展提供有针对性的指导。②

（3）大学章程的内容

完整的大学章程应该包括三个方面的内容:一是大学与政府之间的权利关系,如规定政府以何种方式、在什么范围和多大程度上介入大学的治理;

---

① 史秋衡,李玲玲. 大学章程的使命在于提高内生发展质量[J]. 教育研究,2014,35(07)：22－27.

② 张继明,王洪才. 我国大学章程有效性评估的六个基本维度[J]. 大学教育科学,2016(01)：41－45.

二是大学内部主体之间的权利关系,如规定大学管理者、教师和学生等利益相关者各自享有哪些权利;三是大学与社会群体之间的权利关系,如规定社会组织和个人如何参与大学治理,大学如何在适应社会经济发展要求和保持大学自治、学术自由之间取得相对平衡。①

在具体设计时,大学章程内容应重点围绕以下几条主线索进行构建:一方面,在大学内部治理结构的优化过程中,应秉持教授治学、学术至上的理念,以学术权力为本位,建构学术权力本位的大学内部治理结构,②以学术委员会为基础,将学术委员会是否由校长担任、学术委员会中行政领导委员的比例、学术委员会中教授领导委员的比例、学术委员会是否为最高学术权力机构、学术委员会章程中是否体现学术事务由教授做主等指标吸纳进来,厘清大学内部治理关系。

另一方面,大学外部环境主要由政府和社会两种要素构成,③以大学的外部治理为切入点,在界定大学是否设置了董事会或理事会机构的基础上,重点围绕大学是否规定了外部审计检查、是否设置了总会计师两方面,从完善实体权利和构建监督程序保障着手,对大学外部治理体系进行规范,最终完善大学的治理结构。

(二) 内部治理:"党委领导下的校长负责制"为核心的多元化治理体系

如何有效地进行权力分配是优化我国大学内部治理结构的核心。④ 办大学的一个基本规律,是教授强则大学强,学院强则大学强。因此完善大学内部治理结构,最为关键的就是厘清大学行政权力与学术权力之间的边

---

① 张应强,蒋华林. 关于中国特色现代大学制度的理论认识[J]. 教育研究,2013,34(11):35-43.

② 祁占勇. 落实与扩大高校办学自主权的三维目标——高校与政府、社会关系的重塑及内部治理结构的完善[J]. 高等教育研究,2013,34(05):26-31.

③ 王牧华,宋莉. 高校学术治理的生态逻辑:制度保障与环境建设[J]. 吉首大学学报(社会科学版),2018,39(02):42-48+2.

④ 朱海玶,韩泽林. 利益相关者理论下的大学内部治理研究[J]. 内蒙古师范大学学报(教育科学版),2013,26(05):51-55.

界。① 我国大学内部治理的特点主要有以下两点。

1. 实行党委领导下的校长负责制

《中华人民共和国高等教育法》第三十九条规定,国家举办的高等学校实行中国共产党高等学校基层委员会领导下的校长负责制。2014年10月出台的《关于坚持和完善普通高等学校党委领导下的校长负责制的实施意见》指出,党委领导下的校长负责制是中国共产党对国家举办的普通高等学校领导的根本制度,要坚持大学党委的领导核心地位。党委是学校的领导核心。

党委领导下的校长负责制是一个不可分割的统一整体,要正确处理党委领导和校长负责的关系。党委统一领导学校工作,要总揽学校改革发展稳定的全局,加强党的建设和思想政治工作,尊重和支持校长独立负责地开展工作。校长在党委领导下,积极主动地做好教学、科研和行政管理工作。校长和其他行政领导班子成员要自觉接受党委集体领导,认真贯彻执行党委决定。

2. 设立学术委员会

《中华人民共和国高等教育法》第四十二条规定:"高等学校设立学术委员会,审议学科、专业的设置,教学、科学研究计划方案,评定教学、科学研究成果等有关学术事项。"学术委员会是大学的法定学术组织,也是大学内部治理结构的重要主体。《国家中长期教育改革和发展规划纲要(2010—2020年)》提出,建设中国特色现代大学制度,要求充分发挥学术委员会在学科建设、学术评价、学术发展中的重要作用;探索教授治学的有效途径,充分发挥教授在教学、学术研究和学校管理中的作用。

2014年3月1日,《高等学校学术委员会规程》开始实施,《规程》突出了学术地位、完善学术制度建设,建立健全大学学术委员会管理体系,是完善大学行政权力与学术权力的重要举措,②在制度上迈出了纠正大学"官本位"和

---

① 董泽芳,岳奎. 完善大学治理结构的思考与建议[J]. 高等教育研究,2012,33(01):44-50.

② 李晓琼、祝士明. 突出学术地位:高校内部治理结构的新突破——《高等学校学术委员会规程》解读[J]. 天津市教科院学报,2014(05):18-21.

"行政主导"的行政化倾向的一大步。① 从某种意义上来说,它发出了一种制度变革的信号,代表着国家推动大学制度深层次改革的决心、意志和未来改革的方向。

国内外大学在进行大学章程的具体设定时,大都设立学术委员会。在我国,国家举办的高等学校实行中国共产党高等学校基层委员会领导下的校长负责制是我国大学章程的独有特点,党委领导下的校长负责制是我国大学内部治理的核心特征。

(三) 外部治理: 以政府和社会为主体的外部监督体系

从外部治理角度来说,利益相关者主要是政府与社会公众。政府作为我国大学的主要出资人,制定各种教育法规和政策,对大学事务包括大学的内部事务,如管理校长和教师的聘任、教学经费的管理和使用、招生和分配等事宜,进行管理。社会公众既包括诸如学生家长、用人单位、债权人等重要利益相关者,也包括其他大学、社区、媒体等一般利益相关者。② 我国大学外部治理的特点有如下几点:

1. 推进政校分开,扩大大学办学自主权

大学治理蕴含着错综复杂的政治、经济、社会与历史文化背景,并已经深深嵌入国家治理体系之中。在我国历史文化中,教育始终作为政治教化工具而存在,这更为国家权力嵌入大学治理框架提供了合法性与动力,同时,我国大学本身具有特殊的组织特性、职能使命以及精神文化,这些都会与国家权力之间形成一定的对抗力。因此,我国的大学治理不能脱离国家权力这一要素。③

---

① 张胤,武丽民."行政主导"到"学术为本、权力共治"——从《高等学校学术委员会规程》看中国高校治理结构[J]. 江苏高教,2015(01): 47 - 49.
② 吴安新,邓江凌. 政府和社会力量参与高校治理问题研究——基于"外部利益相关者"视角[J]. 现代教育管理,2012(03): 54 - 58.
③ 贺佩蓉. 政府·市场·社会:大学外部治理的权力要素与模式创新[J]. 江苏高教,2015(03): 45 - 47.

在政府与大学关系方面,我国出台了一系列法律法规来界定两者之间的关系。1985 年的《中共中央关于教育体制改革的决定》提出了以扩大大学办学自主权为核心的一系列政策。1998 年《高等教育法》规定:"高等学校自批准设立之日起取得法人资格。高等学校的校长为高等学校的法定代表人。高等学校在民事活动中依法享有民事权利,承担民事责任。"2010 年出台的《国家中长期教育改革和发展规划纲要(2010—2020 年)》中第三十八条提出要"推进政校分开管办分离",第三十九条提出要"落实和扩大学校办学自主权"。

法律法规虽然明确了大学的法人地位,政府对大学的管理方式也在逐步进行改革,但政府作为我国大学的主要出资人,大学的所有权仍归属于政府,政府作为当然的所有者对大学行使管理权、分配权和处置权等,大学依然主要依赖于政府资本而运行,大学的党政群体作为政府的当然代表,在大学内部的权力结构中处于强势地位。

2. 社会监督力度有待提升

社会监督是社会参与大学治理的有效途径,也是大学治理的组成部分,其指的是社会组织、社会公众等作为大学治理的利益相关者,监督大学的各种活动或事务的决策、管理及运作,并据此影响大学权力的运行和结构,分享大学发展成果和过程。① 社会监督尤其是群众监督在我国大学治理的外部监督中发挥着日益重要的作用,群众监督作为群众路线的内在要求日益突出。②

教育部前部长袁贵仁指出:"教育质量要接受社会评价、教育成果要接受社会检验、教育决策要接受社会监督,最大限度吸引社会资源进入教育领域。"③《国家中长期教育改革和发展规划纲要(2010—2020 年)》中明确提出,建设民众监督、社会参与的现代大学制度。王洪才认为,对我国大学而言,

---

① 许慧清. 大学外部治理视野中的社会监督[J]. 中国高教研究,2013(01):82-85.
② 齐卫平. 坚持群众路线必须接受群众监督[J]. 理论探索,2012(03):48-51.
③ 袁贵仁. 深化教育领域综合改革 加快推进教育治理体系和治理能力现代化——在 2014 年全国教育工作会议上的讲话[J]. 人民教育,2014(05):7-16.

社会参与治理是遏制大学行政化趋势蔓延的一种有效选择。①

从整体来看,我国社会参与大学治理程度有待提升,社会监督力度不足。具体体现在以下几个方面:

（1）监督主体意识淡薄,参与度低。

（2）监督机制尚不完善,主动性不足。

（3）在大学办学监督和评价方面,社会参与非常有限。

（4）信息公开质量有待加强。

第四节　国内外大学治理的趋同性与差异性

近年来中国大学的发展速度很快,比如办学资金有了很大改善,人才培养方式也正在改变。而大学管理体制,包括大学治理问题,仍是困扰中国大学,特别是顶尖大学成为世界一流大学的重要制约因素。中国现代高等教育深受欧美西方国家的影响,比较国内外大学治理发展的趋同性和差异性,有利于了解国内大学治理现状,进一步完善我国的大学治理(见图2-5)。

一、国内外大学治理的趋同性

我国与国外大学治理在以下几个方面表现出趋同性。

（一）完善大学章程

大学章程是现代大学制度的载体,国外大学章程的理念随着大学的不断

---

① 王洪才. 大学治理的内在逻辑与模式选择[J]. 高等教育研究,2012,33(09):24-29.

发展而不断地演变。目前发达国家的大学大都有比较完善的章程和制度,运作规范,与正式组织能够形成较好的协同效应。①

英国的大学历史悠久,近千年来,英国经历了从古典大学到现代大学的转变。在发展进程中,英国的大学普遍制定了章程,其内容包含三个方面,即特许状、章程、规则,并依据章程构建了各具特色的现代大学制度,成为其他国家大学借鉴学习的榜样。②

法治理念在美国高等教育领域的一个表现是每一所大学都有自己的章程,并重视发挥章程在学校办学和管理中的作用。特别是世界一流大学,都有较完备的大学章程。③

日本是一个教育法制高度发达的国家,其大学章程建设也处在世界发达国家的前例。早在 1947 年,日本就颁布了《学校教育法》及《学校教育法施行规则》,对各级各类学校明确提出了制定章程的要求。20 世纪初,受日本国立大学法人化改革的影响,各大学全面加强章程建设,大学章程建设工作跃上了新的台阶。④

我国大学章程的建设起步较晚,1999 年教育部在《关于加强教育法制建设的意见》中规定:"各级各类学校尽快制订、完善学校章程。"教育部在 2012 年继续颁发施行了《高等学校章程制定暂行办法》,进一步规定"高等学校应当以章程为依据,实施办学和管理活动"。《国家中长期教育改革和发展规划纲要(2010—2020 年)》第二十章第六十四条提出:"大力推进依法治校。学校要建立完善符合法律规定、体现自身特色的学校章程和制度。"可见,制定和实施大学章程,是目前我国完善现代大学制度,实现依法治校的重要环

---

① 何淳宽,曹威麟,梁樑. 中国大学正式组织与学术性准正式组织的机能优化——兼论我国大学三元权力治理结构模式的构建[J]. 经济社会体制比较,2009(03):128–133.

② 黄兴胜,舒刚波,翟刚学. 大学章程与大学内部治理——基于英国、意大利大学章程建设的考察报告[J]. 中国高教研究,2014(01):34–38.

③ 陈立鹏,陶智. 美国大学章程特点分析[J]. 中国高等教育,2009(09):59–60.

④ 陈立鹏,梁莹莹.日本的大学章程建设[J]. 中国高等教育,2010(17):61–62.

节,已成为当前我国大学面临的一个迫切问题。

所以,为了促进我国高等教育的不断发展,我们需要拥有完善的大学章程来明确大学治理的结构和模式,考虑各个大学利益相关者的权益。这是我国大学治理发展的要求,也是国内外大学治理发展的共同趋势。

(二) 确认大学独立法人地位

公立大学是由教师、学生与行政人员组成的一种人合社团,将人合社团赋予独立法人格,即是公立大学公法人化。① 大学法人主体地位是大学法人治理结构的前提。英国早在 1571 年伊丽莎白一世颁布的《大学法》中就承认了牛津大学的法人地位。

德国的《行政组织法》规定,大学属于公法自治团体,即属于公法人的一种。作为公法人,大学在自治范围内,具有公法行为能力,甚至享有部分统治性权力。

美国的公立大学一直以来都是采取法人化的组织方式,经历 200 多年的发展,美国公立大学形成了独特的法人治理结构:在外部表现为政府间接干预,依靠中介组织来缓冲政校关系,社会各方共同参与治理;在内部则表现为董事会、行政委员会和学术评议会分权制衡,以此来保障学术自由与大学自治。②

日本 2003 年通过的《国立大学法人法案》标志着国立大学法人化进入实质性阶段,国立大学由此获得了独立的主体资格,不再是国家行政机关的一部分,充分保障了大学的自主权。

韩春晖、卢霞飞指出,尽管大陆法系国家与英美法系国家关于"公法人"理论的理解存在差异,但它们在法制发展的实践中都赋予公立大学公法人的法律地位,这是两大法系国家公立大学组织变革的共同特点和趋势。

我国 1998 年出台的《中华人民共和国高等教育法》第三十条指出,高等

---

① 韩春晖,卢霞飞. 大学章程:我国大学治理模式的变革之道——以公立大学的公法人化为导向[J]. 上海政法学院学报(法治论丛),2011,26(06):85-92.

② 薄建国,王嘉毅. 美国公立高校的法人治理结构及其特征[J]. 国家教育行政学院学报,2010(12):87-90.

学校自批准设立之日起取得法人资格。高等学校的校长为高等学校的法定代表人。这为我国大学法人治理提供了法律基础。

承认大学的独立法人地位是中外大学治理发展的共同特征,独立的法人资格是实现大学自治的组织形式保障,大学不再是政府的一个组成部门,而是作为独立的法人受到政府的监督、指导,由此确保大学的自主权。

(三) 加强学术权力

影响大学学术自治的因素,既有院校外部的,也有院校内部的。从大学历史的发展变化看,影响学术自治的外部因素主要来自于政府控制,要求大学承担相应的社会责任。[①]

在德国,大学在学术领域实行自治,主要由教授和各学院自行管理,重要学术决策由大学或学院两级教授评议做出。[②] 在英国,大学一般都设有学术委员会,实现英国大学治理中的学术自我治理。[③] 根据美国大学教授协会的《学院和大学治理的声明》,以教师为代表的学术权力主要负责的领域是:"课程、学科内容、教学方法、科研、教师职位以及和教育过程有关的学生生活的方方面面。"[④]这些都体现了学术权力在国外大学中发挥的作用。

国内也有很多学者提出要加强大学的学术权力。钟秉林认为,应明确学术权力和行政权力各自发挥作用的领域、范围,建立依法治校、依法行政的机制。[⑤] 王务均、龚怡祖认为,学术活动以及与之对应的学术权力是大学的内生活动和起点权力。[⑥]

在许多国家的大学治理中,学术权力得到了很好的发挥,并取得了相应

① 吴向明. 学术自治:高等教育多样化的保证[J]. 江苏高教,2003(06):18-20.
② 张武军. 德国大学治理制度及启示[J]. 大学(学术版),2014(05):71-73+70.
③ 林晓. 英国大学内部治理的变革与启示[J]. 高等农业教育,2006(12):72-75.
④ 李奇. 美国大学治理的边界[J]. 高等教育研究,2011,32(07):96-101.
⑤ 钟秉林. 现代大学学术权力与行政权力的关系及其协调[J]. 中国高等教育,2005(19):3-5.
⑥ 王务均,龚怡祖. 大学学术权力与行政权力的包容机制研究[J]. 教育发展研究,2012,32(Z1):54-59.

的成绩,而中国仍处于探索学术权力发挥作用的过程中。加强学术权力在大学治理中的作用,提升大学治理的水平是国际的共同趋势。

(四) 走向共同治理

共同治理是基于教师和行政部门双方特长的权力和决策的责任分工,它代表教师和行政部门共同工作的承诺,通常理解为大学董事会、行政部门、教师和学生等大学各类成员共同参与大学治理的过程。①

英国大学由最初的学者自治逐步发展,华威大学是"共同治理"的典型代表,1985年贾纳特等发表的《贾纳特报告》(Jarratt Report)提出了对大学内部权力分配进行改革,目的在于形成多治理主体的共同治理。②

德国的高等教育行政管理实施地方分权制,政府作为高等教育的指导者,校长由教职员工大会从教授中选举产生,在大学内部治理中,教授拥有至高无上的地位,通过学术委员会进行自我管理,同时也成立了理事会,使得校友、社区、社会公众等都可以参与到大学治理中,实现共同治理。

美国大学最具代表性的特征就是"共同治理",一些具有代表性的大学往往通过采用董事会、大学校长、大学评议会、评议会咨询委员会和分组委员会的共同治理,实现多元利益主体和大学决策过程之间的有机结合,推动大学的繁荣发展。③

日本大学经过近200年的发展,已经形成比较完善的现代大学制度,在学术权力和行政权力两权分立,逐渐突出学术权力,进行民主管理,突出教授治校。此外,日本大学的董事会引入了外部人士参与,虽然不是最高权力机构,但对大学发展规划、章程、预算编制与预算等重要事项都具有审议的权

---

① 朱守信,杨颉. 学术评议会与共同治理——以加州大学伯克利分校为例[J]. 现代大学教育,2014(02):44–48.
② 张凤都,付冉冉. 英国大学治理制度的发展变迁及其对中国大学的启示[J]. 中国教育学刊,2015(S1):384–385.
③ 杨成名. 大学治理结构的比较与适应性选择[J]. 江西师范大学学报(哲学社会科学版),2013,46(01):117–122.

力,从而发挥监督作用。

我国在《国家中长期教育改革和发展规划纲要(2010—2020 年)》中有关完善治理结构的相关内容提到了党委、校长的职权,提到了学术委员会和教职工代表大会,也提到了教授治学的概念,在一定程度上体现了共同治理的内涵。①

由此可见,走向共同治理,不断协调政府、社会以及大学内部各方参与大学治理的权力,是中外大学治理发展的共同特点。

二、国内外大学治理的差异性

我国与国外的大学治理在以下几个方面表现出差异性。

(一)治理模式变迁方式的差异

按照新制度经济学中制度变迁理论,制度变迁有两种方式:一是诱导性制度变迁,二是强制性制度变迁。诱导性制度变迁是渐进的、自发的,而强制性制度变迁通常是由政府以命令、法令等形式靠政策来推动的。②

英国、德国和美国的大学治理结构变迁属于诱导性变迁,而我国和日本的大学治理结构则属于强制性变迁。钟云华、向林峰指出,西方大学之所以选择诱导性制度变迁方式,一是因为市场经济环境中,作为社会组织的大学及其人员有着自己的价值需求与利益关切,为了实现自身利益,对大学治理结构变迁有着强烈的需求,最终推动变迁;二是因为处于市场经济环境中的政府将自己定位为"掌舵者"而非"划桨者",尊重并引导大学治理结构变迁。③

我国采取强制性变迁,一是因为在欠发达的经济环境中,大学及微观主

---

① 马彦利,胡寿平. 高校共同治理及其对完善中国特色现代大学制度的启示[J]. 复旦教育论坛,2010,8(03):18 - 22.
② R. 科斯,A. 阿尔钦,D. 诺斯,等. 财产权利与制度变迁——产权学派与新制度学派译文集[M]. 胡庄君,陈剑波,译. 上海:上海三联书店,上海人民出版社,1994:397.
③ 钟云华,向林峰. 中外大学治理结构变迁方式比较[J]. 现代教育管理,2010(02):110 - 113.

体没有或者很少有自己的价值需求与利益关切,对治理结构变迁的需求不够强烈;二是因为处于计划经济中的政府将自己定位为"划桨者",根据特定历史阶段的政治需求强制推动大学治理结构变迁。

在变革的动力上,张斌贤认为,欧美等国家的高等教育发展是在原有高等教育机构长期演变的基础上进行的,是本国经济、政治社会、文化和教育发展的客观需要推动的结果,是内源发展的结果,是"自下而上"的,而在日本、中国等后发展国家中,高等教育的改革和发展是在国家面临巨大危机的前提下进行的,甚至是照搬欧美国家高等教育模式或在其基础上发展起来的,同时由于中央集权的政治传统,变革是"自上而下"的。所以在大学治理结构的变迁方式上,我国与日本一致,属于强制性变迁,却明显区别于西方国家的诱导性变迁。①

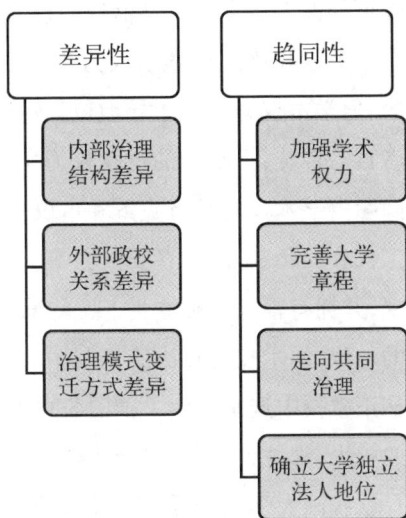

图 2-5 国内外大学治理的
趋同性与差异性

(二) 内部治理结构的差异

目前,国际上主要的大学内部治理模式按照主导力量可以分为学术行政分开、行政权力主导、学术权力主导三种类型。

美国作为学术与行政权力分开的典型代表,其董事会根据社会和经济的变化,从总体上把握学校发展的方向和脉络,校长协调学校行政工作,学术方面的事物交由教授评议会处理,行政权力与学术权力各行其职,互相渗透,彼此支持,形成了一种高效的治理模式。

———————————

① 张斌贤. 中外近代高等教育发展动力的比较[J]. 高等教育研究,1997(06):85-89.

日本作为行政权力主导的代表,其行政权力与学术权力虽然互相分离,但行政权力占据了主导地位,国家的行政管理深入到高等教育内部,但在基层教授会在大学内部事务的决策上仍拥有重要权力。此外,董事会对重大事项也有审议的权力,履行监督职能,通过校外人员必须占一半以上的规定,来保证外部人员参与大学治理的权力。

英国和德国是学术权力主导的代表,其学术权力与行政权力二者虽分离,但学术权力居于主导地位,政府对大学的干预较少。英国有着深厚的学者自治传统,大学中的行政权力主要负责日常的管理工作,学术方面的重大问题由学术权力进行决策和审议。大学中的学术权力主体包括教授会、教职工代表大会、学院及系委员会等,教授在学校管理中的作用得到了充分的重视,并拥有很大的独立性。[①] 就德国来说,教授在大学治理中有着至高无上的地位,学术权力在决策机制中普遍处于主导地位,校长由大学教职工大会从正教授中选举产生。德国公立大学治理模式几经改革,但始终保持了教授的权力,常被人称为"教授大学"。

我国大学实行党委领导下的校长负责制。在我国大学治理模式中,行政权力依然占据着主导地位,与日本类似,然而日本大学建立了董事会、经营协议会、教育研究评议会三大机构,各自负责相关事宜,为校外人士、教授等利益相关者提供了参与治理的有效途径,我国尚未建立起相应的制度。

所以,发达国家的大学治理通常有内部权力制衡的存在,而在中国是党委领导下的校长负责制,其实质是党委领导是核心要素,校长负责是关键因素,同时协调好党委领导和校长负责之间的关系。

(三) 外部治理结构的差异

2004 年,日本国立大学实施内部管理改革,在法人化以后,日本大学的决策权力、学术权力以及行政权力得到重新的分配,大学不再是国家行政机构的一个部分,也就是说,日本大学治理已经逐步实现了"去行政化"和"法

---

① 张倩. 英国大学内部治理结构及其启示[J]. 当代教育科学,2010(01): 46 - 48.

人化"。法人化改革明确了日本政府对高等教育的管理职能,确保大学作为办学主体自律运营。① 日本政府从大学具体办学的主体转变为办学的监管者,从具体的办学过程管理转变为宏观政策制定和经费拨付的监管。

欧美政府对大学的控制主要是间接的控制,采取立法、经费资助和设立中介组织等方式实施。② 立法,就是通过制定法律明确大学与政府双方的权利和义务,以避免偶然、主观等非制度性因素的影响。经费资助,是指大学与政府在双方自愿的基础上在教学、科研、服务等领域建立的一种合作关系,大学可以根据自身的原则和需要对资助进行取舍。它与大学的经常性拨款不同。中介组织是政府对大学进行宏观调控的一种方式,是二者之间的一个"缓冲器"。它一方面使大学获得政府的财政资助;另一方面,又避免政府的直接干预对大学自主传统造成损害。

我国的大学举办权目前实行的是"以政府为主体",大学和政府之间存在严重的依附关系。主要表现为行政上政府与大学是隶属关系,政府集举办权、管理权于一身,而大学则处于被管理、被控制的地位。③ 大学治理去行政化,近些年成为我国媒体以及社会公众关注的焦点。中国知网的数据显示,2010—2015 年,在 SCI、EI、CSSCI 等高水平期刊中,以"大学+行政化""高校+行政化""大学+去行政化""高校+去行政化"为主题的学术期刊文章分别有77 篇、96 篇、66 篇、52 篇,共 291 篇。

政府与大学的关系问题历来是高等教育发展过程中一个非常重要的问题,政府对大学的控制和管理是必要的,但过多的政府控制不利于大学的发展。总的来说,中国大学与政府间存在严重依附关系,大学受政府影响较深,相比而言,国外大学的自主性较强。

---

① 王瑛滔,李家铭. 大学法人化与大学治理结构变革——东京大学的经验和启示[J]. 全球教育展望,2012,41(11):53‐56+62.

② 蒋洪池. 欧美大学与政府权能关系的演变及其对中国的启示[J]. 清华大学教育研究,2004(04):26‐33.

③ 吴杰,张自伟. 大学治理结构的国际比较与借鉴[J]. 山西财经大学学报(高等教育版),2007(02):19‐22.

第三章　大学财务管理

第一节　大学财务管理的内容和任务

一、大学财务管理的内容

依据《高等学校财务制度》(财教〔2012〕488 号),并结合我国大学的实际情况,本书将大学财务管理的内容划分为财务管理体制、预算管理、收入管理、支出管理、专用基金管理、成本费用管理、资产管理、负债管理、财务分析、财务报告和财务监督等十一个方面。具体内容如下:

(一) 财务管理体制

《高等学校财务制度》规定,一般情况下,高等学校实行"统一领导、集中管理"的财务管理体制。当学校规模较大时,学校可以选择实行"统一领导、分级管理"的财务管理体制。

"统一领导、集中管理"体制指在统一思想、统一认识、统一政策、统一财务,集中财力、步调一致且严格遵循相关国家法规的前提下,大学把教学科研活动所涉及的所有经济事务集中到学校财务部门统一管理,把学校所有资金集中到学校财务部门统筹安排,统一调度,以集中资金优势的一种财务管理运行机制。

"统一领导、分级管理"体制是在全面保证大学"五个统一"的前提下,按照事权与财权及责任相结合的原则,实行"重心下移、责权下放",适当下放资金自主权、管理权、支配权,把大学事业计划和与之相适应的收支预算下达校内各二级部门,校内二级部门在下达的预算经费范围内享有自主管理和自主支配权,保证学校各项事业全面协调发展的财务管理运行机制。

(二) 预算管理

预算管理贯穿大学财务活动的全过程,包括编制、执行、控制、评价四个环节。通过预算编制,明确工作目标;通过预算执行与控制,逐步实现并优化工作目标;通过预算评价,分析成果和目标之间的差距,为未来预算的编制提供信息。① 然而,虽然《高等学校财务制度》要求我国大学实施预算管理,但一些学校未编制预算,或虽编制预算,但因在实际操作中存在困难而不按预算办事,最终导致预算管理低效。② 国家不断增长的财政教育投入也对我国大学预算管理提出了强化科学预算,提高预算管理水平,更加有效合理地使用资金的现实需求。③

(三) 收入管理

高等学校收入是指大学为开展教学、科研及其他活动依法取得的非偿还性资金。《高等学校会计制度(试行)》将学校的全部收入统一按来源分为财政补助收入、上级补助收入、事业收入、经营收入、附属单位上缴收入和其他收入六个大类。收入管理不仅要求大学依法合规管理从各种渠道获得的资金,还要求大学具有较好的筹资能力。我国先后出台了多部法律法规和制度,使得我国大学多渠道筹措办学资金的财务活动有法可依,具体包括《中华人民共和国教育法》《中华人民共和国高等教育法》《高等学校财务制度》等。大学财务管理部门必须以实现学校财务资源最大化为目标,为学校

---

① 陈明. 我国大学财务管理问题研究[M]. 成都:西南交通大学出版社,2012:4.
② 金素文. 浅论高校财务管理面临的问题及应对措施[J]. 山西财经大学学报,2010,32(S1):152-153.
③ 徐静. 新形势下高校财务管理体系的建设研究[J]. 陕西教育(高教),2015(06):43-44.

教育事业的发展依法尽可能多地筹集资金,从而为不断提升学校竞争力做好支撑保障。

(四) 支出管理

实行部门预算体制后,大学财务支出分为基本支出和项目支出两大类。基本支出指大学为完成日常工作任务而发生的必要经费支出,包括人员经费支出和日常经费支出。大学在预算编制时,必须优先保证基本支出,然后再考虑项目支出。项目支出指在满足基本支出的情况下,大学为了完成特定发展任务而发生的专项经费支出,主要包括基本建设类支出和行政事业类支出等。基本支出和项目支出的结构直接体现了大学的办学宗旨和办学重点,因此不断优化支出结构是大学支出管理的要求。不同学校和不同发展阶段对应不同的支出结构,大学应当根据自身的发展特点和需求,制定合理的支出比例,保证学校各项事业的协调发展。对大学的支出管理必须严格按照预算执行,不能出现超预算列支经费的情况。同时,对项目支出需要进行单独核算,保证专款专用,加强项目经费的监督检查和绩效考评。

(五) 专用基金管理

《高等学校财务制度》规定,专用基金指高等学校按照规定提取或者设置的有专门用途的资金。专用基金管理应当遵循先提后用、收支平衡、专款专用的原则,支出不得超出基金规模。专用基金主要包括职工福利基金、学生奖助基金,还有按照其他有关规定,根据事业发展需要提取或者设置的其他专用资金。《高等学校会计制度》规定,专用基金科目应当按照专用基金的类别进行明细核算,本科目的贷方余额反映高等学校专用基金的余额。专款专用是大学专用基金使用的原则,也是专用基金管理中容易出现问题的地方。比如在专用基金用途的范围以外使用基金资金。大学应当重视本校的专用基金管理,针对本校财务管理工作的实际情况制定相关的专用基金管理办法,加强财务处人员的培训,避免出现专用基金管理违规的情况。

(六）成本费用管理

《高等学校财务制度》规定,大学应实行内部成本费用管理。一方面,高等学校在支出管理基础上,将与本会计年度相关的支出直接计入当期费用,将与两个或两个以上会计年度相关的支出,以固定资产折旧、无形资产摊销等形式分期计入费用;另一方面,大学应按照相关核算对象和核算方法,对业务活动中发生的各种费用进行归集、分配和计算,根据实际需要,逐步细化成本核算。在教育竞争全球化的形式下,大学应将成本费用管理上升到战略高度。大学战略成本管理指通过对战略成本信息的分析,帮助管理者形成和评价大学战略,促进大学竞争优势的形成和成本持续降低环境的建立,从而达到大学组织保持长期竞争优势,形成大学竞争优势与创造核心竞争力,有效适应外部持续变化环境的目的。

(七）资产管理

长期以来,大学资产管理存在以下问题:一是资产管理意识淡薄,管理观念落后;二是固定资产产权不明晰,资产管理混乱;三是忽视了大学无形资产的管理;四是内部控制不健全、监督乏力。① 针对固定资产管理,研究人员认为,在建立健全固定资产相关管理和内部控制制度的基础上,大学应当充分利用网络化的固定资产管理系统,开发更加科学的国有资产管理平台,建立专门的资产管理机构,与此同时,大学还要加强固定资产管理人员队伍建设。② 针对无形资产管理,大学可以通过成立专门的无形资产管理机构,加

---

① 参见:卢翔. 我国高校资产管理制度研究[J]. 教育研究, 2010 ,31(10): 70 - 72. 高蕾. 论高校固定资产管理存在的问题与对策[J],山西财经大学学报,2011,33(S2): 185 - 186. 金素文. 浅论高校财务管理面临的问题及应对措施[J]. 山西财经大学学报,2010,32(S1): 152 - 153.

② 参见:王殿祥. 新形势下地方大学的财务管理[J]. 山西财经大学学报,2011, 33(S1): 246. 黄海涛. 美国高等教育中的"学生学习成果评估":内涵与特征[J]. 高等教育研究,2010,31(07): 97 - 104. 赵勇. 高校国有资产管理思维创新——以归因理论为视角[J]. 西南民族大学学报(人文社科版),2009,30(11): 159 - 162.

强无形资产管理制度建设,规范无形资产核算和评估管理,①还可以为学校的无形资产创新、运营提供各项支持。②

(八) 负债管理

负债是学校所承担的以货币计量的需要以资产和劳务偿还的债务,它代表的是学校作为债务人所承担的全部经济责任。负债,作为一种信用性经济现象,一直存在于大学的财务管理活动中,如各类应付款项、预收款项等。在大学财务管理中,虽然上述款项是学校资产总额的一个组成部分,但在资产性质上,它们均是属于负债性资产。在原来的大学财务制度中,没有将其作为"负债"予以归集和概括,也就没有当作负债予以规范管理。曾经,我国部分大学毫无规划性地无节制地从银行贷款,给大学和国家带来了沉重的负担。高额的负债会使得学校运行面临困境,当大学无法承担这种负担时,国家就需要为此额外承担教育支出,因此加强负债管理具有重要的现实意义。

(九) 财务报告

财务报告是反映我国大学一定时期财务状况和事业发展成果的总结性书面文件。我国大学有义务按照国家预算支出分类和管理权限定期向各有关主管部门和财政部门以及其他有关的报表使用者提供财务报告。大学报送的年度财务报告包括资产负债表、收支情况表、专用基金变动情况表、有关附表及财务情况说明书。

(十) 财务分析

大学财务分析则在财务报告的基础上展开,主要包括:分析收支预算的

---

① 刘云. 高校无形资产管理对策分析[J]. 财会通讯,2011(26):74–75.
② 王岳森. 加强高校无形资产管理 提升国家软实力[J]. 中国高等教育,2014(21):16–18.

执行情况,评价其收支预算的完成程度;分析资产、负债和净资产的分布及构成情况,评价其分布、构成的合理性和管理水平;分析收入、支出的构成和增减结余情况,评价各项开支水平,开支的合理、合法性,收入对支出的保证程度和收入支出的变动趋势;分析学校事业发展情况、人员增减情况、固定资产使用以及其他财务管理情况,评价其办学效益。

(十一) 财务监督

加强和完善大学财务管理体制,对提高学校总体管理水平具有至关重要的作用。大学财务监督主要分为:

1. 会计业务监督

具体表现为对会计资料的正确性、真实性及其所反映的财务收支的合法性、合规性进行监督,督促各相关人员切实履行其所承担的经济责任,确保国家财政资金的正确有效地使用。

2. 财经法纪监督

具体表现为对单位和个人侵占国家财产,损失浪费以及其他损害国家经济利益的违反财经纪律的行为进行监督,保护单位财产安全,保障财务法律法规的贯彻执行,维护国家法律、法规及财务制度的严肃性。

3. 经济效益监督

具体表现为检查工作和经营管理方面存在的薄弱环节,促使大学改善财务管理,厉行增产节约,增收节支,杜绝乱花乱支等铺张浪费的行为,充分挖掘潜力,提高资金使用效果和经济运行效益。

二、大学财务管理的任务

《高等学校财务管理制度》提出,大学财务管理的主要任务有:合理编制学校预算,有效控制预算执行,完整、准确编制学校决算,真实反映学校财务状况;依法多渠道筹集资金,努力节约支出;建立健全学校财务制度,加强经济核算,实施绩效评价,提高资金使用效益;加强资产管理,真实完整地反映资产使用状况,合理配置和有效利用资产,防止资产流失;加强对学校经济活动的财务控制和监督,防范财务风险。

（一）预算管理

预算管理的任务主要有计划、协调和控制。计划任务是预算任务中最基本的一个任务,目的是使整个管理过程有序高效运行。计划的目的在于避免在学校发展过程中学校所拥有的资源与发展目标不匹配,发生资源不足或资源浪费,因此编制预算能够避免大学盲目发展以致遭受不必要的危机和不必要的财产浪费。大学的预算管理从时间上分为短期、中期和长期计划,从空间上分为学校一级预算和二级单位预算。

协调任务要求组织的领导者以整体目标为核心,运用科学合理的方法,平衡组织内部各方关系以及组织资源。在平衡组织资源方面,大学财务资源配置是指大学财务资源,特别是实物资产,在学校内部不同部门、不同学院及不同项目之间的分配。大学财务资源配置的核心问题是解决资源配置中的"优化"问题。其实质就是在大学内部,通过预算功能把有限的财务资源配置到基础好、效益高、质量高、成果多的部门、学院和项目,使财务资源得以高效优化利用。大学预算管理运行中,各种矛盾和冲突都需要预算协调任务发挥作用,包括协调好财务预算管理部门和其他各部门之间的关系,同级部门与部门之间的关系,以及整个组织与社会的关系等。

控制任务贯穿整个预算管理始末,分为预算编制事前控制、预算执行事中控制、预算监督考核事后控制。预算编制时,要求财务人员做好事前控制,做到物以致用,合理配置资源。预算执行时,要求预算执行人员严格遵守预算编制,控制预算支出,做到绝不赤字预算。对于出现的偏差及时给予控制,避免造成重大损失。预算考核评价时,要求预算人员总结缺点与不足,做好事后控制,避免类似错误再次发生。

此外,大学预算管理的控制任务还体现在预算时间的控制、数量和质量的控制以及安全的控制等。

（二）开源节流

开源节流也是大学财务管理的一项重要内容和任务。[①]

在"开源"方面，大学筹资渠道包括以政府为主体的财政拨款和教育附加税，以学校为主体的学费、校办产业和科研经费，以社会为主体的社会捐赠、教育基金、贷款、融资收入。[②] 在"节流"方面，大学可以采用零基预算方法，严控消费性支出，优化支出结构，贯彻勤俭节约思想，降低学校的公用支出。

做好开源节流要求学校：一是进一步细化完善规章制度。对每一笔可能发生支出的事项，学校都应该制定相应的、细致的、明确的财务管理制度，对这一事项的支出金额、支出条件等进行必要的、公允的约束，从而达到合理控制花销的目标。二是将财务预算做到专业细致。为此，学校要利用自身优势，让会计、财务管理等相关专业的教师参与到预算编制过程中，从而做出合理科学的预算。三是提高教职工和学生的主人翁意识。虽然财务部门专门负责预算编制和其他财务管理工作，但是所有的教职工和学生都是学校资产的使用者，只有提高他们的主人翁意识，才能提高他们的节约意识，进而节约资源。四是对每一年的预决算情况进行公示。公示是为了对大学的开源节流情况进行监督。社会公众对学校有限资金的使用情况拥有知情权和监督权。只有受到外界监督，大学才会努力提高资金利用率，真正做到节约资源。

（三）实施绩效评价

《国家中长期教育改革和发展规划纲要（2010—2020年）》提出"建立经费使用绩效评价制度，加强重大项目经费使用考评"的要求。中央教育科学

---

① 史翠峰. 抓开源节流工作 促高校财务管理［J］. 山西财经大学学报，2010，32（S1）：167.

② 参见：郑晓薇. 高校财务管理创新三论［J］. 经济管理，2008（07）：80－82. 黄韬. 高校若干财务管理制度问题探讨［J］. 财经问题研究，2013（S1）：113－115. 尹德利. 我国高校资产证券化融资的可行性探讨［J］. 上海金融，2013（07）：111－112+119. 梁小红. 基于价值链的高校财务管理研究［J］. 东岳论丛，2011，32（01）：143－145. 史翠峰. 抓开源节流工作 促高校财务管理［J］. 山西财经大学学报，2010，32（S1）：167.

研究所在 2009 年对教育部直属 72 所大学中的 69 所大学进行绩效评价研究,结果显示,2006—2008 年,近半数大学的教育经费呈"高投入低产出"现象。这印证了处在规模扩张时期的大学财务管理可能比较粗放,更多地注重投入与筹资,产出与绩效则有所淡化。[①]

财务环境的变化,促使大学不断转变财务观念,大学需要树立以财务资源优化与价值实现为核心思想的"大财务观",成本效益观是其重要的组成部分。同时,大学需要转变过去无偿使用国家财政拨款的思想认识,需要在财务管理的各个环节讲求资金成本与使用效益的匹配,评估资金环节存在的风险因素,加强项目基础管理,力求资金效益最大化。[②]

为了增强大学财务管理绩效,大学首先必须加强内部控制,提高内部工作效率,因为内部控制和管理绩效呈正相关关系,内部控制的力度直接关系到管理绩效的高低。[③] 同时,可以尝试引入平衡记分卡和信息技术,建立健全财务绩效评价考核体系。

(四) 资产管理

高等学校的资产,是国有资产的有机组成部分,也是大学赖以生存和发展的物质基础。在计划经济体制下,高等学校的教学、科研、行政办公和后勤保障的经费都直接由各级财政划拨。随着社会主义市场经济体制的建立,高等院校多种渠道筹集资金办学的可能性得以实现。现在,大学改革的步子越迈越大,大学后勤正逐渐走向社会化;大学发展产业弥补办学经费不足的路子也越走越宽;合作办学国有民营等多种办学形式的出现,使大学的国有资产存在形式变得复杂而多样。在这种形势下,大学国有资产保值和增值面临

---

① 王良驹. 树立财务经营理念 整体协同高校管理[J]. 中国高等教育,2011(08):20-22.

② 李梦苏,贺强. 高校财务绩效评价指标体系构建研究[J]. 东北财经大学学报,2013(06):108-111.

③ 李英利. 浅议高校内部控制与管理绩效间的关系研究[J]. 经济研究参考,2015(35):91-92.

许多新的问题,加强国有资产管理,对大学的改革和发展发挥着越来越重要的作用。

国有资产管理是高等院校的最基础工作之一,是与其他工作紧密相连的一项综合性工作。这项工作的好坏,不但涉及学校内部其他管理工作的好坏,而且涉及学校的规划和建设等重大决策是否正确。学校的管理者要摸清家底,掌握学校国有资产的分布情况。国有资产管理部门有责任和义务为学校管理者提供快速、准确的数据和资料,为领导决策提供依据,为学校发展提供优质服务,而这些都有赖于国有资产管理部门基础性和日常性的工作。

(五) 防范财务风险

控制和监督大学经济活动,目的在于防范大学财务风险。受传统管理理念及运作模式的影响,高等学校管理层风险防范意识普遍较为淡漠,大部分大学的风险管理体系不健全。市场经济环境下,大学的经费来源不再是单一的财政拨款,经费支出涉及的内容也越来越复杂广泛,多元化筹资格局、支出类型、利益分配关系的形成必然加大经济活动的复杂性和经费管理的难度,这就对大学的财务管理提出了严峻的挑战。① 因此,大学应该多管齐下,切实防范财务风险。

为了降低学校财务风险,应当建立有效的大学财务风险预警系统或有效的大学财务风险评价体系,并将它们作为常态化的分析工具,一方面帮助国家了解各大学整体的风险程度与分布情况,另一方面帮助大学及时发现财务风险,加强自身财务管理水平。② 在依靠预警系统或评价系统防范财务风险的同时,对日常的大学财务管理工作实施严格的控制才能够真正有效地防范财务风险,因此大学应当加强内部控制建设,对资金、采购、项目和资

---

① 胡学忠. 高校财务管理具体环境的特点及应对策略[J]. 江苏高教,2011(06):53-55.

② 参见:冯宝军、李延喜,荣翠芳. 研究型大学财务能力建设研究[J]. 大连理工大学学报(社会科学版),2011,32(02):64-68. 徐明稚,张丹,姜晓璐. 基于现金流量模型的高校财务风险评价体系[J]. 会计研究,2012(07):57-64+97.

产等经济活动进行控制,并将经济合同管理与预算控制贯穿于上述经济活动控制中,对审计中发现的各种问题,要及时向负责人汇报并要求相关部门整改。① 此外,大学必须加强负债管理,加快财务体制改革,加强大学债务主体的管理,提高债务资金的使用的透明度,从而降低债务融资风险,提高资金的使用效率。②

第二节　大学财务管理的基本理论

一、公共产品理论

公共产品理论是现代西方财政学的核心理论,它研究公共部门应提供什么服务以及提供多大服务的问题。

英国学者霍布斯在其 1651 年出版的著作《利维坦》中提出的社会契约论和利益赋税论成为公共产品理论的思想源头。在此之后,威廉·配第在《赋税论》中集中讨论了公共经费问题和公共支出问题,休谟对上述问题做了进一步分析。在其 1740 年出版的著作《人性论》中论述了"搭便车"现象,提出在某些只能通过集体完成的事情中,由于人自利的天性,只有靠国家和官员来使每个人不得不遵守法则。休谟的论述不仅表明在公共利益的追求中个人的局限性和政府的优越性,还分析了共同体的规模对共同利益的影响,初步涉及交易成本和群体博弈的思想。

继休谟之后,1776 年亚当·斯密在《国富论》中对政府的职能进行了更加深入的分析,集中阐述了公共产品的类型、提供方式、资金来源和公平性等

---

① 陈留平,魏微,张猛超. 论我国高校内部控制建设——基于江苏高校的调查[J].
高校教育管理, 2014,8(01): 29-35.
② 杜志强. 我国高校当前债务风险研究——基于高校新校区负债建设的现状、成因与规避的思考[J]. 河南大学学报(社会科学版),2010,50(05): 144-147.

重要内容。他和休谟都认为公共产品在完全没有政府的情况下难以较好地提供，也都认为政府只需充当"守夜人"，提供最低限度的公共服务即可。

之后，公共产品理论由奥意学派加以发展。19世纪80年代，奥意学派对古典经济学的一些基本方法和理论加以修改，提出了边际效用概念和边际分析方法，使公共产品理论分析基础从斯密时代的劳动价值论转变为效用价值论。同时，瑞典学派也发展了公共产品理论。与奥意学派相比，瑞典学派代表人物威克塞尔在有关征税的个人效用最大化的基础上，将公平问题引入了公共产品理论，即利益赋税的公平应以分配的公平为前提。奥意学派和瑞典学派将微观经济学的分析延伸到公共经济领域，运用经济学的核心原理来说明政府行为。

现代经济学对公共产品的研究真正从新古典综合派的萨缪尔森开始。在《公共支出的纯理论》一文中，萨缪尔森对公共产品进行了界定，并借助数学工具以"公共产品—私人品"二分法，对私人产品和集体消费产品即公共产品进行了严格的区分。但在之后发表的《公共支出理论图解》中，他提出大多数的公共产品不是纯公共产品，存在某些收益上的可变因素，使得某个市民以其他成员的损失为代价而获得收益。虽然如此，萨缪尔森明确提出了公共产品的非竞争性基本属性，突出强调了公共产品的不可分割性。

因此，界定一种产品或一项服务是否为公共产品，要判断其是否同时具备非排他性和非竞争性两个特征。非排他性指只要有人提供了公共产品，不论其意愿如何，都不能排除其他人对该产品的消费。若想排除其他人从公共产品的提供中受益，或在技术上不可行，或排除的成本过于高昂而缺乏可行性。非竞争性则是指一部分人对某一产品的消费不会影响另一些人对该产品的消费，一些人从这一产品中受益也不会影响其他人从中受益，受益对象之间不存在利益冲突。同时具备上述两个特征的物品是纯公共产品；具备上述两个特征中一个，另一个特征表现不充分的产品是准公共产品；两个都不具备的则是私人产品。高等教育既不直接具有非竞争性，也不具有非排他性，高等教育在给教育者本人带来好处的同时，也产生了明显的社会效益，因此高等教育是准公共产品。

公共产品理论恰恰认为,公共经济和政府介入应在市场失效的范围内活动,提供公共产品是政府最主要的活动之一,因此政府有向民众提供高等教育的职责。在公共财政框架下,政府有关教育的财政支出应当保障高等教育的顺利开展。① 然而,受"公共产品受益范围存在层次性"的影响,国家应当理顺各级政府在高等教育财政管理工作中的职责,合理划分各级政府教育财政责任,明确他们的"事权"和"财权"。② 公共产品理论成为大学财务管理研究的基本理论之一。

二、新公共管理理论

新公共管理理论起源于 20 世纪初形成的传统公共行政学。到 20 世纪 70 年代末,受公共政策和工商管理两个学科价值取向的影响,新公共管理理论在原有基础上充实并完善,自成体系。③

从 20 世纪中叶开始,西方发达资本主义国家运用凯恩斯主义经济学指导国家的经济活动,并试图依靠政府干预弥补市场不足,然而经过多年努力,这些国家并未取得期望的经济增长和社会满意度。六七十年代以后,经济滞胀、政府扩大支出产生的高税收和政府公共服务无效率使得民众普遍不满,最终导致了意识形态上的变革。

在意识形态上崛起的"新右派"思想,主要源于自由经济思想、新制度经济学和公共选择经济学。它强调自由市场的价值,批评政府干预,主张用市场过程取代政治或政府过程配置社会资源、做出制度安排,同时要求政府更有效地使用公共财政资源,因此政府需要从内部管理出发,积极建立新的管

① 金子元久,刘文君. 日本高等教育大众化的经验与启示[J]. 教育发展研究,2007
(03): 59 – 62.
② 商兰芳. 高职教育财政管理: 问题与对策[J]. 教育发展研究,2014,34(17):
12 – 18.
③ 黄小勇. 新公共管理理论及其借鉴意义[J]. 中共中央党校学报,2004(03):
62 – 65.

理理念,寻找新的管理工具,提升自身管理能力。

　　摈弃官僚制时代的到来使得公共管理由重视效率转向重视服务质量和顾客满意度,由自上而下的控制转向争取成员的认同和争取对组织使命和工作绩效的认同。① 政府改革打破了单向的等级指挥关系,建立了互动交流和导向管理,开始向"后官僚组织"变迁。② "重塑政府"运动的积极倡导者奥斯本(Osborne)和盖布勒(Ted Gaebler)总结了美国改革地方政府和联邦政府的经验,并开始宣扬政府管理的新范式。③ 克里斯托弗·胡德(Christopher Hood)则认为西方国家政府改革所体现出来的管理新模式是新公共管理的典范。④ "新公共管理"实践催生出了不同于传统公共行政理论的理论新范式,新公共管理理论由此诞生。

　　新公共管理理论主要特征如下:第一,以效益为主要的价值取向。新公共管理理论根据交易成本理论,认为政府应重视管理活动的产出与效绩,应关心公共部门直接提供服务的效率与质量,应能够主动、灵活、低成本地对外界情况的变化以及不同的利益需求做出富有成效的反应。第二,建立企业式政府和以顾客为导向的政府。以公共选择理论等作为理论基础,新公共管理理论认为一个好的政府应该是一个企业家式的政府,政府官员相应的成为一个负责任的"企业家"或"企业管理人员",社会公众则是因向政府纳税而享受政府服务作为回报的"顾客"。因此,政府服务应以顾客需要或市场需要为导向,给公民更多的选择权,让公民有更多的机会来评价政府工作效果,从而促进政府改善工作,提高服务质量。第三,引入市场机制。新公共管理理论认为,政府理所当然是公共服务的提供者,但这并不意味着所有的公共服

① BARZELAY M. Breaking through bureaucracy: a new vision for management in government [M]. Berkeley: University of California Press, 1992: 119-127.

② HECKSCHER C. The post-bureaucratic organization: new perspectives on organizational change. New Delphi: Sage, 1994: 266-267.

③ 戴维·奥斯本,特德·盖布勒. 改革政府——企业精神如何改革公营部门[M]. 上海市政协编译组,等,译. 上海:上海译文出版社,1995:303-313.

④ HOOD C. A public management for all reasons? [J] // MAOR M, Lane J. Comparative public administration. Vol. 1. Dar Emouth Publishing Grop. 1998: 323-363.

务都应该由政府来提供,公共服务的垄断性应该逐渐予以取消,让更多的私营部门参与公共服务的供给,通过把竞争机制引入政府公共管理中,提高政府服务的质量与效率。

综上分析,新公共管理理论要求政府严格区分管理与具体操作,并认为有效的政府不只是一个会实干的政府,一个会执行的政府,还是一个能够"治理",并且善于"治理"的政府。

虽然新公共管理理论来源于政府改革,但其思想及其对现实所表现出的指导意义迅速扩大了该理论的影响力和应用范围。国家的公共事业逐渐开始采用新公共管理理论的思想解决现实问题,高等教育作为公共事业的重要组成部分,也不例外。在新公共管理理论视角下,为了促进政校分开、管办分离,切实落实大学办学自主权,政府需要转变直接服务和管理的方式,采用多样化的新型大学管理模式,如政府和大学建构"伙伴"关系,通过绩效因素加强大学的履约质量。① 同时,新公共管理理论的兴起还对大学财务管理提出了严格财务管理、高效利用资源、强调产出结果、大量使用量化指标和增加利益相关者问责权利等要求。②

第三节　中外大学财务管理比较

一、国外大学财务管理

美国、英国和德国的大学教育在全世界范围内长期居于领先水平,业已

① 周湘林. 基于新公共管理理论视角的高校管理模式分析[J]. 教育研究与实验,2014(03):38-43.
② 参见:甘永涛. 从新公共管理到多中心治理:兼容与超越——西方国家高等教育管理改革的路径、模式与启示[J]. 中国高教研究,2007(05):34-36. 林荣日. 我国高校财务管理若干问题实证研究[J]. 开放教育研究,2011,17(01):56-62.

成为现代大学发展的典范。这些国家中的一流大学经过长期历史积淀形成的管理规范已经成为现代大学制度的范式。其中,成熟完备的财务管理制度不仅能够保障学校财务健康,而且能够为学校各项活动提供卓越而持久的支持,提高学校竞争力,为学校未来发展带来巨大机会。

(一)美国大学财务管理

美国高等教育始于 1636 年建立的哈佛大学。初期仅是移植、效仿欧洲高等学府。1783 年独立战争之后有了转机,但是真正崛起始于二战。美国高等教育在短短几百年的时间内实现跨越式发展,超越欧洲,形成了类型多样、层次分明的高等教育体系,并以开放和多元的姿态持续发展。

1. 财务管理体制

与美国高等学校管理体制和制度一致,其财务管理体制也具有制衡这一鲜明特点。

(1)决策结构

"外行董事会"是学校内部最高的权力机构,主要由外行人士构成。[①] 董事们的主要任务是资金筹措,为学校广开财路。同时,董事会需要制定未来财务规划,审批年度预算,监督经费使用。虽然董事会拥有最高决策权,但它通常下放权力至校长和其设置的具有不同权限的专业委员会。

(2)执行结构

董事会将财务运作权下放至校长,校长是政策执行者,他的行政管理通常需要副校长或专门人员协助。财务工作一般会由常务副校长或者财务总监负责,他们拥有助理副校长和财务职能办公室构成的财务团队,是财务管理结构的核心。

(3)监督结构

主要是报告制度和审计制度。根据美国法律规定,公立大学财务信息必

---

① 刘慧珍,张熙. 哈佛大学董事会组织结构与治理结构——基于资源依赖的理论视角[J]. 现代教育管理,2016(03):1-7.

须公开。审计制度包括在董事会下设置审计委员会,进行内部审计,还会交予政府或第三方进行外部审计。① 同时,董事会要求校长定期提交学校运作情况,自身还要向政府部门提交工作绩效报告,承担对校长的问责。

2. 收支管理

(1)一流大学的核心竞争力——雄厚的资金来源

20世纪80年代以来,政府拨款紧缩,美国高等教育陷入财政危机,② 各大学逐渐将募集视为大学的使命,积极探索融资渠道,形成了目前多样化、多渠道的经费筹措机制,形成了一流大学的核心竞争力——雄厚的资金来源。如图3-1所示,2008—2014年,美国高等教育收入虽有波动,但整体呈上升趋势。

单位:百万美元

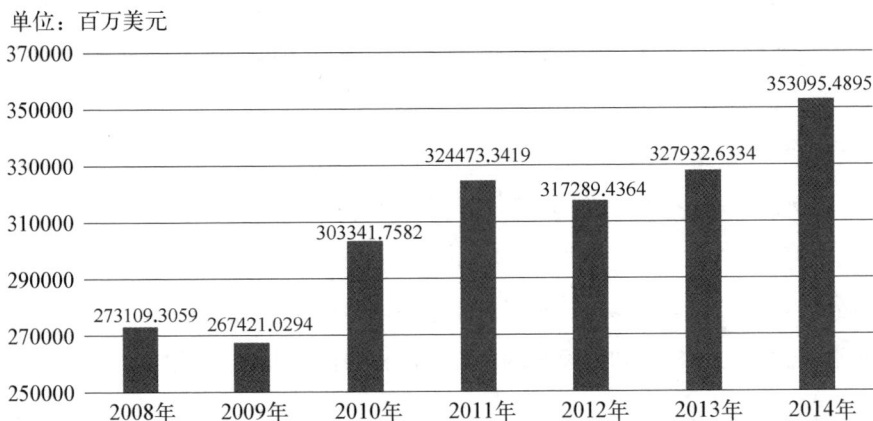

数据来源:https://nces.ed.gov/programs/digest/。

图3-1 2008—2014年美国高等教育总收入

如图3-2和图3-3所示,不论是私立大学还是公立大学,其经费来源都主要是政府投入、学费收入、私人捐赠、投资收益和其他收入五类。同时,美

① 陈伟晓,李华军,邓彦. 美国高校财务治理结构对我国的启示[J]. 财会月刊,2015(02):57-59.

② 曾家,王娜. 美国高等教育法人化的路径、进展与趋势——基于新自由主义的分析[J]. 黑龙江高教研究,2015(11):68-71.

国大学经费来源呈现政府投入减少（如图3-4所示）、学费收入涨势明显（如图3-5所示）、私立大学捐赠收入可观（如图3-6所示）、专业投资带来不菲收益（如图3-7所示）和其他收入充满潜力的特点。

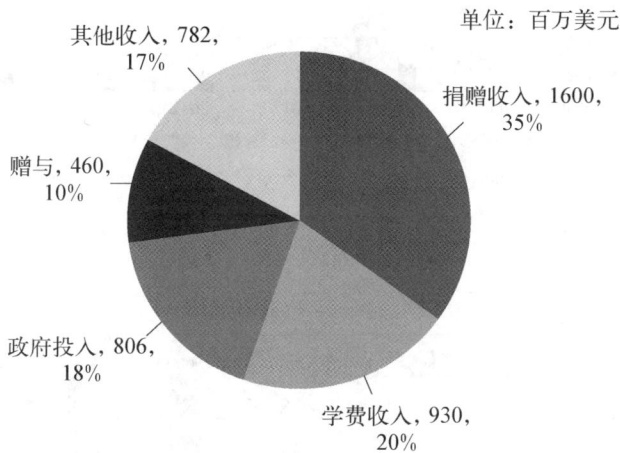

数据来源：Financial report of Harvard University in fiscal year 2015。

图3-2　2015年哈佛大学收入结构

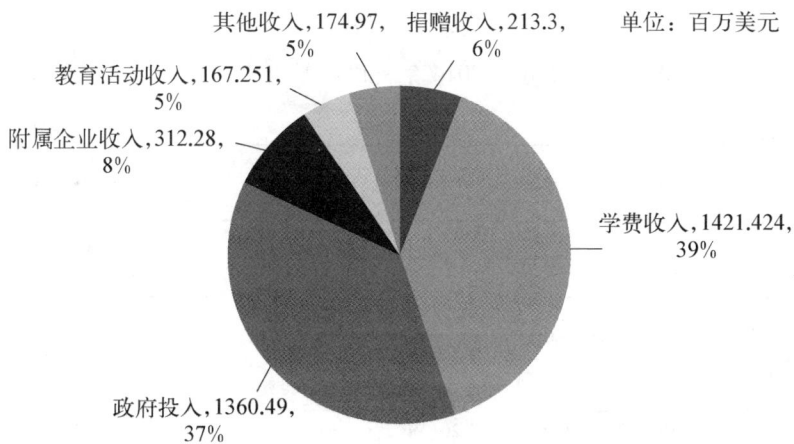

数据来源：Annual Financial Report of University of California, Berkeley, 2014-2015。

图3-3　2015年加州大学伯克利分校收入结构

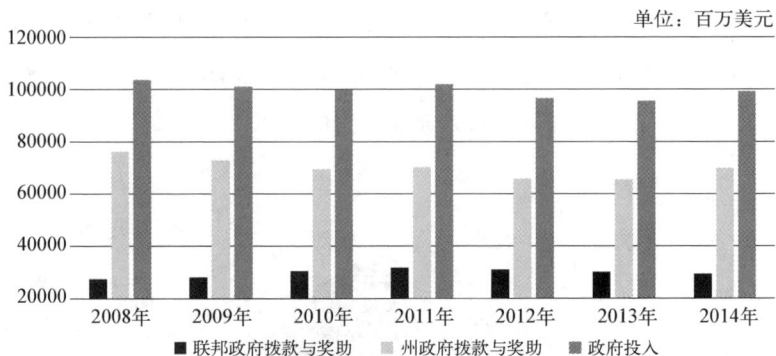

数据来源：https：//nces.ed.gov/programs/digest/。

图 3 - 4　2008—2014 年美国高等教育政府投入

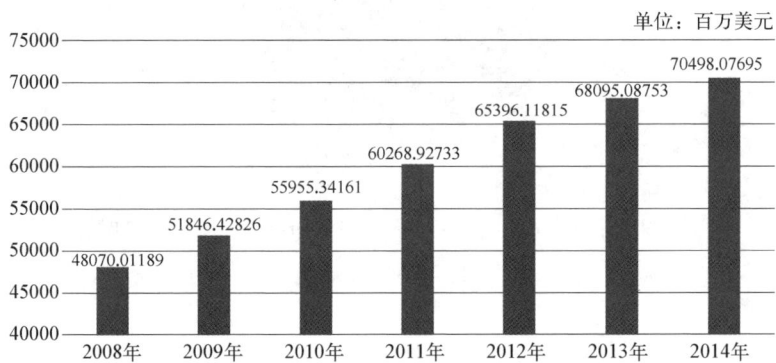

数据来源：https：//nces.ed.gov/programs/digest/。

图 3 - 5　2008—2014 年美国高等教育学费收入

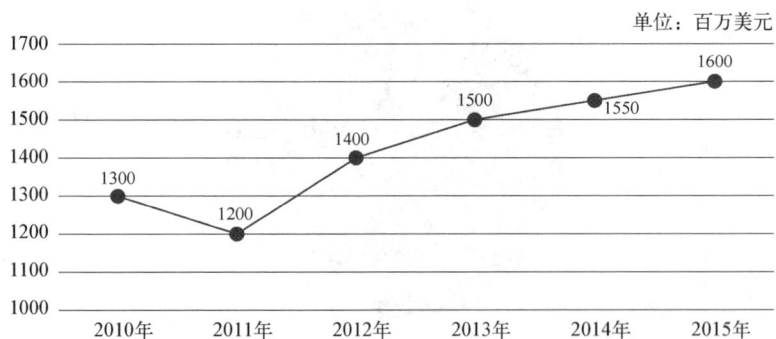

数据来源：Financial report of Harvard University in fiscal year 2010 - 2015。

图 3 - 6　2010—2015 年哈佛大学捐赠收入趋势图

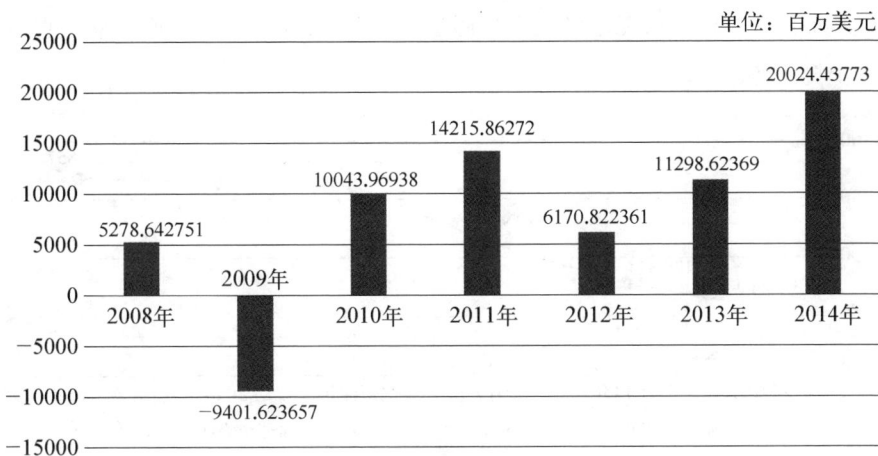

单位：百万美元

数据来源：https://nces.ed.gov/programs/digest/。

图3-7 2008—2014年美国高等教育投资收益

（2）支出向学生倾斜

如图3-8所示，2008—2014年美国高等教育支出逐年上升，支出项目主要包含工资和员工福利、学生奖学金和奖励、服务费用、空间占用费用、折旧、利息、设备和用品以及其他支出。

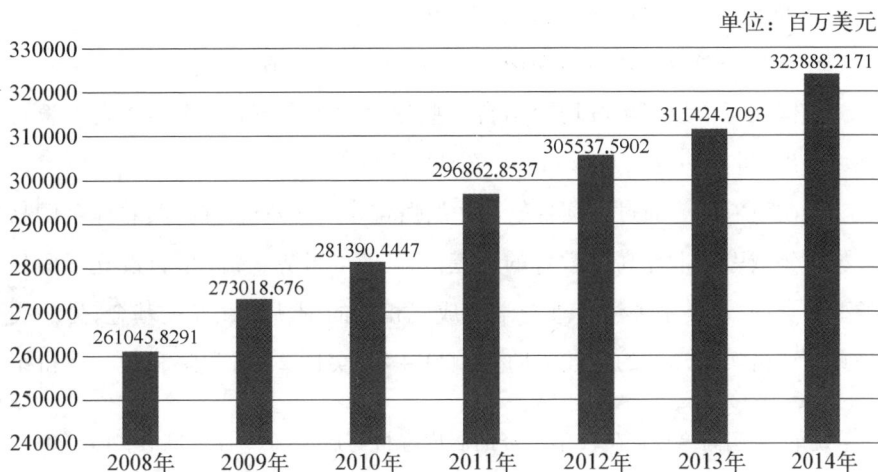

单位：百万美元

数据来源：https://nces.ed.gov/programs/digest/。

图3-8 2008—2014年美国高等教育总支出

如图 3 - 9 所示,无论私立大学还是公立大学,其奖助学金近年来一直呈现上升态势。

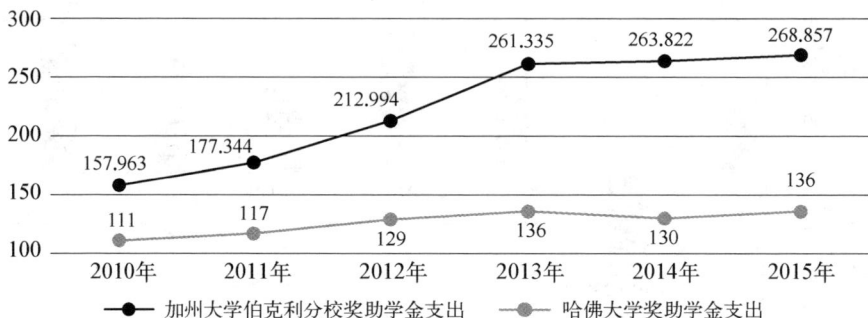

数据来源: Financial report of Harvard University and Annual Financial Report of University of California, Berkeley in fiscal year 2010 - 2015。

图 3 - 9　2010—2015 年加州大学伯克利分校与
哈佛大学奖助学金支出趋势图

美国大学资助工作呈现出资助理念多元化、资助法制健全化、资助性质多样化、资助资金多渠道、资助项目多层次、学科分布差异化等特性,①这种"混合资助模式"大大增加了学生的受助机会,美国公立大学全日制本科生近 50% 受助,硕士达到 85%,博士达到 95%。

3. 美国高等教育改革新动向——"世界一流"项目

美国在每个教育阶段均会出台一些教育改革方案,2015 年在高等教育领域提出"世界一流"(First in the World)项目。

美国政府期望通过该项目鼓动并加强高等教育创新,并将其看作美国高等教育领域引领世界高等教育的关键因素。②"世界一流"项目设立了两种类型的资助,一类是关注考查与学生成就相关的创新实践发展基金,另一类是具有严格实证标准的绩效资助金。2014 年,美国 24 所学院和大学获得第

① 姚军. 美国高等教育阶段学生资助制度分析与启示[J]. 江苏高教,2015(04):153 - 155.
② 孔令帅,吴海鸥. 美国教育改革新动向探析[J].外国中小学教育,2016(04):5 - 10.

一批 7 500 万美元的资助。2015 年,美国政府对"世界一流"项目的投资为 6 000 万美元。到 2016 年,为了更好地落实该项目,美国政府再次注入资金, "世界一流"项目的资金资助已增至 2 亿美元。①

从美国政府向"世界一流"项目投入的资金和重视程度可以看出,已处在世界高等教育顶端的美国居安思危,仍要通过不断加大资金投入推进高教的改革,寻找高等教育的发展突破口,所以我国高等院校想跻身世界一流大学,不仅需要坚持改革创新,还要广揽财源。资金是建设世界一流大学的必备条件。

(二) 英国大学财务管理现状

自 20 世纪 80 年代以来,英国对高等教育政策实施了几次重大改革调整,巩固英国高等教育优势,为建设世界一流学科和一流大学奠定了良好的基础。高等教育的发展、一流大学与学科的建设离不开经费的支持,英国高等教育改革发展过程中预算、核算以及收支管理方面的特点与经验表现在以下几个方面:

1. 财务预算实施分级管理

英国大学财务预算管理由学校校级财务部门集中编制,分校、院、系三级,由校长、院长、系主任分别负责各自受托的财务管理范围。② 学校只开设一个银行账户,各二级学院和其他单位通过计算机结算,不得开设银行账户,做到财力集中。同时,为增加二级单位的自主权,对预算经费及课题经费的支配权可适当下放。为加强大学财务管理的监督,英国大学各部门在编制预算时要向财务处提交未来三年详细的工作计划、员工编制计划和财政开支计划。中期、年终都要进行预算执行情况检查,检查预算执行的状况以便修正。各部门每年年终要向财务处提交当年的工作总结报告,以考核其是否完成承

---

① ESEA Conference Framework Summary [EB/OL]. http://edworkforce.house.gov/uploadedfiles/esea_conference_report_summary.pdf.2015 – 12 – 10.

② 王珺. 浅议美、英高校财务管理特点及启示[J]. 企业导报,2011(13):85 – 86.

诺,经济活动是否取得最高效益。除此之外,英国大学的预算管理公开、透明。一方面,英国政府对大学拨款的办法和程序科学合理;另一方面,英国大学内部经费预算很细,调控和分配功能较强。①

2. 会计核算遵循企业会计准则

由于大学会计核算与一般非营利组织会计存在一定差异,因此,英国大学会计制度由英国高等教育和继续教育会计实务建议公告委员会(HE/FE SORP Board)专门制定,即为现在英国大学遵守的《会计实务建议公告》。

虽然目前适用于大学会计核算和报告的《会计实务建议公告》对涉及大学的一系列问题进行特别说明和规定,但对其中未做规定的事项的处理则要遵循企业会计准则,这与我国目前会计制度存在较大的差异。英国大学会计核算的基本原则采用权责发生制、真实公允的原则、历史成本原则等。除大学特殊业务外,其他业务所采用的准则与企业会计准则差异很小。

3. 收入多元化,支出平稳化

(1)经费来源多元化

以牛津大学为例,如图3-10所示,英国高等教育机构的经费来源呈现多元化格局,其中,政府通过拨款机构分配的公共财政资金是基础,学费和教育合同经费、捐赠和投资收入、研究拨款和合同经费等各类非公共资金收入日益增长。② 英国大学的经费收入总体呈现以下特点:财政拨款总额下降;科研拨款的市场化改革;学费收入呈现递增趋势(如表3-1所示);捐赠收入总额缓慢上升(如图3-11所示),占收入比下降(如表3-2所示);与工商界建立密切联系。

---

① 2005 年中国高校领导赴英国培训团,黄永林,谭振亚,龙超云. 英国大学办学理念、资金筹措及国际化战略的特点——中国高校领导赴英国培训团的报告[J]. 教育财会研究,2006(04):3-13+30.
② 郑俊涛、王琪. 走进世界名校:英国[M],上海:上海交通大学出版社,2013:135-153.

表 3 - 1 2011—2015 年牛津大学学费收入金额和
占总收入比重(单位:百万英镑)

	2011 年	2012 年	2013 年	2014 年	2015 年
学费收入	1.53	1.73	1.97	2.36	2.58
总收入	11.22	10.02	10.86	11.74	14.29
比重	13.61%	17.28%	18.12%	20.09%	18.07%

数据来源:牛津大学 2011—2015 年的财务报告。

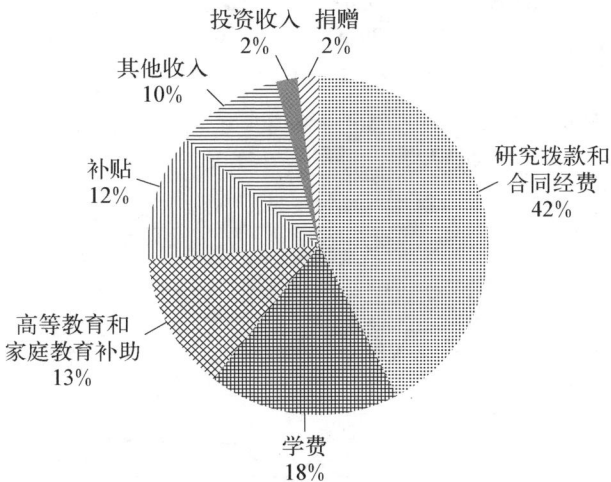

数据来源:牛津大学 2015 年的财务报告。

图 3 - 10 牛津大学 2015 年度收入结构图

表 3 - 2 2005—2015 年牛津大学、剑桥大学
捐赠收入占收入总额的比例

	2005 年	2006 年	2007 年	2008 年	2009 年	2010 年	2011 年	2012 年	2013 年	2014 年	2015 年
牛津	4.51%	4.63%	4.18%	4.49%	4.30%	2.84%	1.92%	2.55%	2.56%	2.58%	1.77%
剑桥	4.94%	5.33%	5.70%	5.07%	4.71%	4.86%	1.36%	1.43%	1.39%	1.64%	1.54%

注:
1. 剑桥大学捐赠和投资收益项的统计口径在 2011 年发生改变,故 2011 年前后不具有对比性;
2. 数据来源:牛津大学、剑桥大学 2005—2015 年的财务报告。

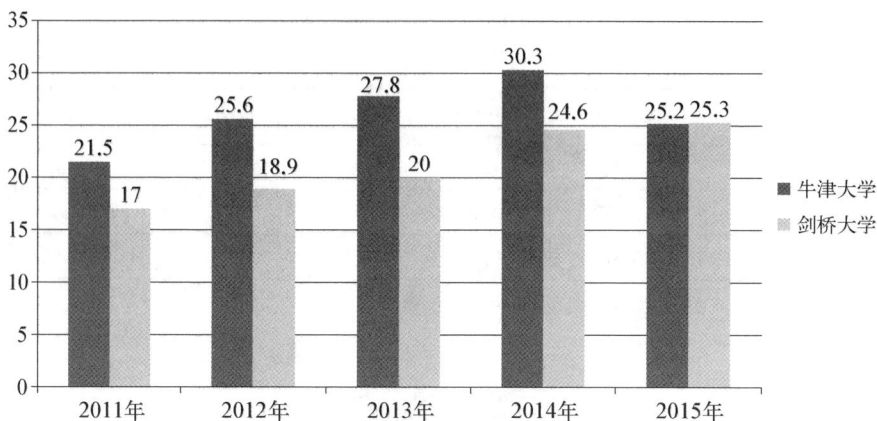

数据来源：牛津大学、剑桥大学 2011—2015 年的财务报告。

图 3-11　2011—2015 年英国牛津大学、剑桥大学的
捐赠收入（单位：百万英镑）

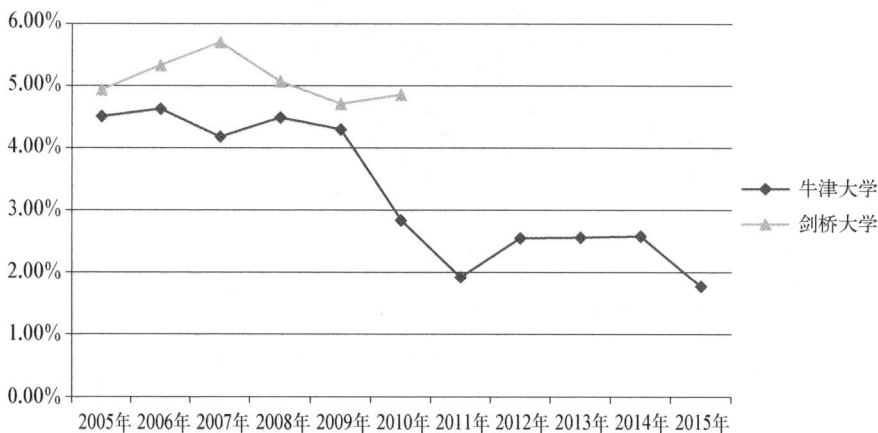

图 3-12　2005—2015 年牛津大学、剑桥大学的
捐赠收入占收入总额的比例

（2）经费支出以人事费用为主，各项开支较为稳定

虽然英国高等教育机构有很大一部分经费来源于政府拨款，但政府及拨款机构并没有对拨款的具体分配和使用进行规定，大学在财政经费支出方面享有较高的自主权。

具体来看，英国高等教育机构的经费支出按用途主要分为人事费用

（staff costs）、其他业务支出（other operating expenses）、折旧费（depreciation）、应付利息和其他财务（interest and other finance costs）四大类，且以人事费用为主，其他各项开支较为稳定（如图 3－13 和图 3－14 所示）。

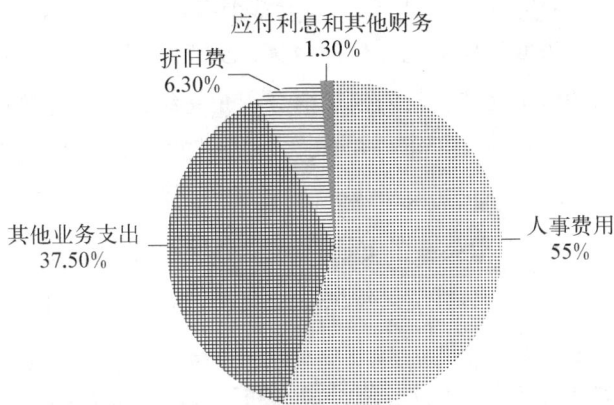

数据来源：根据英国高等教育统计局的统计数据整理。

图 3－13　2015 年英国高等教育部门总支出结构

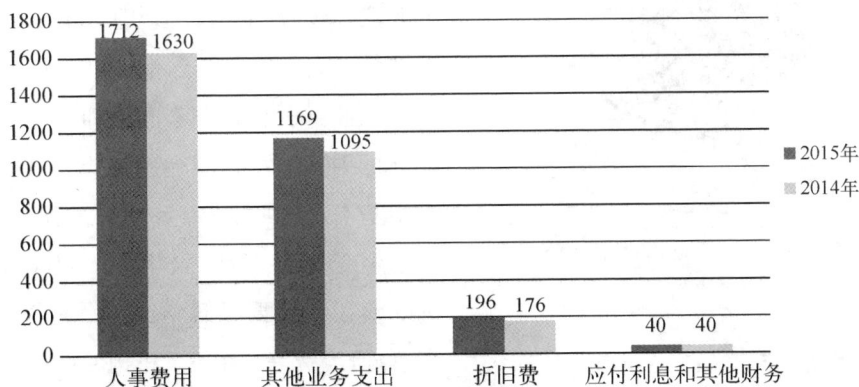

数据来源：根据英国高等教育统计局的统计数据整理。

图 3－14　2014—2015 年英国高等教育部门总支出
结构对比（单位：百万英镑）

（三）德国大学财务管理现状

19 世纪初，威廉·冯·洪堡对德国进行了卓有成效的高等教育改革，宣告了现代大学在德国的建立,德国的高等教育成为世界现代高等教育的典范与标杆。① 第一次世界大战前是德国科学最辉煌的时刻,德国诺贝尔奖的获得者人数已经连续10年遥遥领先于其他国家。② 然而,二战后,德国高等教育质量逐渐下降,在国际大学排名中的表现不出众,落后于美国和英国。为了实现德国大学重回世界领先地位的目标,德国政府采取了一系列措施,其中包括强有力的资金支持。我们仅从财务视角总结德国高等教育改革发展的特点与经验。如在预算的编制方面,发挥大学的自主性,以提高资金的使用效率;在拨款体制方面,采用绩效评估,建立激励机制;在经费来源方面,鼓励大学多渠道筹资;在精英大学方面,推行"卓越计划",加大对科研项目的资助,强化大学竞争意识,打造具备世界一流大学竞争力的名校等。

1. 德国教育经费概况

虽然德国高等教育的发展受海外资本和私人领域的帮助,但主要依赖于公共经费的投入,且其公共教育经费主要来自州政府的投入,其次为乡镇与协会和联邦政府(如图 3 - 15 所示)。

借助大学"一揽子"协议和"卓越计划",联邦教育经费不断增加。联邦政府的财政拨款主要包括三类:一是大学基本建设经费;二是科研经费;三是学生资助,主要针对本科生。州政府的财政拨款主要是日常经费、基建经费、科研经费等。在拨款机构的设置方面,联邦政府主要通过联邦教育与研究

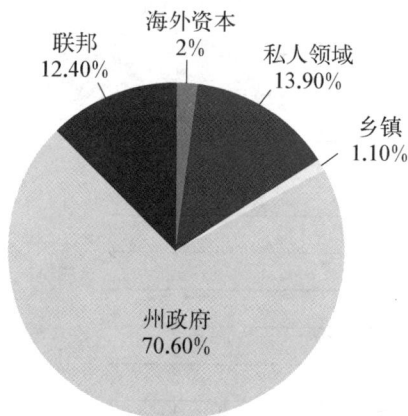

图 3 - 15   2012 年德国高等教育
经费构成情况③

① 张新科,刘辕. 从均衡发展到追求卓越——德国高等教育"卓越计划"评析[J]. 高等教育研究,2011,32(09):98 - 102.
② 徐昭恒,王琪. 走进世界名校:德国[M]. 上海:上海交通大学出版社,2014:153.
③ Statistisches Bundesamt. Bildungsfinanzbericht 2015 [R]. Wiesbaden:Statistisches Bundesamt,2016:31.

部行使拨款职能,也通过专项资金的方式直接向大学拨款。大学的基建费一般直接支付给建筑商,不经过学校,而科研资助的拨款,则较多是通过社会中介组织或机构间接进行分配。①

2. 德国大学财务特点

(1) 推进整体预算,发挥大学自主性

自20世纪90年代以来,德国的财政拨款模式开始进行一系列变革。

一方面是从"分项预算"转变为"整体预算",②另一方面是提升高等教育机构拨款决策参与度。

改革后的预算拨款体制,赋予大学更多的资金使用自主权,可以在机构内部根据实际情况灵活安排分配资金,同时减轻了政府预算工作的压力,将其从繁琐的预算编制工作中解脱出来。

(2) 强化绩效评估,建立激励机制

德国改革后的拨款体制从"投入导向"转为"产出导向",更加注重对结果的评价。

自20世纪90年代以来,德国各州的大学办学经费逐步分为基本部分和增量部分,增量部分比重一般为2%~10%,采取绩效拨款的模式,为此德国建立了绩效评估指标体系。此外,德国政府还采取了"公式拨款法",大学的绩效达到预定的要求就能获得固定数额或比例的拨款,所获拨款与绩效评价结果之间是一种自动的、公式制约的明晰关系。

(3) 经费来源多元,推动高教发展

与其他国家相比,德国高等教育经费投入略显不足。③ 鉴于此,德国开始努力促进大学经费来源多元化。具体表现为以下四个方面:陆续实施了"卓越大学""高等教育协定""高等教育特定项目"和"新卓越计划"四项重

---

① 刘金龙. 英、日、德高等教育财政拨款体制及其启示[J]. 现代教育管理,2009(12):94-96.

② 赵凌. 德国高等教育财政拨款制度探略[J]. 高教探索,2011(06):91-94.

③ 迈克·列茨岑斯基,熊焱冰,韦春卉. 德国高等教育经费及绩效导向拨款[J]. 高教发展与评估,2007(05):58-62+122.

大计划,加大财政投入;积极争取如欧盟框架计划的研发经费以及海外资本等的经费支持;①大学实施缴费上学制度,提高私立大学学费标准,要求继续教育与超期学习的学生交纳学费;努力争取企业资助的同时,提高社会服务获取收入。

3."卓越计划"打造精英大学,经费支持一流大学建设

2005年6月23日,德国实施"联邦与各州促进德国大学科学与研究的卓越计划"(简称"卓越计划")。"卓越计划"将对大学的直接资助改成资助大学中的"研究生院"(Graduiertenschulen)、"卓越集群"(Exzellenzcluster)和"未来构想"(Zukunftskonzepte)三个层次和项目。②"研究生院"项目旨在提升年轻科研人员的实力,培养杰出的博士生;"卓越集群"旨在扩大大学的科研网络与合作;"未来构想"(Zukunftskonzepte)资助已获得前两个项目资助的大学,进行双重经费扶持。

"卓越计划"是德国联邦政府为打造世界一流大学而实施的一项重要工程。一方面,其为德国大学注入了大量的科研活力,提升了德国科学和研究在国际竞争者中间的知名度,许多国家依据德国模式启动了卓越建设项目;另一方面,"卓越计划"的实施令德国的大学对海外学者的吸引力上升,尤其是"未来构想"获选大学;此外,大学的竞争意识被激发,资金分配的不平等性、严格的退出机制等使得大学必须保持独特优势,提升竞争力。

二、国内大学财务管理

大学财务管理在学校的整个日常管理中发挥着重要的作用,且随着大学财务管理体制的建立健全以及《高等学校财务制度》和《高等学校会计制度》(2019年实施《政府会计制度》)的实施,大学财务管理机制得到了转换,理论

---

① 陈正,钱春春.德国高等教育机构经费来源特点及其管理[J].高校教育管理,2013,7(01):53-57.

② 徐昭恒,王琪.走进世界名校:德国[M].上海:上海交通大学出版社,2014:155.

与方法的发展也日渐完善,并逐步显示出自身所独有的特点:

一方面,当下我国大学财务管理地位在大学管理系统中得到极大的提升,从后勤部门到成为大学决策系统重要组成部分,是学校各项事务管理的中心内容之一;另一方面,大学财务工作效率和管理水平得到较大提高,大学财务内部的机构设置与职责权限得到重新的定位与划分,财务人员的年龄、知识结构得到优化,大学的财务管理工作基本实现了电算化、网络化、信息化,极大地提高了财务工作的效率。① 面对高等学校经济活动总量的不断扩大,教育部门也采取了一系列政策措施,提高了大学财务管理的能力和水平。②

以下从大学的财务管理的体制因素、技术因素和环境因素三个角度来具体分析当下我国大学的财务管理状况。

(一)体制因素

1. 财务管理制度与组织

(1)财务管理制度

目前高等学校财务工作实行校(院)长负责制。校(院)长全面履行财务工作的领导责任和经济责任,严格遵守和落实各项规章制度,对学校会计资料的真实性、完整性负责。在我国现行大学财务管理体制下,大学的财务部门、财经工作领导小组、党委会是预算的制定、审核、决策机构,也是财权的集中机构,而执行部门在各个学院(系)。这样广大教职员工无法参与并认同学校的预算编制工作。

随着我国经济的快速发展以及教育体制的改革,这种模式已无法满足工作需要,因此国家提出了在高等学校试行设立总会计师职务,主要领导负责本单位的财务管理、会计核算和审计监督等工作。然而,目前我国已设

---

① 徐国强. 我国高校财务管理现状及应对措施[J]. 财会研究,2010(24):47-48.
② 花辉. 论高校财务管理的现状与改革[J]. 中国青年政治学院学报,2007(06):120-123.

置总会计师职位的高等学校比例很低,在我国大学中全面实行总会计师制度任重道远。①

(2)财务管理组织

近年来,大学财务管理环境日趋复杂化、多元化,国家对大学财务监管逐渐增大,加之频繁发生的大学财务管理案件,对大学财会队伍建设提出了更高的要求。目前,教育部、财政部对大学财会队伍建设提高了认识,在相关文件中明确指出,要求各大学加大财务主管和财务负责人的培训,坚持财会人员继续教育制度,要求大学把财会队伍建设纳入学校人才队伍建设的整体规划,有计划、分步骤地配备高层次、高素质人员,着力改善财会队伍结构,提高财会队伍的整体水平。②

2. 财务监督

对大学而言,财务监督分校内监督与校外监督两个方面。纪检、监察、审计等属于大学内部监督部门,监察处、审计处分别为行政监督和经济监督机构。职工代表大会、学术委员会以及学生组织承担内部监督职责。

(1)内部监督

《高等学校财务制度》和《关于"十一五"期间进一步加强高等院校财务管理工作的若干意见》的出台,从法律法规的角度强调大学必须建立财务内部监督制度。同时,为保证学校财务工作正常有序地开展,学校健康发展,大学也必须遵照法律的规定,结合自身情况,建立起一套适合本校需要的财务内部监督制度。③ 具体而言,内部监督主要包括对经费预算和综合财务计划的监督、对经费支出的监督、对货币资金和财产物资的监督、对往来款项的监督和对其他方面的监督五项。

(2)外部监督

学校财务部门受托于一定财务委托主体,通过财务管理和会计核算手段

---

① 王瑞丽,车鹏. 我国高校财务管理体制研究[J]. 商业会计,2014(10):90-93.

② 李根旺. 现代高校财会队伍建设问题再思考[J]. 教育财会研究,2015,26(01):93-96.

③ 丁家源. 完善高校财务内部控制之我见[J]. 会计之友,2014(12):105-107.

及方法,对所掌握的财务资源进行全面管理,包括资金筹集、资金分配和资金效益实现。对现代大学来说,多元化筹资渠道使得大学的财务委托主体日趋复杂化,相关利益群体的财务利益需求差异化增大。对财务委托主体来说,财务信息是其监管受托者如何有效地使用、分配资金,充分利用市场机会,最终实现资金效益最大化所依赖的必要内容。① 因此,财务信息公开对内能够帮助学校及其财务部门认真检查和清理工作中存在的缺陷,积极开展廉政风险防范管理工作,逐步完善财务内部控制制度;对外则有利于上级教育主管部门、社会相关利益群体对大学财务管理工作开展监督、审查,提出整改意见,推进大学惩治和预防腐败体系建设,从而规范和提升大学财务管理水平。

3. 内部控制

内部控制作为保证资产安全、提高运行效率和效果的管理工具,需要在大学中应用并不断完善。从总体来看,教育部直属高校日常经济业务涉及的内控制度比较完整,审计方面的制度尤其完备;制度之间的系统性和逻辑性良好,比较注重明确不同岗位的职责,不存在对同一业务相互冲突的制度;内控制度条理清晰、程序明确,符合国家法规,大部分制度于近几年修订过。

(1) 内部控制制度的建设

首先,目前我国大学内部控制制度只针对会计部门,而管理决策层和其他相关部门不受内部控制制度约束,内部控制制度基本上就是内部牵制制度和一支笔审批制度。② 其次,我国大学内部控制体系建设工作覆盖不全面,没有覆盖到大学经济业务发生的各个岗位及业务环节。没有建立由"一把手"负责的内控工作机制;领导没有积极支持、协调相关部门开展内控工作,各单位没有形成工作合力,从而没有形成互相配合、互相支撑的工作体系。③ 再次,我国大学目前内部审计不具备真正意义上的独立性。我国一些大学内部审计虽然存在,却不具备真正的独立性,有的流于形式。最后,我国内部控制职能机构设

---

① 梁勇. 论高校财务信息的公开[J]. 教育财会研究,2011,22(01):8-11.

② 乌海馨. 高校内部控制环境的改善与重塑[J]. 前沿,2009(13):131-133.

③ 刘正兵. 基于财务风险管控视角的高校内部控制框架体系构建研究[J]. 苏州大学学报(哲学社会科学版),2013,34(02):120-124.

置不合理,岗位设置不明确,目前许多大学仍然沿袭计划经济体制下的工作作风,存在机构设置不合理,层级过多,同级部门之间职责不清,缺乏必要的沟通,协调不力;每个工作岗位责任不明,互相推诿扯皮,导致工作效率低下。①

另一方面,总体来看,我国大学在内部控制建设方面较好。我国大学日常经济业务涉及的内控制度比较完整,审计监督方面的制度较为完备,制度之间的系统性和逻辑性良好,大学比较注重明确不同岗位的职责,内控方法的建立,大部分条理清晰、程序明确,符合国家法规。我国大学能够根据国家相关政策及制度的变化制定或修订与学校发展情况相适应的内控制度。但是,也存在一些问题,如部分大学的制度存在缺失陈旧、制度更新不及时等问题,有些大学缺少建设项目(基建、修缮、学科、人才)管理办法、合同管理办法、政府采购管理办法等相关方面的制度。②

(2)内部控制制度执行

大学内部控制主体包括公立大学领导、众多中层负责人,特别是执行内部控制的部门负责人以及广大教职员工。他们作为内部控制的主体对内部控制的认识程度,决定了学校内部控制的行为以及成效。

一方面,有的学校领导认为内部控制是财务与审计部门的工作,忽略了内部各部门都是内部控制主体的客观现实,只有共同参与,才能构成大学内部控制的整体性、全面性与全程性;认为内部控制就是建立健全各种制度,忽略了内部控制需要的环境营造、有效执行、全员参与的系统性;简单将财务预算管理体系等同于内部会计控制体系等。甚至有些大学形式上表现为已建立了内部控制制度,执行上却表现为有选择地加以运用,因人因事而异地随意执行;甚至部分大学相关人员因内部控制的内容繁琐、程序复杂、操作受限等而将其简约化。

另一方面,我国部分大学能够不同程度地执行相关的内部控制制度,风险防范意识较强。具体而言,大学能够定期开展经济活动风险评估,将评价

---

① 顾丽娟. 高校内部控制问题的研究与思考[J]. 中国高校科技,2014(09):92-94.
② 马东亮. 高校内部控制制度建设现状及对策研究[J]. 中国流通经济,2011,25(04):119-122.

结果形成书面报告并上报学校校长办公会(或党委常委会),作为完善学校内部控制的依据。有些大学根据经济活动风险评估发现的问题及时制定整改方案并及时整改方案,并在学校内部审计部门对内部控制制度的建立与实施情况进行内部监督检查和自我评价。①

4. 财务管理特色

财务管理特色评价包括以下两个方面的内容:一是财务管理改革与创新情况,反映大学在财务管理体制机制、服务模式、监管方式方面的改革和创新;二是财务信息化建设情况,反映大学财务信息化建设进程。

(1)财务管理创新

大学财务管理创新包括财务管理理念创新和财务管理制度创新等,②我国大学顺应国家改革的需要,积极探索,勇于创新,结合自身特点,在财务、审计等方面进行了改革和创新,并从机构设置、预算管理、成本控制、内部审计、信息化建设五个方面展开。首先,在机构设置方面,我国部分大学进行了机构改革,完善了财务机构设置。其次,在预算管理方面,有些大学推进了预算管理改革,提高了预算管理水平。再次,在成本控制方面,我国部分大学完善了成本分担机制,普及了成本核算概念。最后,在内部审计方面,有些大学加强了内部审计制度建设,创新了审计方式方法。

(2)财务信息化建设

大学财务信息化是我国大学改革的重要组成部分,在数字化校园的推动下,各个大学财务信息化建设也日渐完善。大学将原有单纯的会计电算化升级至数字化信息技术平台上,实现在互联网方式下财务管理信息化转型,将原来低层次的会计核算上升到财务管理的功能,财务的职能内涵将产生巨大的扩展,顺应校园数字化的要求。③ 目前,我国大部分大学已实现财务网与

---

① 孙支南,王超辉. 论高校内部控制与风险管理[J]. 高教探索,2016(01):16-19.
② 薛亚琴,何爱群. 新形势下高校财务管理创新研究[J]. 财会通讯,2011(14):72-73.
③ 周瑞,任军利. 高校财务信息化建设方案与规划[J]. 教育财会研究,2015,26(04):61-71.

校园网、互联网、银行专网的连接,形成了纵向贯通、横向集成、高度融合的财务应用系统,基本实现了财务工作的全面信息化。并且,大部分大学实现了财务信息系统与学校信息管理平台的对接、共享,同时大学的财务系统开发、系统维护、操作人员岗位权限、数据安全等符合内部会计控制的要求。

(二) 技术因素

1. 预算管理

(1) 预算管理体制

财务预算管理是财务管理的核心,因此大学要重视预算管理,建立健全预算管理制度,编制科学、合理的预算,使预算更接近实际。然而,现实工作中,很多大学不够重视预算管理。

① 预算管理现状

目前,我国大部分大学预算编制相关内容均按照财政总预算的要求编定,向教育主管部门上报的预算的格式和内容几乎与财政部门的要求一致,未见明显差异。在这种情况下,预算内容简单,缺乏刚性和可操作性,没有充分体现大学内部各预算主体权责关系。因此,这种预算只能称之为"上报预算",而非"管理用预算"。其管理也是为了政府财政资金分配的管理,并不适用大学自身管理。①

② 预算管理体制

我国《高等学校财务制度》规定:高等学校实行"统一领导、集中管理"的财务管理体制;规模较大的学校实行"统一领导、分级管理"的财务管理体制。与此相应,我国大学预算管理体制大致有三种:一是学校统一领导,集中管理,一般适用规模较小的大学,院系基本没有预算自主权;二是学校统一领导,集中与分组管理相结合,一般适用规模较大的大学,院系享有较大预算自主权;三是学校统一领导,分级管理,院系享有完全预算自主权。

---

① 李现宗,毕治军,颜敏. 高校预算管理转型研究[J]. 会计研究,2012(12):68-73+95.

③ 预算管理模式

我国大学现行的预算管理模式是依附型预算管理。① 目前,公立大学仍然是依附于政府教育主管部门管理,实施依附型预算管理。从部分省教育厅近几年颁布的省属大学预算管理办法中可以看到,我国大学仍然是按照依附型对大学预算管理提出明确详细要求的。因此,各大学都以此来编制、执行本校的预算,形成依附于教育部门预算的预算管理模式。例如,在机构设置方面,仅半数大学设有专门的委员会论证预算;在编制方法方面,大部分大学采用相对落后的"增量预算法";在预算编制方式方面,大部分大学采取部分切块归口编制,部分大学采取财务直接汇总平衡编制,还有少数大学采取完全切块归口编制;在预算管理内容方面,大部分大学仅对收支进行预算管理;在预算考核方面,我国很少有大学真正能够实施预算考核。

④ 预算编制

大学预算编制分为上报财政的部门预算编制和校内预算编制。首先,在部门预算编制方面,部门预算采取自下而上的编制方式,实行"二上二下"的编报审核程序,包括收入预算和支出预算。对收入预算编制而言,收入预算包括财政补助收入、专户管理行政事业性收费、其他非税收入、事业收入、经营收入、其他收入、以前年度结转和结余资金。对支出预算编制而言,部门支出预算编制采用零基预算法,包括基本支出和项目支出。

其次,在校内预算编制方面,因各校的实际情况、业务规模、管理水平、工作基础等现状均不相同,大学校内预算编制情况比较复杂。大多数大学按照《高等学校财务制度》中规定的"高等学校预算应当自求收支平衡,不得编制赤字预算"的精神编制校内预算,也采取自下而上的编制方式,实行"二上二下"的编报审核程序,包括收入预算和支出预算。

⑤ 预算执行

近年来高等教育经费拨款逐年增长,但预算执行进度普遍较为缓慢,影响财政资金的使用效率,造成政策的滞后效应,弱化了预算执行管理。财政部和

---

① 张泽明. 大学预算制度系统及其结构探析[J]. 财会通讯,2014(20):38 - 39.

教育部等主管部门通过文件规范、定期通报预算执行进度、与绩效奖励挂钩和收回结余资金等办法加强预算管理，预算执行进度较以往年度有很大改善。①

具体而言，我国大学的预算执行主要包括以下几个方面的内容：一是决算收支与预算收支对比，反映大学当年预算完成情况，我国大学预算收入与决算收入基本持平；二是学费欠费方面，反映学校学费收缴情况，我国大学学费欠费率较低；三是项目支出，反映大学本期预算项目支出的管理水平，我国大学项目支出执行率保持在较高水平；四是政府采购执行，反映大学本期政府采购预算的执行水平，我国大学政府采购执行率不高；五是决算收支平衡，反映大学决算收入与支出的差异，我国大学决算收支平衡情况良好；六是财政拨款结转结余，反映财政拨款结转和结余的管理水平，我国大学财政拨款结转结余有所降低；七是教学支出，反映教学支出占学费和财政补助的比重和增长，我国大学教育支出基本上高于学费和财政补助之和。

（2）预算收入

大学收入是大学开展教学、科研及其辅助活动依法取得的非偿还性资金，是大学完成事业计划和教学、科研任务的财力保证，是大学综合经济实力的体现。② 随着大学的发展，大学收入由财政拨款的单一形式转变为以财政拨款为主，学生学费等多种形式构成的多渠道收入结构，③具体构成如图 3 - 16 所示。

① 财政拨款

财政补助收入是指大学按照部门预算隶属关系从同级财政部门取得的补助款项，包括基本支出补助和项目支出补助。基本支出补助用于维持正常运行和完成日常教学工作任务，它按照一定拨款依据计算核拨，无特定用途限制；项目支出补助用于基本经费以外完成特定任务，具有特定用途限制。

---

① 袁晋芳,何毅. 高校预算执行松弛与治理研究——以 75 所中央部委所属普通高校为例[J]. 财经问题研究,2017(03)：76 - 81.

② 何文兵. 高校收入分类核算与结转[J]. 财会月刊,2014(08)：83 - 85.

③ 董乃斌,胡小容. 高校收入管理问题初探[J]. 西南大学学报(社会科学版),2010,36(03)：137 - 140.

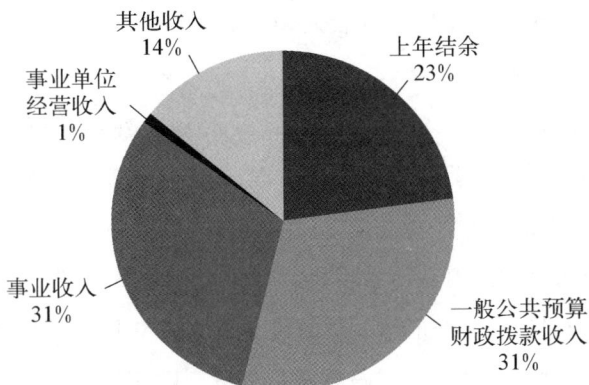

图 3 - 16　2016 年 75 所部属高校预算收入结构

由财政拨款预算收入均值可知(如图 3 - 17 所示),2014—2016 年的大学财政拨款预算收入均值先上升后下降,2015 年 75 所部属高校的财政拨款预算收入最高;而中位数则显示,大学财政拨款预算收入在缓慢增长。虽然当前国家财政补助经费总额不断增长,但早已失去了 20 世纪 90 年代在大学资金来源中的核心地位。

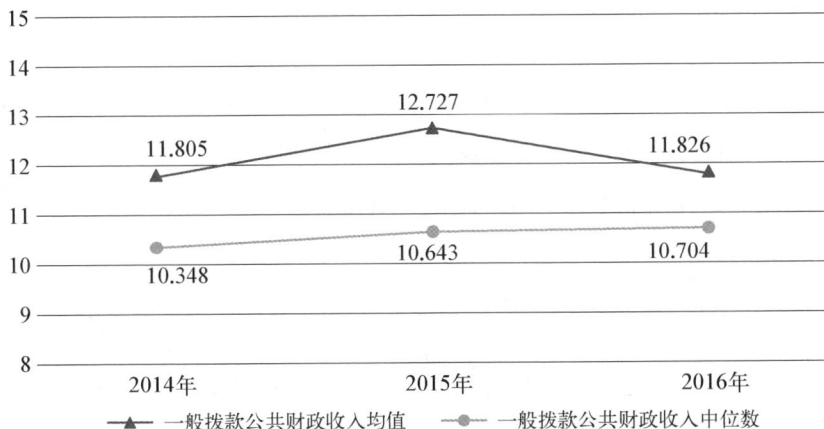

图 3 - 17　2014—2016 年 75 所部属高校财政
拨款预算收入(单位:亿元)

② 事业收入

事业收入主要分为科研事业收入和教育事业收入。科研事业收入是大学开展科研及其辅助活动取得的收入。① 教育事业收入是大学开展教学及其辅助活动取得的收入。

大学目前科研经费收入是以国家财政拨款为主,纵向经费占比较高。学校财务部门负责科研经费核算的组织管理,一般采用集权型财务管理模式,实施"统一管理、集中核算、单独记账、专款专用"管理体制。

虽然我国大学从政府获得的科研经费数量不断递增,但与美国、英国和德国政府投入相比,我国政府给大学的研发经费投入比例过低。②

在教育事业收入方面,我国高等教育学费制度变迁大致经历了免费、学费双轨制和并轨改革(全面收费制)三个阶段,高等教育学费是教育成本的分担,教育成本分担遵循着受益原则和能力原则。③ 各类大学中"学费占学校经费收入的比例"在生均成本较高、教育质量较好的中央部委直属高校的比例几乎都低于20%,地方普通本科大学和高职高专这两个比例较高,全国平均水平都在40%左右。

如图3-18所示,由事业预算收入均值和中位数可知,2014—2016年的75所部属高校的事业预算收入总体上呈下降趋势。

③ 经营收入

经营收入是大学开展教学、科研及其辅助活动之外开展非独立核算经营活动取得的收入。从总体上看,只有少部分具有高科技优势、科研成果多的名校才具有这样的能力,而一般的普通高等院校创办产业和提供社会服务的能力不足。④

如图3-19所示,2014—2016年75所部属高校的事业单位经营收入指

① 卞继红,张思强.论高校科研经费的管理[J].财务与金融,2011(02):50-54.
② 周程.政府需要进一步加大高校科研经费投入[J].科学学研究,2013,31(10):1450-1452.
③ 王善迈.论高等教育的学费[J].北京师范大学学报(人文社会科学版),2000(06):24-29.
④ 杜秀敏.投入机制视角下高校财务状况改进思考[J].财会通讯,2010(11):72-73.

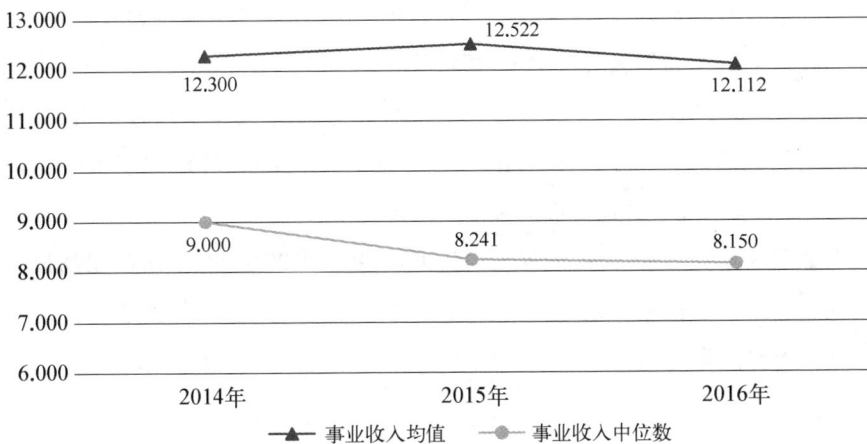

图 3 - 18　2014—2016 年 75 所部属高校
事业收入（单位：亿元）

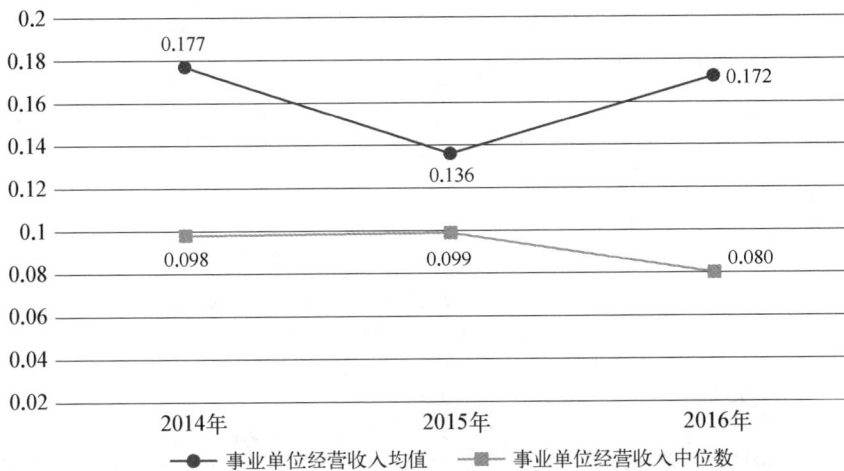

图 3 - 19　2014—2016 年 75 所部属高校
经营预算收入（单位：亿元）

标公开率较低。由事业单位经营预算收入均值和中位数可知,2014—2016 年 75 所部属高校的事业单位经营预算收入呈波动变化,总体呈下降趋势。

④ 其他收入

其他收入是指投资收益、银行存款利息收入、捐赠收入、现金盘盈收入、存货盘盈收入、收回已核销应收及预付款项、无法偿付的应付及预收款项等。

在许多国家高等教育经费中,捐赠收入是重要的经费来源之一。近十几年来,我国很多大学成立了与募捐相关的校友会、发展委(办)、校董会、基金会等组织机构,这些部门不仅帮助学校募集了大量资金,还增强了大学的理财功能,推动了大学其他方面的发展。

如图 3-20 所示,由其他收入均值可知,2014—2016 年 75 所部属高校的其他收入总体上呈上升趋势,但由中位数的递减趋势表明,各大学的其他收入之间差异逐渐增大。

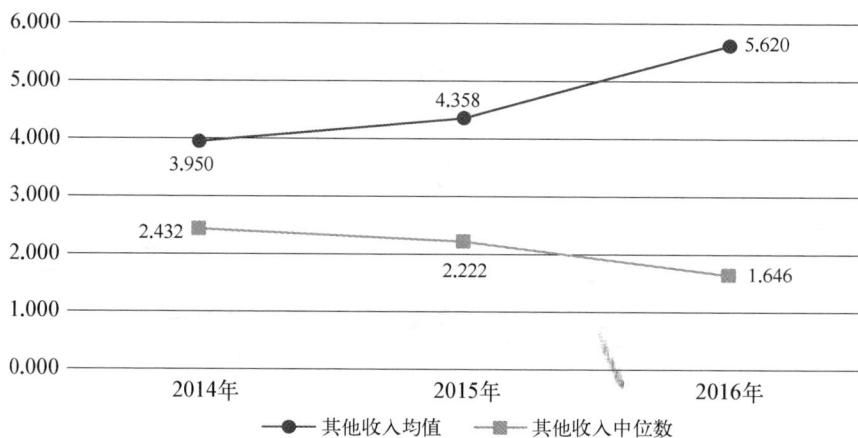

图 3-20   2014—2016 年 75 所部属高校
其他收入(单位:亿元)

⑤ 上年结余

从 2016 年大学预算信息公开数据来看,有 65 所大学公开了上年结余收入,校均上年结余收入为 19.09 亿元,总计 599.75 亿元。上年结余收入超过 20 亿元的大学共有 4 所,分别为浙江大学(47.63 亿元)、清华大学(43.14 亿元)、北京大学(34.25 亿元)、复旦大学(28.90 亿元);绝大多数大学的上年结余收入在 6 亿至 15 亿元之间,中位数为 6.51 亿元;另外,上年结余收入低于 0.2 亿元的大学有 3 所,分别为西南大学(0.096 亿元)、北京林业大学(0.104 亿元)、中国政法大学(0.139 亿元)。

如图 3 - 21 所示,由上年结余收入均值可知,2014—2016 年 75 所部属高校的上年结余收入虽呈波动变化趋势,但总体呈下降趋势中位数的变化表明各大学的上年结余收入有下降趋势。

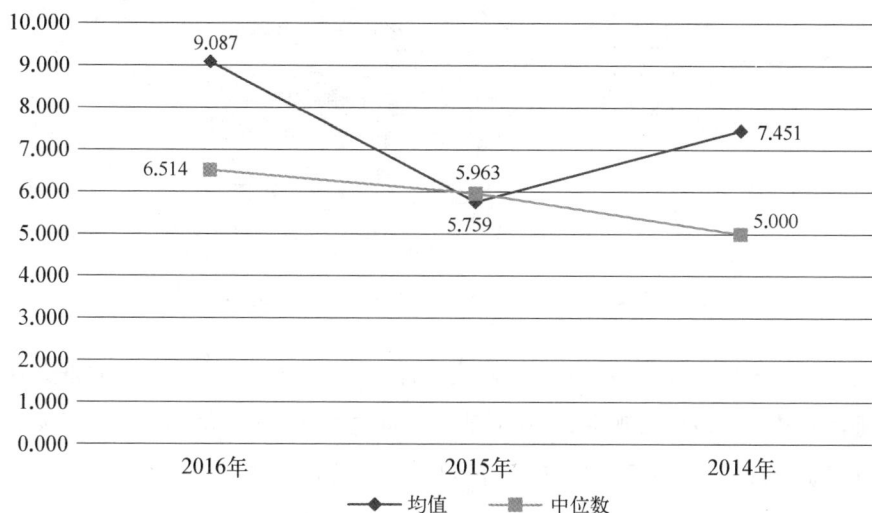

图 3 - 21　2014—2016 年 75 所部属高校上年
结余收入(单位:亿元)

(3)预算支出

我国《高等学校财务制度》明确规定,学校财务支出是学校开展教学、科研及其他活动发生的各项资金耗费和损失,包括以下内容:事业支出、经营支出、基本建设支出和对附属单位补助支出。

以 2016 年 75 所教育部直属高校预算支出为例,预算支出主要包含教育支出、科学技术支出、住房保障支出、结转下年和其他支出。2016 年各项预算支出均值在预算支出中所占比重如图 3 - 22 所示。由此可知,对各大学来说,预算支出的绝大部分用于教学,只有少部分用于科学技术和住房保障。

① 教育支出

一是教学支出。高等学校教师收入分配模式与管理体制与我国社会经济以及高等教育的发展历程同步发展。分配模式方面,由国家统包统分的单一分配模式转变为以岗位绩效工资为主体,年薪制、讲席冠名薪酬、科研团队

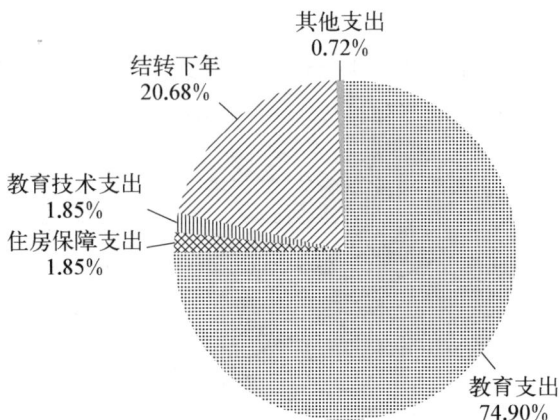

图 3-22 2016 年 75 所部属高校预算支出结构

薪酬等多种模式并存的多元分配模式。管理体制方面,由自上而下的垂直管理体制转变为政府宏观指导,制定基本工资政策和标准,大学自主管理绩效性工资分配,院系及团队参与分配的灵活多样的管理体制。①

二是科研支出。在生均事业费支出和教学产出总量一定的情况下,科研支出比例越高,科研产出越高,高等学校经费的配置结构会影响产出和效率。然而,由于目前我国缺少一套健全的、科学的、高效的大学科研经费财务制度,②大学管理人员和科研负责人对科研经费的管理没有采用全成本核算,客观上造成科研经费成本核算不准确,③并且没有区分大学科研工作者教学和科研成本,从而影响了科研经费的效益分析。④

② 其他支出

目前我国证券市场有 60 多家上市公司与大学结缘,其中以大学校办产

---

① 高校教师薪酬调查课题组,王希勤,刘婉华,郑承军. 高校教师收入调查分析与对策建议[J]. 中国高等教育,2014(10):27-29.

② 孙凌峰,对高校科研经费管理体制及运行机制的思考[J]. 经济师,2015(01):201-202.

③ 周斌. 我国高校科研经费财务管理现状及其改进对策[J]. 教育财会研究,2009,20(06):47-51.

④ 朱蓉. 加强高校科研经费的有效管理[J]. 教育财会研究,2007(03):37-38+57.

业改制的企业和以大学为股东的企业有 15 家,共筹资 487 亿元。众多大学校办产业中,只有极少部分企业盈利,很多校办产业即使享受国家的税收优惠政策,也不能为学校创造利润,有的甚至亏损,特别是大学后勤集团。由于产权不清晰、资产界限不清、人事关系不明和待遇攀比等原因,几年来的后勤社会化改革并没有达到当初的目的。由于缺乏市场运作的条件,大多数经济效益和社会效益低下的校办产业只能靠学校的补贴维持运转。①

2. 核算管理

(1)资产负债管理

① 资产管理

随着市场机制引入校园,大学资产投资主体多元化,出现了校办企业、股份制企业等,大学成为独立的社会法人,大学在资产处置、使用方面的权利不断扩大,大学资产管理制度的与时俱进成为必然。1997 年《高等学校财务制度》颁布,界定了大学资产的概念,并对大学资产的使用、处置、转让、评估等做了基本的规定,使大学资产管理进入有据可依的时代。为了适应大学体制改革以及新形势的需要,2006 年财政部发布了《事业单位国有资产管理暂行办法》,规范了大学国有资产管理,有助于大学资产合理配置和有效利用。2013 年 1 月 1 日起正式实施的新《高等学校财务制度》和 2014 年 1 月 1 日正式施行的新《高等学校会计制度》提高了大学的会计核算与会计信息质量,也为进一步规范和改进大学资产管理提供了政策依据。

中国公立大学资产的主要来源是政府财政投资,因此,公立大学的绝大部分资产产权归属国家,是国有资产。大学国有资产的特征:一是大学国有资产产权属于国家所有,大学可以占有、使用,实施具体管理。二是大学国有资产使用上需注重社会效益和经济效益。三是大学国有资产来源具有无偿性、公益性。

大学资产管理从宏观上讲,实行"财政部门—主管部门—事业单位"三

---

① 董婧. 高校投资现状及其财务风险防范[J]. 高等工程教育研究,2010(S1):228 – 231.

级管理体制,各管理主体在各具体职责和权限内进行管理工作。《事业单位国有资产管理暂行办法》第五条规定:"事业单位国有资产的管理实行国家统一所有,政府分级监管,单位占有、使用的管理体制。"

"统一领导,归口管理,分类负责"是指国有资产由主管负责人统一领导,财务处负责资金、账务管理,具体资产则分别由后勤、图书馆、资产等职能部门分类管理。第一,对资产实施全面管理。资产管理范围从形态分,不仅包括实物资产管理,也包括非实物资产管理;从资产表现形式来看,不仅包括固定资产管理,还包括流动资产、对外投资、无形资产等其他形态的资产管理;从具体管理内容看,既包括资产配置、使用、处置各个不同环节的管理,也包括产权登记、纠纷处理、资产评估、资产清查和资产报告等基础管理。第二,资产管理、预算管理、财务管理相结合。传统的资产管理模式存在的一个明显的弊端是资产管理与预算管理、财务管理相脱节,这一弊端既不利于规范资产管理,提高资产配置效率,同时对大学财务管理水平的提高形成了障碍。《事业单位国有资产管理暂行办法》强调,资产管理应坚持与预算管理、财务管理相结合的原则,并在多个管理条款中体现。如规定限额以上资产购置事项经财政部门审批后,需纳入部门预算;事业单位国有资产处置收入需按照政府非税收入管理的规定,足额上缴,实行"收支两条线"管理等。第三,取消非经营资产转经营资产的提法。在过去管理中,依据资产是否用于盈利性活动将大学资产分为非经营性资产和经营性资产,国有资产对外投资、出租、出借作为"非经营资产转经营资产"行为进行管理。

而在实际资产管理状况中,大学资产管理主要反映大学的资产配置、资产使用和资产处置情况,资产管理体制机制合规性情况:

在资产配置方面,我国大学应遵守国家有关规定,依照预算或程序严格执行,购置达到招标限额的资产时,进行前期评估论证,资产验收、入账程序健全。

在资产使用方面,核算管理主要包括大学资产使用情况,反映资产使用管理中的合规性和资产使用管理中的效率性。其中资产使用的规范性主要包括校舍自用、教学科研仪器设备使用、对外投资、出租、出借等四个方面。第一,校舍自用规范性。大学应执行规范的校舍调配审批流程,审批档案应保存完好;定期核查校舍使用情况,及时处理违规使用校舍的行为。第二,教学科研贵重仪器设备使用规范性。大学应建立教学科研贵重仪器设备共享平台,并设专人管理教学科研贵重仪器设备以及填写相关记录存档。第三,对外投资规范性。对外投资应规范,按国家规定履行相关审批手续;未使用财政拨款及其结余、单独建账、专项管理,并在年终财务会计报告中披露相关信息。第四,出租、出借规范性。高等学校出租、出借资产,应当按照国家有关规定经主管部门审核同意后报同级财政部门审批。①

在资产处置方面,高等学校资产处置应当遵循公开、公平、公正和竞争、择优的原则,严格履行相关审批程序。资产处置收入应当按照国家有关规定实行"收支两条线"管理。资产处置主要包括大学资产处置的合规性和处置收入核算情况。大学资产处置应有学校层面相关决策文件,并按规定权限向上级部门履行报备、报批手续。

在资产管理体制机制合规性方面,核算管理主要包括资产使用总体规范性和资产管理机制合规性。第一,资产使用总体规范性。大学应做到定期对实物资产进行清查,完善资产管理账表和相关资料,对清查盘点中发现的问题,在资产统计信息报告中反映;二级单位配有资产专管人员。第二,资产管理机制合规性。大学建立"统一领导、归口管理、分级负责、责任到人"的资产管理体制,建立资产有偿使用管理体制,并设置资产归口管理机构,校内各部门职责分工明晰。

② 负债管理

1997 年《高等学校财务制度》确立"负债"概念,初步建立负债管理制度。从 1999 年,在国家政策鼓励下,大学发展规模迅速扩大,在教育经费

---

① 余琦. 高校新财务、会计制度实施对高校财务管理影响分析——基于资产负债管理角度[J]. 经济研究导刊,2015(18):169－171.

严重不足的情况下,大学纷纷开始利用银行贷款进行校园建设。随着银行贷款还款期来临,许多大学出现了贷款危机,学校发展受到严重影响。为了规范学校的贷款行为,加强大学负债管理,政府主管部门出台一系列的政策、规章、制度,如《教育部　财政部关于进一步完善高等学校经济责任制,加强银行贷款管理,切实防范财务风险的意见》《教育部关于建立直属高校银行贷款审批制度的通知》,健全完善大学负债制度,强化大学资金安全管理。负债管理制度一般包括负债审定、项目监督反馈和偿债管理制度,对负债进行事前、事中、事后三个环节的管理、控制。就目前情况来看,中国大学在负债管理方面更加注重风险控制,但大学负债管理方面的制度并不健全。

根据《高等学校财务制度》,负债是指高等学校所承担的能以货币计量,需要以资产或劳务偿还的债务。负债主要分四类:借入款项、应付及预收款项、应缴款项、代管款项。曾经,我国大学的举借债务的规模较大,负债率较高,影响了大学的稳定和教学科研事业的发展。近年来,高校通过完善内控制度建设、加强会计基础核算工作、定期开展专项清理、构建网上共享信息平台等措施,使高校负债管理水平不断提升。此外,在偿还债务的能力方面,我国大学主要通过速动比率即调整的流动资产与流动负债之比,衡量大学偿还债务的能力以及内债程度。据调查研究,大部分大学速动比率较高,具有较强的偿债能力,速动比率普遍为180%左右,但也有的大学速动比率为10%左右,偿债能力有待提高。

（2）收入支出管理

① 收入管理

大学收入是教育事业发展的基础和保障,是指学校开展教学、科研及其他活动,依法通过各种形式、各种渠道取得的非偿还性资金。自从 20 世纪 80 年代中期以来,伴随着高等教育改革深化,大学教育经费来源多元格局已经形成,同时大学在财经活动方面的自主权限也在不断的提高。大学收入具体包括六大类:财政补助、上级补助、事业收入、经营收入、附属单位上缴收入以及其他收入。大学是属于非营利性事业单位,具有公益性质,收入具有

"目的性、合法性、多样性、非偿还性"等特点。①

随着高等教育引入市场机制,大学成为独立法人实体,大学财权扩大,大学经费来源呈多渠道、多元化,大学经费收入的管理成为问题。在改革之初,由于制度不健全,学校各级主体所获取的经费收入,隐瞒、截留、挪用甚至坐支现象屡见不鲜,"小金库"屡禁不止。针对这些现象,中央政府、财政部等相关部门出台一系列政策、法规,实行"收支两条线",规范非税收入的管理。"收支两条线"管理的核心内容是"财政部门在银行开设预算外资金专户,所有预算外行政性收费都要实行财政专户储存",对各种创收进行了制度化管理。大学财务管理先后实行了"收支两条线"、部门预算、国库集中支付、政府采购、非税收入、政府收支分类等管理制度。

收入管理具体包括三个方面。一是收费管理规范,使用合法的票据。如大学在信息公开网上公开关于规范学校收费管理工作的实施细则,里面包括各单位应建立健全票据管理办法,保证按核定的项目,合法合规合理使用票据;大学也应建立相应的票据管理办法、货币资金业务相关票据及印章管理办法。二是依法进行多渠道筹资。我国大学的筹资能力相对国外大学普遍较低,主要依赖财政拨款,但目前大学正在积极开展多渠道筹资工作。三是收费项目合法合规。大学应在收费项目上按照法律法规严格执行。而针对目前我国大学在收入管理方面存在的一些问题,大学应该扩展收入渠道;不断将预算管理精细化;明确收入界定,加强发票管理。

② 支出管理

大学的发展规模和教学、科研的质量与大学的投入息息相关,因此支出管理对大学来讲尤为重要。根据《高等学校财务制度》,支出指高等学校开展教学、科研及其他活动发生的资金耗费和损失。高等学校的支出应当严格执行国家有关财务规章制度规定的开支范围及开支标准;国家有关财务规章制度没有统一规定的,由学校结合本校情况规定,报主管部门和财政部门备

---

① 董乃斌,胡小容. 高校收入管理问题初探[J]. 西南大学学报(社会科学版),2010, 36(03):137-140.

案。国家对大学支出的基本要求是"量入为出",科学编制预算支出,提高资金使用效率,强调收支平衡,不支持赤字。高等学校支出包括:(一)事业支出,即高等学校开展教学、科研及其辅助活动发生的基本支出和项目支出。基本支出是指中央政府指定专门用途以外的用于非经营活动的各项支出,主要包括日常人员支出和公用支出;项目支出是指用于中央政府指定专门用途的非经营活动方面的专项支出。① 项目支出主要包括基本建设类项目支出、行政事业类项目支出和其他类项目支出。(二)经营支出,即高等学校在教学、科研及其辅助活动之外开展非独立核算经营活动发生的支出。经营支出应当与经营收入配比。(三)对附属单位补助支出,即高等学校用财政补助收入之外的收入对附属单位补助发生的支出。(四)上缴上级支出,即高等学校按照财政部门和主管部门的规定上缴上级单位的支出。(五)其他支出,即本条上述规定范围以外的各项支出。包括利息支出、捐赠支出等。此外,实行国库集中管理制度,将所有财政资金交由国库账户统一管理,学校所有财政性支出都要经过审批,符合部门预算才能得到授权支付,要做到有预算才能有支出。

大学属于非营利组织,支出并非越少越好,支出少,尤其是教学、科研支出少,将直接影响到学生的培养质量,违背大学育人的宗旨,因此,大学的支出效益是保持合理的支出结构、收支平衡、将钱用好(用在教学、科研等核心业务上)及必要支出有充足的经费保障。大学扩招以来,师生规模不断扩大,支出配置的速度却没有跟上规模扩大的速度,支出不足与支出浪费并存,支出规模和结构不太合理,支出缺乏效益等问题影响了大学教学、科研活动的正常秩序。因此,大学可以通过财政预算改革,对支出进行全面、规范以及分类管理,使其能够较好反映资金的使用结构、用途;同时,应全面分析大学支出的规模、结构与水平,构建大学支出效益评价指标体系来评价大学支出效益。这样可以防范弄虚作假、贪污受贿等问题的滋生,为资金节约奠定良好的基础。

---

① 林钢,武雷,王晶. 高等教育成本研究[M]. 北京:中国人民大学出版社,2008:33.

（3）成本费用管理

《高等学校财务制度》规定,大学应实行内部成本费用管理。一方面,高等学校在支出管理基础上,将效益与本会计年度相关的支出计入当期费用,将效益与两个或者两个以上会计年度相关的支出,以固定资产折旧、无形资产摊销等形式分期计入费用;另一方面,高等学校加强成本核算,按照相关核算对象和核算方法,对业务活动中发生的各种费用进行归集、分配和计算,根据实际需要,逐步细化成本核算。根据《高等学校财务制度》要求,做好大学内部成本费用管理,对大学加强资产管理,真实完整地反映资产使用状况,合理配置和有效利用资产,防止资产流失,加强高等学校财务管理,促进大学各项事业的顺利开展具有重要的作用和意义。①

企业进行内部成本管理的对象是产品,而高等学校内部成本费用管理的对象是向学生提供的教育服务,但教育服务属于一种"无形"的对象,因此,在具体的核算管理工作中,应该将学生作为载体,以学生为对象,展开大学内部成本核算工作。

2013年1月1日起施行的《高等学校财务制度》新增了第十章《成本费用管理》,明确了成本费用管理的范畴、费用定义、支出计入费用、成本核算、费用类型、费用归集与分摊、成本核算路径与实施等内容,《成本费用管理》的实施要求使大学的财务核算体系更加精细和准确。② 结合《高等学校财务制度》的相关要求,大学内部成本费用管理内容主要包括如下几点:其一,主要教育成本内容,包括支付给教学及为教学提供辅助服务的各类在职人员的工资性支出,购置固定资产、无形资产等长期资产的支出按照权责发生制计提的与提供教学服务相关折旧费,为学校及学校教育相关事务购置的商品及服务支出费用。其二,部分计入高等教育成本的内容,包括助学金、奖学金（注意单位或个人以赞助、捐赠形式设立的助学金、奖学金等属于社会资金,

① 罗伟峰. 高校内部成本费用管理研究——基于《高等学校财务制度》视角[J]. 会计之友,2013(36)：111－113.
② 万静雅. 高校成本费用管理难点的研究和解决对策[J]. 行政事业资产与财务,2016(01)：35－36.

不应计入教育成本);与培养学生相关的科研支出,应该计入高等教学教育成本。其三,应剔除的内容。上缴上级的支出、离退休人员的工资性支出、各附属单位支出等与培养学生无关的支出,不属于高等教育成本,在内部成本费用核算管理内容中应该剔除。①

成本费用管理是一项复杂的系统性工程,涉及校内外诸多方面,因此,大学应树立高等教育注重成本管理的意识理念;实行大学内部事务流程改造,精简内设机构和事务;整合优化大学资产配置;建立健全成本费用管理组织、评价与监督机制;着力提高大学财务人员的综合素质。②

3. 决算管理

(1)财务决算体制

大学财务决算是以资金的形式反映大学财务状况、资金收付及教学、科研各项事业计划完成情况的报告文件,是大学预算执行情况的总结,是财政部门及上级主管部门了解情况,进行有关决策等所需的重要信息资料,同时也是本单位加强财务管理,提高管理水平的重要资料。《高等学校财务制度》的实施给各大大学的财务管理系统指出了新的管理方向。

① 决算管理现状

目前国内大学的财务决算,主要形式为每年年底各级财政部门、主管部门为决算报表的编制召开布置和培训会,便于次年初大学财务人员能够准确地编制决算报表,但因大学会计核算水平、财务人员操作水平参差不齐,主管部门在审核报表时还是会发现一系列的审核性错误,在修改报表方面花费较大精力。目前,只要通过主管部门的审核,及时上报纸质资料,大学就算完成了财务决算工作,因而决算工作仅停留在决算报表的编制阶段,忽略了决算报表编制过程中出现错误而反映出的会计核算问题,忽略了财务决算分析的作用。

---

① 乌日娜. 从《高等学校财务制度》分析高校内部成本费用管理[J]. 行政事业资产与财务,2014(36):87-88.

② 孙思惟. 高校成本费用管理的若干建议[J]. 财务与会计,2013(11):51.

② 决算管理体制

《高等学校财务制度》的实施明确了财务决算工作的内容和程序,提出加强决算审核和分析,保证决算数据的真实、准确,规范决算管理工作,大学财务人员要重视财务决算工作,落实到基础的核算,并延伸到更高的层面。

这就要求决算要按照预算执行,然后根据执行结果编制年度报告。大学要编制高质量的财务决算报表,还要落实到日常会计核算,主要体现在以下四个方面:大学预算编制应当遵循"量入为出、收支平衡"的原则;大学的每笔支出都要严格执行预算规定,严格遵守预算开支范围和支出额度;大学要加强往来款项的管理,特别是应收款项和代管款项;大学要加强对货币资金的管理。

③ 决算管理模式

《高等学校财务制度》要求高等学校按照规定编制年度决算,由主管部门审核汇总后报财政部门审批;高等学校应当加强决算审核和分析,保证决算数据的真实、准确,规范决算管理工作。目前,大学普遍存在"重编制,轻分析"的思想,以为完成了决算报表的编制就做完了财务决算工作。因此,需要大学财务人员要加强财务决算分析,提高财务决算信息利用度。

大学预算编制、预算执行、决算是一个有机的整体,环环相扣、互为促进。预算编制通过预算执行加以验证,预算执行的结果形成决算,决算经过分析反馈,为预算编制提供参考。因此,大学要重视财务决算分析,客观反映和揭示预算执行中存在的问题,切实提高预算管理水平。

(2)财务决算收入

如图 3-23 所示,总体而言,75 所部属高校的事业收入和一般拨款公共财政收入是其收入的主要来源,且大学的事业单位经营收入普遍偏低。

① 财政拨款

如图 3-24 所示,由一般公共财政拨款决算收入均值可知,2013—2015年大学一般公共财政拨款决算收入均值呈上升趋势,2015 年 75 所部属高校的一般公共财政拨款决算收入最高;中位数显示,大学一般公共财政拨款决算收入也在增长,增长速度略慢于均值增长。

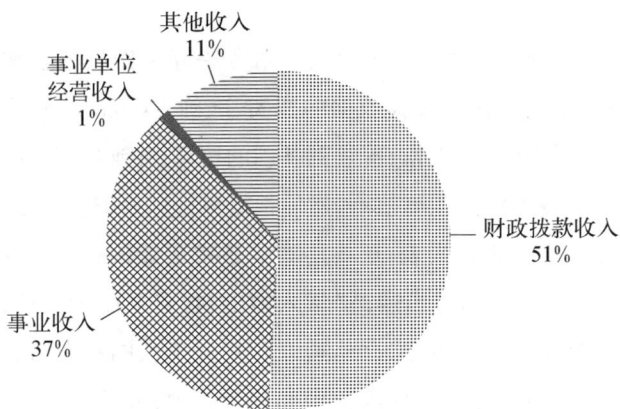

图 3-23　2015 年 75 所部属高校决算收入占比情况

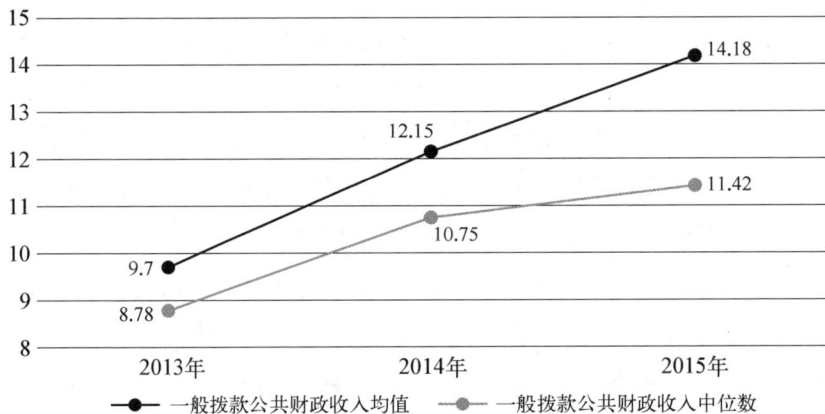

图 3-24　2013—2015 年 75 所部属高校财政拨款决算收入(单位:亿元)

② 事业收入

从具体数据来看,如图 3-25 所示,75 所部属高校 2013—2015 年的事业决算收入均值分别为 9.24 亿元、10.61 亿元、11.54 亿元,2014 年、2015 年事业决算收入均值环比增长率分别为 14.83%、8.77%。另外,2013—2015 年事业决算收入中位数分别为 6.67 亿元、7.56 亿元、7.68 亿元,2014—2015 年事业决算收入中位数环比增长率分别为 13.34%、1.59%。由事业决算收入均值和中位数可知,2014—2015 年 75 所部属高校的事业决算收入总体上呈上升趋势。

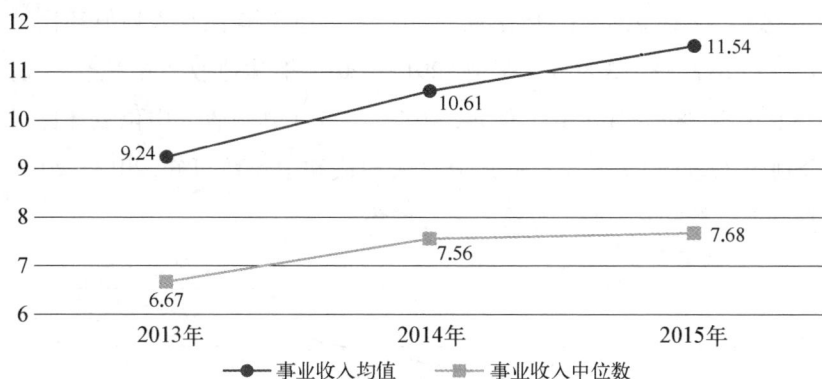

图 3 – 25　2013—2015 年 75 所部属高校事业决算收入（单位：亿元）

③ 事业单位经营收入

如图 3 – 26 所示，2013—2015 年事业单位经营收入均值分别为 0.204 亿元、0.499 亿元、0.460 亿元，2014 年、2015 年事业单位经营决算收入均值环比增长额分别为 0.295 亿元、− 0.039 亿元，环比增长率分别为 144.61%、− 8.48%。由事业单位经营决算收入均值可知，2013—2015 年 75 所部属高校的事业单位经营决算收入呈波动变化，但总体呈上升趋势。

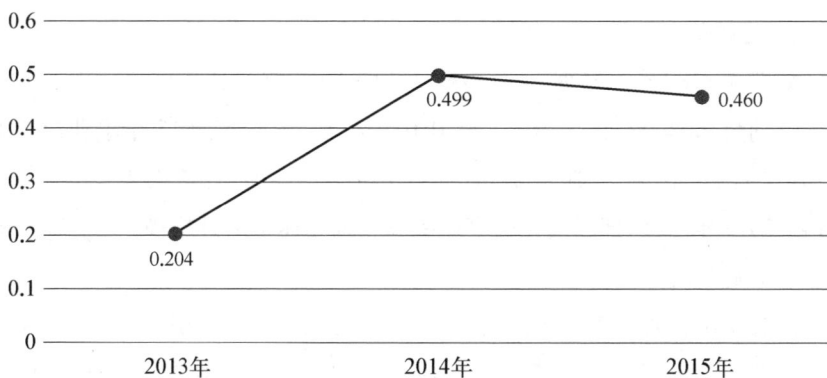

图 3 – 26　2013—2015 年 75 所部属高校事业单位
经营决算收入均值（单位：亿元）

④ 其他收入

如图 3 – 27 所示，75 所部属高校 2013—2015 年的其他收入均值分别为

2.925 亿元、3.421 亿元、3.895 亿元,2014 年、2015 年其他收入均值环比增长率分别为 16.96%、13.86%。另外,2013—2015 年其他收入中位数分别为 1.613 亿元、1.889 亿元、2.031 亿元,2014—2015 年其他收入中位数环比增长率分别为 17.11%、7.52%。由其他收入均值和中位数可知,2013—2015 年 75 所部属高校的其他收入总体呈上升趋势。

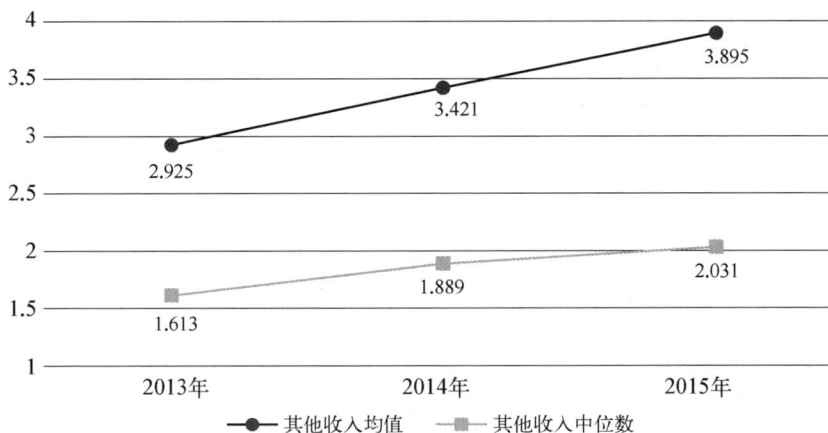

图 3－27　2013—2015 年 75 所部属高校其他收入(单位:亿元)

⑤ 附属单位单位上缴收入

如图 3－28 所示,75 所部属高校 2013—2015 年附属单位单位上缴收入均值分别为 0.080 亿元、0.101 亿元、0.106 亿元,2014 年、2015 年事业决算收入均值环比增长率分别为 27.85%、4.95%。由事业决算收入均值可知,2014—2015 年 75 所部属高校的事业决算收入总体呈上升趋势。

(3) 财务决算支出

决算支出主要包含基本支出、项目支出、经营支出和对附属单位的补助支出。图 3－29 列示了 2015 年各项决算支出均值在决算支出中所占比重。由此可知,对各大学来说,决算支出的绝大部分用于基本支出和项目支出,只有较少部分用于经营支出和对附属单位补助支出。

① 基本支出

基本支出指高等学校为了保障其正常运转、完成教学科研和其他日常工

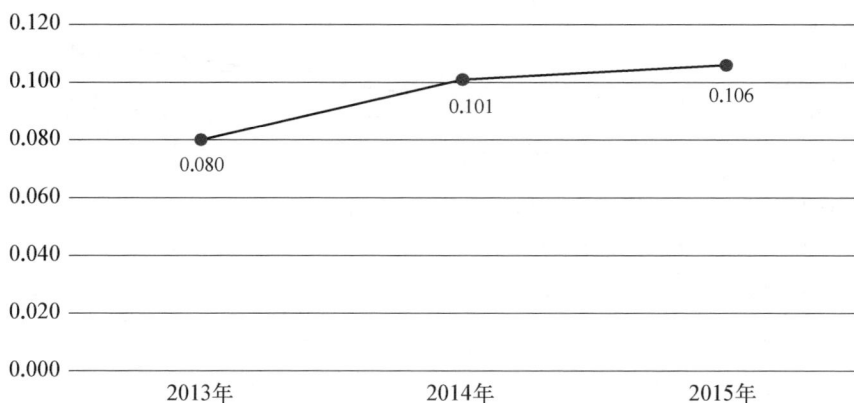

图 3 - 28　2013—2015 年 75 所部属高校的附属单位
单位上缴收入均值(单位：亿元)

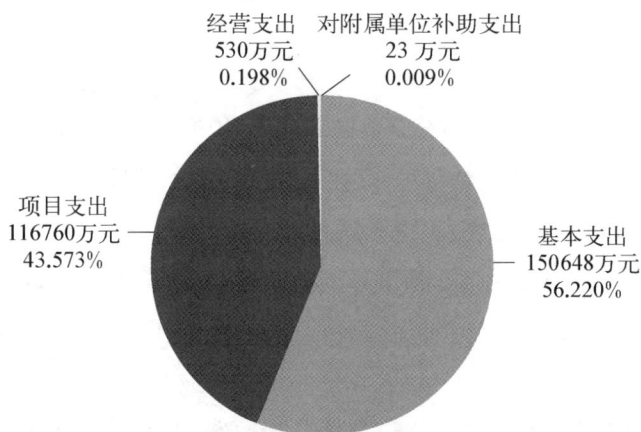

经营支出　对附属单位补助支出
530万元　23 万元
0.198%　0.009%

项目支出
116760万元
43.573%

基本支出
150648万元
56.220%

图 3 - 29　2015 年 75 所部属高校决算支出结构

作任务而发生的支出,包括人员支出和公用支出。

　　从 2015 年大学决算信息公开数据来看,校均基本支出为 15.07 亿元,总计 1 144.92 亿元。由基本支出情况可知,如图 3 - 30 所示,2013—2015 年大学基本支出均值与中位数一直呈上升趋势。

　　② 项目支出

　　项目支出指高等学校为了完成特定工作任务和事业发展目标,在基本支

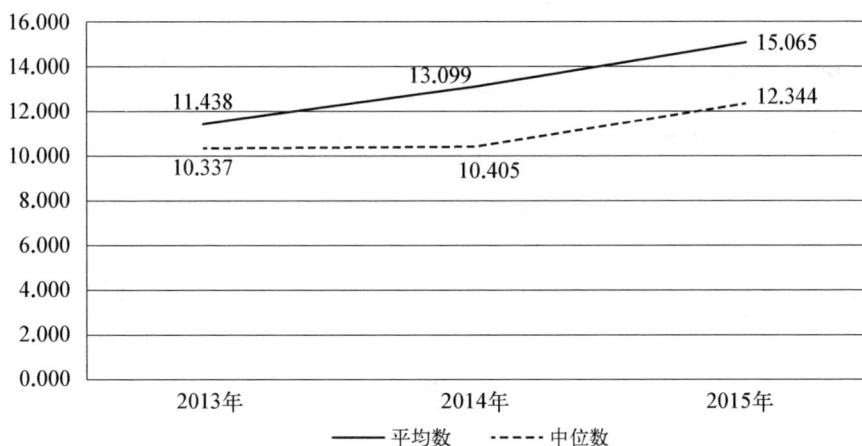

图 3 - 30　2013—2015 年 75 所部属高校决算
基本支出(单位：亿元)

出之外所发生的支出。

从 2015 年大学决算信息公开数据来看，校均项目支出为 11.676 亿元，总计 887.38 亿元。由项目支出情况可知，如图 3 - 31 所示，2013—2015 年大学基本支出均值一直呈上升趋势，2015 年的项目支出同比上升 21.7%；大学项目支出的中位数在 2014 年出现小幅下降，但于 2015 年增长 27.17%，可见，我国大学日益重视项目支出。

③ 经营支出

从 2015 年公开的大学决算信息数据来看，校均经营支出为 0.11 亿元，总计 4.03 亿元。由经营支出情况可知，如图 3 - 32 所示，2013—2015 年大学基本支出均值一直呈上升趋势，2015 年的项目支出同比上升 19.56%；在此期间，大学项目支出的中位数呈现小幅的上升趋势，可见，我国在经营支出方面的投入较小。

④ 对附属单位补助支出

从 2015 年大学决算信息公开数据来看，已公布其对附属单位补助支出的学校仅有 5 所，校均对附属单位补助支出为 0.053 亿元，总计 0.175 亿元。

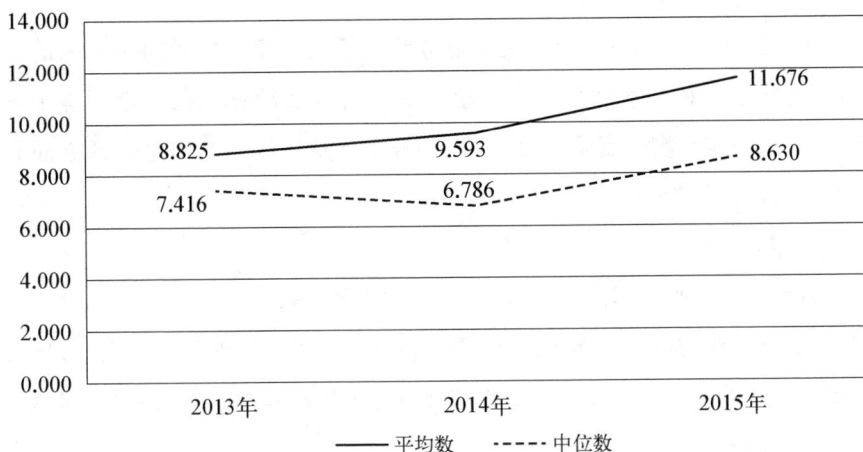

图 3 - 31　2013—2015 年 75 所部属高校决算
项目支出(单位：亿元)

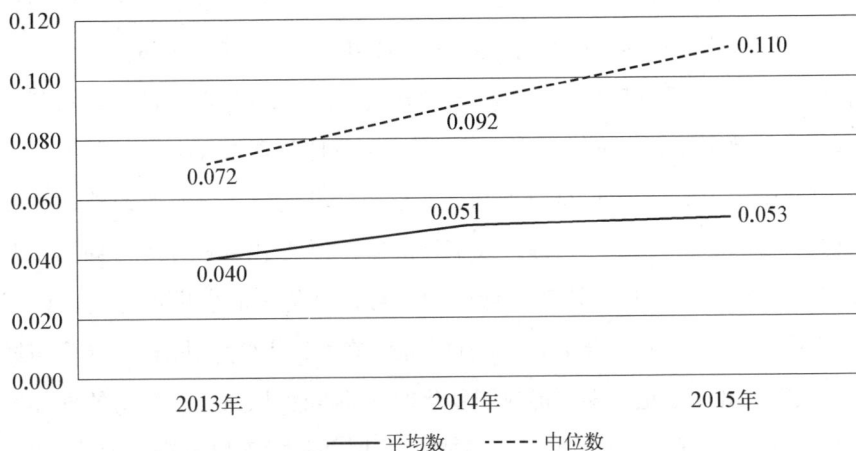

图 3 - 32　2013—2015 年 75 所部属高校决算
经营支出(单位：亿元)

由对附属单位补助支出情况可知,2013—2015 年大学基本支出均值和中位数由于相应数据公布的局限性呈现较大的波动,可见,我国大学对附属单位的补助支出占比很小,也未引起相关部门的重视。

(三) 环境因素

大学财务管理环境是指对大学财务管理活动产生直接或间接影响的各种内、外部条件和要素的总和。大学的财务管理活动总是在一定环境中进行，并受到特定环境的影响和制约，本部分主要从审计以及信息公开方面介绍我国大学财务管理的环境。

1. 审计

目前，大学内部审计尚存在诸如独立性不强、审计人员人数少、专业能力较弱、缺乏必要的审计技能等问题，因此客观上要求引进外部审计机构，将内部审计项目外部化。外部审计机构与被审计单位没有利益上的冲突与联系，其工作只对委托人负责，不容易被学校行政干预，理论上可以更加独立、客观、公正，所以外部审计机构提供的审计结论更让人信服。因此，本书所研究的审计指的是外部审计。

一方面，实行外部审计存在必然性。近年，由于大学事业快速发展的客观需要，内部审计职能不能充分发挥等客观事实，内部审计外部化在大学中得到蓬勃发展。外部审计独立于大学，与财会部门和其他部门没有任何利益关联，由外部审计机构执行内审工作，直接向单位负责人和上级机关汇报工作，并接受上级机关、单位负责人和内部职工的共同监督。专业的外部审计机构，有足够的人力、物力资源扩大审计范围，使大学内部审计不再局限于财政财务收支审计。同时，外部审计机构还可以将传统的事后审计转向以事前、事中审计为主，并结合事后审计的方法。在我国大学中，除校领导换届经济责任审计等少数重大事项形成制度化的外部审计外，大学所接受的外部审计往往是政府部门各种专项"运动式"的审计，并且通常以抽查的形式进行，所形成的监管威慑力不够，像财务报告等需要公开披露的财务信息，也未聘请第三方审计对其真实性进行核实。①

另一方面，外部审计的成效与不足同时存在。目前，建设项目工程审计

---

① 陈伟晓，邓彦，李华军. 我国高校财务治理结构现状及优化对策研究[J]. 会计之友，2015(03)：104-106.

是外部审计中适用性最广、最能得到管理层认可的审计事项。借助"外部资源"来履行内部审计职能,既增强了审计效果,拓展了审计领域,又节约了相关成本,提升了人员素质,从而实现双赢。在此基础上,大学在其他审计领域,如下属单位财务收支审计、领导干部经济责任审计、科研经费专项审计调查等,陆续开展了内部审计外部化,从而克服了审计力量薄弱、任务繁重、质量不高等难题,这种模式更适合规模较小的院校。① 外部审计机构作为社会机构,独立性比内部审计机构更强,但是大学的发展壮大和经济效益的好坏毕竟与它们的切身利益关系不大,双方只是短期的合同关系,所以可能会存在忠诚度不及内部审计部门、欠缺更强的责任意识和良好的职业道德的问题。而且,外部审计机构的人员难以在短期内像内部审计机构的人员那样全面深刻地掌握大学的人文特点、管理政策、人事配置和业务流程等情况,他们不熟悉大学工作的特点,对校园文化也不会有强烈的认同感;同时,社会审计机构的人员的流动性很大,难以自始至终地全面掌握大学动态。

2. 信息公开

随着大学经费来源渠道越来越广,高等教育的投入越来越多,大学经费更需要社会监督,让大学经费在阳光下运行。② 2010 年 4 月 1 日,教育部颁布《高等学校信息公开办法》,其中对大学财务管理方面明确规定了大学经费使用情况需要公开,包括大学的财务、资产与财务管理制度,学校经费来源、年度经费预算决算方案,财政性资金、受捐赠财产的使用与管理情况,仪器设备、图书、药品等物资设备采购和重大基建工程的招投标等 12 类信息被纳入大学主动公开范围。随着大学财务信息公开范围的扩大,大学包括"三公经费"在内的部门预决算信息也逐步被纳入公开范围。这给大学财务工作提出了更高的要求,也将给财务管理带来更多的问题与挑战。

大学财务信息公开主要包括制度建立、公开内容、公开渠道及方式三方

① 张键琦. 高校内部审计外部化形式的选择与分析[J]. 会计之友,2014(34):83 - 85.

② 杨蓉. 关于高校财务管理的转型与思考[N]. 文汇报,2013 - 08 - 19(010).

面的内容。(1)在财务信息公开制度建立方面,我国大部分大学已经按照国家信息公开条例及教育部高等学校信息公开办法,建立了学校信息公开制度。但也有很多学校在信息公开制度方面不完善,需要进一步提升。(2)在财务信息公开内容方面,我国部分大学按照信息公开文件规定的时间公开了预算、决算、收费标准等财务信息,其他大学则按时公开了部分财务信息。(3)在财务信息公开渠道及方式方面,大部分大学采用了三种以上的财务信息公开渠道及方式,主要方式包括学校网站、年鉴、会议纪要、简报、校报校刊、校内广播等校内媒体和报刊、广播、电视等校外媒体以及新闻发布会、信息公开意见箱等。

自2013年以来,大学预决算信息公开从无到有,建立了一种常态制度,目前大学预决算公开信息比较粗糙,缺乏细节和说明,公众难以了解详情,这就要求预决算公开尽可能地详细具体。为了让使用者更好地了解大学预决算,还应提供以前年度的预决算、历史数据回顾、解释说明等,体现大学预决算的完整性,使社会公众对大学预决算有一个全面把握。①

总之,大学应该通过公开财务信息增加大学经费使用的责任感和社会感,提高大学自身的约束力。大学之间还可以通过比较发现自身的薄弱环节加以改进。因此,大学需要建立一个信息披露机制,建立信息披露平台,定期向社会公开大学经费投入和各个大学经费使用情况,做到公开、透明。

---

① 杨蓉.让阳光下的高校预算更加透明[N].文汇报,2016-07-27(008).

第四章　大学价值增值

第一节　大学价值与价值增值

一、大学存在的价值

习近平总书记在党的十九大工作报告中指出："优先发展教育事业。建设教育强国是中华民族伟大复兴的基础工程,必须把教育事业放在优先位置,加快教育现代化,办好人民满意的教育。加快一流大学和一流学科建设,实现高等教育内涵式发展。"在知识时代,受过教育的人和他们的思想已成为国家的财富。大学从没有像今天这样变得如此重要,大学教育的价值从没有像今天这样如此之高。①

克拉克认为,"忠诚"的价值体系要求高等教育系统必须具备三类"实用"的社会价值:社会经济价值、文化价值和公民或政治价值。② 从外部利益相关者角度分析,大学存在的价值体现在社会经济、文化以及公民或政治三个方面。

(一) 大学的社会经济价值

经济大发展所急需的是应用型人才,因而高等教育的社会经济价值或工

---

① 詹姆斯·杜德斯达. 21 世纪的大学[M]. 刘彤,屈书杰,刘向荣,译. 北京:北京大学出版社,2004:56.

② CLARK B R. The higher education system: academic organization in cross-national perspective [M]. Berkeley: University of California Press, 1983:250.

具价值日益突出。在基于高深知识的广阔知识领域进行研究与传承,是高等教育独有的价值特征,这种特征是不可更易的。1992 年,中共中央、国务院《关于加快发展第三产业的决定》将教育列为对国民经济发展具有全局性、先导性影响的基础行业。由此,高等教育被赋予更多的经济功能。①

知识是高等教育实现经济价值的中介,高等教育通过知识创新产生新的价值。大学通过培养应用型高级专门人才和产出创造性科研成果实现经济价值。② 现代大学日益走入经济社会发展的中心,成为仅次于政府的主要服务站和社会变革的主要工具,③在经济社会发展中承担更多的社会责任,是大学不可推卸的职能,也已经成为大学主动的价值追求。

大学通过培养应用型的专门人才,实现其社会经济价值,是大学人才培养的内在属性的体现;通过创造性的科研成果去间接地实现大学的社会经济价值,是其科学研究的内在属性所决定的;而大学在经济社会的发展中承担更多的社会责任,正是大学服务社会的属性在社会经济价值方面的具体表现。

(二) 大学的社会文化价值

高等教育作为文化传承的重要载体,与文化传统有着更为直接的联系,这是因为不仅其自身深受文化传统的制约,而且政治、经济对高等教育的作用往往要以文化作为中介,即一般要经过文化加以"折射"。④

中华民族要想在国际政治舞台上确立自己的稳定地位,实现民族的伟大复兴和全面建设和谐社会,就必须思考中华民族精神的活性化问题。中华民

---

① 金世斌. 价值取向与工具选择:新中国高等教育政策的嬗变与逻辑[J]. 江苏高教,2013(01):55-57.

② 参见:王烽. 高等教育经济价值:知识经济的挑战[J]. 辽宁教育研究,2000(09):30-33. 石玉亭. 论大学经济价值的实现途径[J]. 经济师,2002(04):8-9.

③ 毕宪顺,张峰. 改革开放以来中国高等教育的跨越式发展及其战略意义[J]. 教育研究,2014,35(11):62-71.

④ 刘承波. 对高等教育与文化关系的现实性思考[J]. 集美大学教育学报,2001(02):6-9.

族精神的活性化,取决于我们在文化建设中达到的文化自觉程度。① 在此过程中,大学承担着责无旁贷的神圣使命,大学发展的多元化对于促进社会文化的多元化传播有着不可或缺的作用。②

大学有其内在属性,主要表现在人才培养、科学研究和服务社会等方面,大学通过文化传承发挥其社会文化价值。主要体现在以下几个方面:首先,大学通过人才培养,培养一批热爱中华文化的人才,传承中华民族源远流长的文化;其次,大学通过文化研究,不断推动文化发展,进而促进社会的发展;再次,文化是整个社会的精神动力,大学的社会文化价值也是大学服务社会的表现。

(三) 大学的社会政治价值

布鲁贝克在《高等教育哲学》中引用范多伦的话:教育不仅要使人学会"做事"(to do),更重要的是使人学会"做人"(to be)。约翰·斯图亚特·密尔也声称,人首先是人,然后才是商人、企业主或专家。培养全面发展、道德水准合乎社会要求的社会化公民始终是高等教育系统的社会价值(忠诚体系)追求。公民或政治的价值体系通过宗教或道德手段与高等教育系统不断相互作用和影响。

研究我国高等教育政策,首先需要回答整个政策活动究竟是围绕何种意图来安排和展开的,各级政府和教育部门究竟是为了什么目的将一定量的人力、物力和财力资源配置起来开展高等教育活动的? 中国高等教育扩招的重要原因是满足人民群众接受高等教育的强烈愿望,适应世界产业转移对劳动者素质的要求。③ 可见我国大学有一定的政治导向性,大学在特定的时期是

---

① 韩延明,栾兆云. 我国现代大学文化的价值取向[J]. 高等教育研究,2010,31(04):9-14.

② 参见:魏小琳. 论高等教育多样化发展的文化价值[J]. 江苏高教,2012(02):16-18. 欧小军. 高等教育发展的文化选择——价值、内容与原则[J]. 现代教育管理,2013(04):5-11.

③ 毕宪顺,张峰. 改革开放以来中国高等教育的跨越式发展及其战略意义[J]. 教育研究,2014,35(11):62-71.

一种政策工具,实现一定的社会政治价值。

我国大学的社会政治价值在于大学的政策导向性。大学运用其人才培养、科学研究以及服务社会的功能,去实现一定的社会政治目标,实现其社会政治价值。

二、大学的社会责任

2009 年 7 月 5—8 日,2009 年世界高等教育大会(2009 World Conference on Higher Education)通过了公报《高等教育与研究的新动力:社会变革与发展》(The New Dynamics of Higher Education and Research For Societal Change and Development),①该公报特别提到了高等教育的社会责任,并将高等教育的社会责任概括为两层含义:一是社会对高等教育的责任,二是高等教育机构对于社会的责任,此处重点关注后者。② 公报提出高等教育机构应在机构自治和学术自由的环境下,通过教学、科研和社会服务这三大核心功能,扩大跨学科交流,鼓励批判性思考,培养积极活跃的社会公民。同时,公报多次强调高等教育是一项公共事业(Public Good),在重视单向度责任的基础上,增加了社会(政府)及各利益相关者对高等教育应负有的责任,③强调了高等教育应对全球性挑战的社会使命与研究创新的社会职能。④

大学本身始终应当围绕教学、科研和社会服务这三大核心功能作为办校最重要的内容。高等教育机构,应在大学自治和学术自由的基础上,通过研

---

① UNESCO. 2009 World Conference on Higher Education:the new dynamics of higher education and research for societal change and development[EB/OL]. http://unesdoc. unesco.org/images/0018/001832/183277e.pdf,2009 - 08 - 01.

② 滕珺. 多元、公平、合作、创新:世界高等教育发展的新趋势——解读 2009 年 UNESCO 世界高等教育大会公报[J]. 比较教育研究,2009,31(12):51 - 55.

③ 赵叶珠,游蠡. 高等教育发展的新动力与新理念——《2009 年世界高等教育大会公报》解读[J]. 中国高等教育,2009(21):20 - 22.

④ 赵叶珠,游蠡. 十年间高等教育理念的若干新发展——基于两次世界高等教育大会的文本细读[J]. 高教探索,2011(01):25 - 28.

究、教学和社会服务等核心职能的实现,最终增进其内部各学科间的融合,促进学生批判性思考和公民主动性的发展。①

国外,20世纪初,范·海斯的"威斯康星理念"创立了"大学为全州服务"的范式,②使"服务社会"与"培养人才""科学研究"成为大学的三大内容,且"服务社会"的使命正向纵深发展。③ 哈佛大学前校长奈森·普西在《学者时代》一书中提出,培养人才使大学得以区别于一般研究机构,发展学术使大学得以区别于一般中小学。④ 耶鲁大学创立的初衷就是教育学生要大有作为,服务于社会。斯坦福大学的创始人斯坦福提出"学以创业,学以进取"的办学理念,后来,斯坦福大学校长斯德林与特曼继承与发展了这一办学理念,努力探索大学产学研相结合发展路径,形成了世界上著名的高新技术的"硅谷"。⑤

国内,教育部、财政部在2012年出台的《关于实施高等学校创新能力提升计划的意见》中明确提出要引导大学主动承担相应的社会责任。现代大学不仅要传授知识,培养人才,还要进行科学研究,也要积极为社会提供服务。大学对公众的行为示范是大学对整个社会的精神辐射的重要方面,强调要树立"责任意识",大学的社会责任包括教育责任、学术责任以及既要服务社会又要引导社会前进的责任。⑥ 关于大学的具体社会责任,中国C9院校

---

① 赵叶珠,游蠡. 社会变革与高等教育发展新动力——2009年世界高等教育大会公报[J]. 中国高等教育,2009(17):58-61.

② 克拉克·克尔. 大学之用[M]. 高铦,高戈,汐汐,译. 北京:北京大学出版社,2008:8.

③ 钱丽霞. 联合国可持续发展教育十年的推进战略与实施建议[J]. 全球教育展望,2005,34(11):11-16.

④ 郭秋平. 大学精神与大学责任[J]. 国家教育行政学院学报,2014(09):47-51.

⑤ 杨树政. 大学的责任、使命和价值——院校研究视野下的美国高等教育考察报告[J]. 西南交通大学学报(社会科学版),2010,11(02):13-19.

⑥ 参见:顾海良. 高校社会科学发展的使命:基于"社会责任"的观察与思考[J]. 高校理论战线,2011(04):4-8. 余小波,张晓报. 近十五年国内大学社会责任研究的简要综述[J]. 高等理科教育,2011(01):21-25.

进行了研讨,①众多校长指出：大学要在精英人才培养、服务国家战略、文化引领社会等方面做出表率,进一步探索中国特色的大学制度;应大力推进教育教学、科学研究与社会服务体制改革;大学的每项功能都渗透社会责任,才能引领创新;大学应把人才培养放在学校工作的首位,并要有资源和制度保证。②

大学的使命能够进一步体现出大学的社会责任内涵,大学使命是人们对大学必须承担的社会责任的一种认定和要求,其中蕴涵着大学的自我定位、价值诉求、发展愿景和社会期许。③ 当代大学具有引领社会和服务社会的两大使命。"服务社会"是广义的,它包括大学"人才培养、科学研究、社会服务"三大主要职能,且直接的社会服务成为大学日益重要的使命。④ 但这种社会服务从来不是单独发生的,而是与教学研究相伴进行的。同时,大学使命、价值追求和大学宗旨随着时间发展和学校的不同发生变化。⑤

综上可见,人才培养、科学研究与服务社会,这三大核心功能是大学内在属性的直接体现,是大学承担的社会责任,更是大学价值的全面体现。随着社会的发展与变革,大学的使命与责任不断变化,大学价值通过更好地履行社会责任而不断丰富自身内涵,从而实现动态的大学价值增值。

---

① 李陈续. 一流研究型大学的责任和作为［N］. 光明日报. 2013－11－06(013).

② 参见：王玲. 从应对金融危机看特色型大学创新人才培养［J］. 中国高等教育, 2009(Z1)：28－30. 余小波,陆启越,周巍. 社会评价介入大学治理：价值、路径及条件［J］. 大学教育科学,2015(04)：23－27.

③ 张政文. 要论大学使命［J］. 黑龙江高教研究,2009(11)：4－6.

④ 参见：赵文华,周巧玲,大学战略规划中使命与愿景的内涵与价值［J］. 教育发展研究,2006(13)：61－64. 肖瑞峰. 大学使命引领的教学团队建设［J］. 中国高教研究, 2010(05)：89－91.

⑤ 参见：顾建民,刘爱生. 世界一流大学的价值追求［J］. 教育发展研究,2011, 31(17)：54－57. 陆一. 世界知名大学使命宣言的文本解析［J］. 比较教育研究,2012, 34(09)：23－28. 史静寰. 现代大学制度建设需要"根""魂"及"骨架"［J］. 中国高教研究,2014(04)：1－6.

三、大学的价值增值

基于前两部分内容,从外部看,以克拉克理论为主要依据,大学的社会价值主要体现在社会经济价值、文化价值和公民或政治价值,从而满足经济发展需要、文化传承的目标以及培养出具备政治素养的社会化公民。从内部看,以联合国科教文组织的《高等教育公报》为基础,大学的核心功能是人才培养、科学研究以及服务社会。以功能为导向,结合大学的办学使命,我们认为大学办学的社会责任就是在于人才培养,科学研究和社会服务,这三大责任是实现大学价值的核心路径。更好地履行这三大责任,也是实现大学价值增值的重要内容。大学的社会价值是大学价值的外延,通过大学内在价值表现出来,是大学的具体功能得到充分发挥后对社会的积极作用的体现,体现了大学自身价值的实现对社会环境的影响。同时,大学的社会价值折射出外界环境对大学价值实现的需求。大学因社会需求而存在,又因社会需求的变化而不断自我完善。① 社会的日益进步对大学发展提出了新的要求,大学也在不断充实自身的价值内涵,以期在人才培养、科学研究与社会服务三方面实现动态的价值增值,从而适应社会经济、文化、政治的不断发展。而大学自身内生动力促使大学自身不断实现的增值会反向促进社会的发展。大学的价值增值主要体现在以下三个动态发展的方面:一是经济发展新要求下的大学价值增值;二是社会文化发展新要求下的大学价值增值;三是政治发展新要求下的大学价值增值。(如图 4-1 所示)

(一)经济发展新要求下的大学价值增值

经济的发展在人才培养方面,首先更加注重对学生能力的培养,通过多样化的培养模式,使得学生自身实力增强,从而实现大学的教学价值增值。

---

① 高振强. 社会服务导向下的现代大学组织变革——基于美国威斯康星大学的实践[J]. 教育发展研究,2014,34(05):80-84.

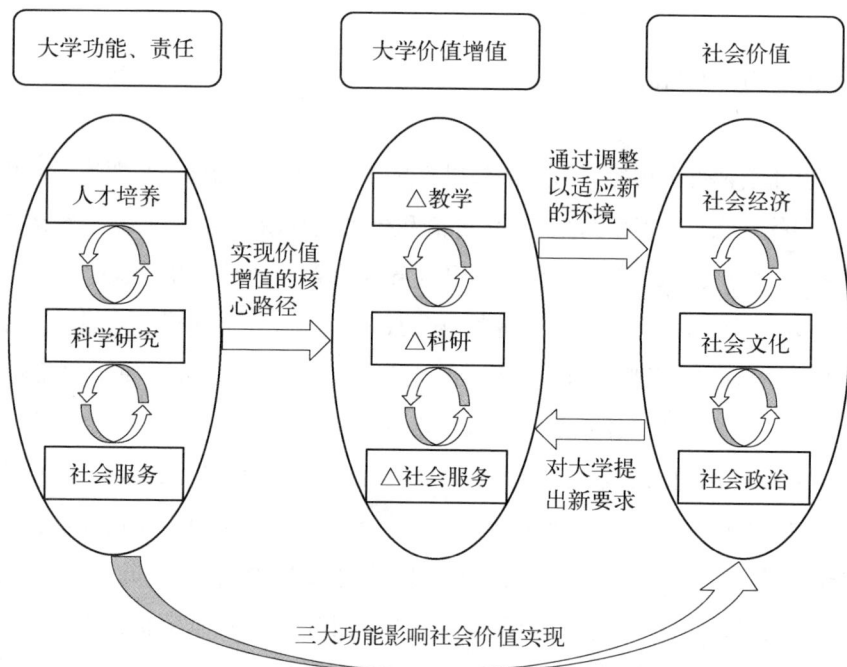

图 4-1   大学功能、价值、社会环境的动态关系

知识经济时代要求我们重视人的能力,挖掘人的潜能,发展人的能力,构建一个能力社会。《国家中长期教育改革和发展规划纲要(2010—2020年)》明确指出:"坚持能力为重。优化知识结构,丰富社会实践,强化能力培养。"2012年3月,教育部在《高等教育专题规划》中指出,要树立多样化人才观念,大力改革人才培养模式,紧密围绕经济社会发展的现实需要,根据学校的办学定位和人才培养目标,形成各具特色的多样化人才培养模式。可见,实施多样化的人才培养模式,是大学对高等教育大众化和人才需求多样化的积极应对,也是国家建设高等教育强国的必然要求。①

其次,对大学人才培养与科学研究,经济的发展重点强调对创新的要求,

① 参见:杨晓翔,温步瀛,钟春玲.地方"211工程"高校多样化人才培养模式的改革探索——以福州大学为例[J].中国大学教学,2012(10):24-26+12.黄先开,杨鹏,冯爱秋.地方高校多样化人才培养模式改革与创新的探索与实践——以北京联合大学为例[J].中国高教研究,2011(05):61-63.

大学自身在教育中,强调对学生创新意识的培养,使得大学在人才输出中实现增值;在科研中,大学主要通过产学研带来的知识转移与知识创新实现科研方面的价值增值。大学作为知识创新系统的第一执行主体,在知识创新系统中的重要地位和作用是其他机构所不能替代的,同时,大学通过产学研进行知识转移,实现知识的动态积累,不断加强自身知识创新能力。①

大学通过创新实现的教育价值与科研价值的增值最后要落实到社会服务当中,与当地经济实际相结合。大学丰富的科技、文化和人才资源在服务地方经济发展、构建区域创新体系的过程中具有无可比拟的优势和不可替代的地位。另外,创新思想下的创业活动也能够带来大学价值的增值。②

可见,大学能够通过立足于能力型、多样化的人才培养与创新思想下的科学研究实现自身价值的增值,这有利于促进社会的经济发展,向社会不断输出更多的价值。大学的产出包含科学和技术信息、设备和实验、技能或人力资本、科学和技术能力网络以及新产品和工艺的原型。③ 因此,大学的科研活动的产出对城市经济具有重要的影响。④

大学通过人才培养、科学研究与服务社会的价值增值途径,向社会输出更丰富的价值,从而促进社会的经济发展;反向的,社会的经济发展能够支持大学的价值增值活动,同时对大学不断提出新的要求,使得大学的价值增值

---

① 参见:董晋曦. 关于国家创新体系的若干思考——兼论高校应成为知识创新系统的第一执行主体[J]. 研究与发展管理,1999(06):6-10. 李千目,戚湧,侯君. 高校科研创新的竞争力评估策略[J]. 中国软科学,2007(03):147-152. 刘亭亭,吴洁,张宇洁. 产学研合作中高校知识创新能力提升的动态模型构建研究——基于知识转移视角[J]. 科技管理研究,2013,33(10):92-95.

② 郭依正,崔海源,焦蓬蓬,等. 高校科研服务地方经济发展模式选择[J]. 中国高校科技与产业化,2010(12):44-45.

③ 詹·法格博格,戴维·莫利,理查德·纳尔逊. 牛津创新手册[M]. 柳卸林,郑刚,蔺雷,等,译. 北京:知识产权出版社,2009:210.

④ 参见:许爱萍,俞会新. 高校科研经费投入与城市经济增长关系的实证分析——以京津沪为例[J]. 科技管理研究,2013,33(03):102-106. 王海兰,李燕飞,梁燕,等. 高校科研经费投入与区域经济增长——基于产学研视角的分析[J]. 科技管理研究,2016,36(04):107-112.

成为一个循环、动态的增值过程。

教育部和财政部在关于加强教育事业"十一五"规划中指出,随着高等学校办学规模的不断扩大,经费供求矛盾更加突出,经济活动日益复杂,高等学校财务管理的内涵与外延发生变化,客观上对高等学校财务管理上提出了新的更高要求。所以财务管理的高效利用有利于提高大学的经济价值。大学资源的增值,不仅有赖于大学资源增值观念的确立以及资源配置和经营管理水平的提升,而且取决于存量资源的高效利用和潜在资源的深度开发。①

(二) 社会文化发展新要求下的大学价值增值

大学作为一种继承、传播和创新文化的机构,其教育活动可以使受教育者社会化、个性化和文明化。因为大学教育的过程正是将这些文化成果进行严格确认、选择、加工和整合的过程,也正是在此过程中,现代大学的知识体系逐渐从封闭走向开放,大学反作用于现代社会文化发展的作用也越来越突出。在党的十七大报告中首次明确把文化作为"国家软实力"提出来,又赋予大学文化建设的庄严社会使命。事实上,文化传承、文化创造、文化引领和文化融合是自大学诞生之日起就被赋予的永恒使命。②

大学文化建设是提升国家文化软实力的重要途径,大学可以通过培育人才、传承文化薪火、创新文化精神等途径,推动国家文化软实力建设。③ 大学文化建设必须适应提高国家文化软实力的新要求。同时,大学文化建设需要遵循文化发展的内在规律。文化传承与创新,传承是前提,创新是动力,两者相互统一,相互促进。现代大学也具有传统文化的传承责任。④

---

① 刘礼明. 加拿大大学资源增值之道[J]. 教育研究,2015,36(04): 149 - 157.

② 王为正. 文化价值:大学教育的核心价值取向[J]. 中国高等教育,2012(Z3): 26 - 28.

③ 冯刚. 加强高校文化建设 提升国家文化软实力[J]. 湖南社会科学,2011(05): 192 - 194.

④ 参见:严春燕,庄勤早. 高校文化传承与创新功能解读[J]. 西南民族大学学报(人文社会科学版),2012,33(05): 222 - 224. 李文君. 大学的传统文化传承责任[J]. 教育与职业,2014(22): 48 - 50.

新时代背景下,大学自身通过人才培养、科学研究来促进文化产业的创新,最后落实到社会服务中。现代意义上的文化产业有着知识密集、技术密集、人才密集的特点,文化产业人才就显得尤其重要。① 大学的培养人才的角色和地位决定了大学要为文化产业的创新做出贡献。②

可见,社会文化的不断发展对大学提出了大学文化与文化产业建设、促进学术研究与文化传承的要求,大学自身在文化的不断创新与传承中实现动态的增值进而促进社会的发展,为提升国家软实力做出贡献,实现价值的不断输出。大学的学术研究本身就可以直接看作一种文化的创新,同时,我国高等教育在保存中华民族文化传统和建设现代创新文化方面,始终扮演着不可替代的角色。③

(三) 政治发展新要求下的大学价值增值

任何一个社会都需要培养适应自身政治制度和社会形态需要的未来公民。大学生作为国家重要的人才资源,培养和拓展这一群体的政治素质,保证其政治社会化的顺利实现,是大学人才培养的重要内容。大学必须通过加强课堂教学和社会实践环节、引导校园文化、发挥党团组织的政治优势等途径,培养和拓展大学生的政治素质,引导大学生树立正确的政治价值取向、提高政治认同、塑造健全的政治人格,为社会主义政治文明建设提供人才保证。④ 在新形势下,在人才培养方面,大学必须坚持以立德树人为导向,把思想政治教育摆在重要位置。

在新时代背景下,对大学思想政治教育提出新的要求。教育部思想政治

---

① 汪振军. 高校文化产业学科定位与学科创新[J]. 深圳大学学报(人文社会科学版),2010,27(05):95-97+100.

② 蒋述卓. 高校理应要为文化产业的创新作贡献[J]. 深圳大学学报(人文社会科学版),2010,27(05):94-95+100.

③ 刘冬梅,刘刚. 文化传承创新视阈下的大学文化建设研究——从西南联大的文化魅力看当下的大学文化建设[J]. 黑龙江高教研究,2012,30(05):68-71.

④ 彪晓红. 大学生政治素质拓展的重点与实施路径探析[J]. 中国高教研究,2007(07):85-86.

工作司司长冯刚指出,2014 年思政司重点工作包括坚持以理想信念教育为核心,进一步提高大学生思想政治教育的针对性实效性。大学具有培养全面发展,道德水准合乎社会要求的社会化公民的责任。① 同时,若大学教育能够把握网络时代的契机,师生实现资源共享,提升素质教育水平的效果,大学的教育价值也能够得到进一步的增加。②

学校教育是政治社会化最为重要的场域,为民主社会培养负责任的公民应是中国大学的基本使命。大学教育是影响个体政治参与表现最强有力的因素,有义务促进大学政治社会化目标的达成。③ 可见,我国大学的人才培养受到政治大环境变化的影响,对学生的素质教育提出了新的要求。在新时代背景下,政治发展影响着大学的人才培养、科学研究,新要求有助于学生、教师树立社会服务的意识,为大学自身的价值增值和社会、国家的良性发展做出贡献。

第二节　大学教学的价值

一、教学价值的特点

随着知识领域的深入,各种交叉学科不断出现,"价值"概念从经济学领域迈入各个学科领域,教学作为一种实践活动,同样具有价值。1991 年,杨殿堂翻译了《教学的价值》一文,标志着教学价值问题的研究开始明朗化,引起了学者对教学价值的探讨。随着应试教育的弊端不断暴露出来,人们逐渐

① 胡钦晓. 高校学术资本:特征、功用及其积累[J]. 教育研究,2015,36(01):59-65.
② 张明明. 微博、微信网络环境下高校思想政治教育研究[J]. 思想理论教育导刊,2014(04):104-106+110.
③ 吕催芳. 大学教育如何影响政治参与?[J]. 清华大学教育研究,2014,35(05):70-75+87.

认识到教学活动不应是纯粹的传授知识活动,也应是一个价值负载的世界。在十九大报告中,习总书记提出了"加快一流大学和一流学科建设,实现高等教育内涵式发展"的重要指示,为我国大学的教学活动提出了新的要求。用党的十九大精神指导大学的教学活动,发展教学价值,是每个大学应该毅然扛起的使命。教学价值的特点主要体现在如下几个方面:

(一)构成多样性

有关教学价值的研究经历了漫长的过程,从西方"主智主义"教学价值观的形成发展,到"形式教育""实质教育"两种教学价值观的形成发展,直到现代教学"人文主义和科学主义"的价值整合。教学价值体现出多样性的特点。教学价值包括知识价值、能力价值、品格价值和方法价值,任何一项价值只有在整体的联系中才能实现。① 也有学者认为,现代教学价值的构成包括三个方面:知识能力价值、个性品格价值、人的和谐发展价值。② 知识能力价值在于帮助个体从客观的知识体系中获得必备的专业知识,③教学的个性品格价值在于使教学主体在人格和品德等方面得以提升和完善,人的和谐与发展价值在于尊重人的精神世界的丰富性和独特性。

(二)主体客体复杂性

学术界对教育的主客体有多种不同的看法。从价值学理论来看,主体通常是人,客体就是为了满足主体的需要而客观存在的。教师主体论认为,教师是教育活动的主体,学生是教育活动的客体。学生主体论认为,教学过程中的主体只能是学生,而不是教师。另外,有学者认为学生既是学习活动的主体,又是教师施教的对象,学生具有主体和对象的双重属性。双主体论观

---

① 参见:尚凤祥. 现代教学价值体系论[M]. 北京:教育科学出版社,1996. 高德鸿,熊匡汉. 实现教学基本价值的要素分析及努力方向[J]. 教育评论,2001(06):35-37.
② 金素梅. 现代教学价值的构成因素及实现路径[J]. 河南师范大学学报(哲学社会科学版),2011,38(02):260-262.
③ 叶澜. 试论当代中国教育价值取向之偏差[J]. 教育研究,1989(08):28-32.

点提出,在教学过程中,教师和学生都是主体,两个主体同时并存。也有学者认为社会是教学活动中不可忽视的主体之一。只有当教师、学生和社会三方主体的价值取向趋同或统一,或者具有互补意义时,才有助于教学价值的实现。①

(三)动态的过程价值

教学价值活动是理论与实践相结合的活动。实践是价值生成的现实根基,是价值实现的现实途径,也是价值评价的标准。② 在实践中发展的价值不是一成不变的,随着社会的进步和人的发展状况的改善,社会主体以及学生和教师对教学价值必然出现新的要求,这就决定了教学价值的动态性存在。只有实践才是保持教学论学科创新发展的持久的生命力。

教学活动的价值最终是通过人表现出来的。③ 教学是一个动态的过程,整个过程因为有人的参与和人的各种可能性的展开与实现而成为一种价值活动,教学价值更多是以过程价值的形式表现出来的。学生是教学价值的承担者,教学最终价值是通过学生素质来体现的,教学过程成为学生感受教学环境、理解知识、形成各种体验的过程,也是教学活动内在价值的生成过程。教学作为一种实践,本身就是一种富有创造性的活动,而这种创造性蕴含在整个教学过程之中,因此,教学过程本身既是价值的存在,又是创造价值的过程,教学价值是一种动态的过程价值。

二、教学的价值体现

马克思主义的教学价值观认为,教学既有其内在价值,又有其外在价值。一般来说,教学价值可分为内在价值与外在价值两种。④ 内在价值即发展价

① 朱德全,张家琼. 论教学逻辑[J]. 教育研究,2007(11):47-52.

② 赵文平. 教学价值研究:教学论亟需深入关注的领域[J]. 教育理论与实践,2011,31(07):53-56.

③ 黎琼锋. 教学价值与美好生活[M]. 北京:人民教育出版社,2012:105-107.

④ 李长吉. 教学价值观念论[M].兰州:甘肃教育出版社,2004:38.

值,指教学对教育领域内部的意义、作用和功能;外在价值为社会价值,是就教学对社会存在与社会发展方面的意义而言的。因此,我们认为教学价值活动作为大学价值活动的主要组成部分,应在内在价值和外在价值中体现出来。

(一)内在价值的体现

美国教育哲学家布鲁巴克提出:"内在价值就是我们不是因为它们对于另外某些事物有用处,而是因为它们本身就具有好的价值。它们的价值并不是它们对于另外一些在它们本身之外并且超过它们的价值有什么好处,而是它们本身所固有的。"①内在价值是指教学活动作为区别于其他社会活动本身所具有的价值属性。通常人们用内在价值指称教学的理想价值、个体发展的价值、直接表现在教学活动中的价值。② 概括来说,教学活动的内在价值就是人才培养。对大学来说,就是培养学生形成独立的人格、崇高的人文精神与人文关怀。联合国教科文组织在《学会生存——教育世界的今天和明天》的报告中明确指出:"教育的价值就在于帮助一个人以一切可能的形式去实现他自己潜能的主人。"教学的价值在于让学生自由地成为他自己。③

(二)外在价值的体现

外在价值就是我们因为这些价值对于某种事物有用处而判断它们是好的那种价值。它们的价值依赖于它们去达到另一种价值时所产生的后果。教学的外在价值通常指的是教学的功利价值、社会发展价值以及通过教学活动间接获得的价值。如学生的生存能力、职业技术训练、就业情况等都是教学外在价值的反映。因此,本书认为,教学活动对社会发展的贡献就是外在价值的体现,即社会服务。

---

① 转引自王坤庆. 现代教育哲学[M].武汉:华中师范大学出版社,1996:151.
② 杨小微,张天宝. 教学论[M].北京:人民教育出版社,2007:136.
③ 参见:埃德加·富尔. 学会生存——教育世界的今天和明天[J]. 联合国教科文组织国际教育发展委员会,1996:197. 燕良轼. 教学的生命视野[M].长沙:湖南师范大学出版社,2010:207-214.

教学的内在价值与外在价值相辅相成,离开了人的自主、独立、自由的精神,不能称之为人才培养,仅依靠外在社会任务与要求作动力,不能完成人类赋予教学的使命。教学活动内在价值是外在价值得以实现的基础与保证,外在价值是内在价值的延伸与现实化。长久以来,我们的教学活动存在片面强调外在价值的倾向,教育应该整合内外价值。人才培养是教学活动内在价值的体现,社会服务是教学活动外在价值的体现,教学内外价值和谐统一,才是高等教育所追求的目标。

(三) 教学价值在大学排名指标中的体现

作为大学的基本活动之一,目前世界上较为权威的大学排名指标(QS 世界大学排名、泰晤士世界高等教育排名、ARWU 世界大学学术排名、武书连中国大学排名)中,均针对大学的教学活动设计了一系列指标进行评价。通过对大学教学活动进行逐年排名,动态地体现了大学教学价值的变化。

在内在教学价值方面,由于其强调的是培养学生内在的品格、精神,难以将其量化衡量,因此大学排名均是侧重于考量大学的教学能力。QS 世界大学排名、泰晤士世界高等教育排名、ARWU 世界大学学术排名和武书连中国大学排名分别用师生比、声誉调查、博士与本科生比例、获诺贝尔奖和菲尔兹奖的校友折合数和双语教学示范课程等指标衡量,如表 4-1 所示。在外在教学价值方面,QS 世界大学排名、泰晤士世界高等教育排名、ARWU 世界大学学术排名和武书连中国大学排名设置了雇主评价、行业收入、诺贝尔奖和菲尔兹奖的教师折合数以及本科生就业率指标进行衡量,如表 4-2 所示。

表 4-1 大学排名体系中教学活动内在价值评价指标

大学排名体系	一级指标	二级指标	权重	合计
QS 世界大学排名	师生比	—	20%	30%
	国际生比例	—	5%	
	国际教职员比例	—	5%	

大学排名体系	一级指标	二级指标	权重	合计
泰晤士世界高等教育排名	教学	声誉调查	15%	37.5%
		教职工学生比例	4.5%	
		博士与本科生比例	2.25%	
		博士学位授予数量与教员数量比	6%	
		机构收入	2.25%	
	国际视野	国际与国内学生比例	2.5%	
		国际与国内教职工比例	2.5%	
		国际合作	2.5%	
ARWU 世界大学学术排名	教师质量	获诺贝尔科学奖和菲尔兹奖的教师折合数	20%	20%
武书连中国大学排名	人才培养	本科生培养	35.15%	57.95%
		研究生培养	22.8%	

表4-2　大学排名体系中教学活动外在价值评价指标

大学排名体系	一级指标	二级指标	权重	合计
QS 世界大学排名	雇主评价	—	10%	10%
泰晤士世界高等教育排名	行业收入	—	2.5%	2.5%
ARWU 世界大学学术排名	教师质量	获诺贝尔科学奖和菲尔兹奖的教师折合数	20%	20%
武书连中国大学排名	人才培养	本科生培养—就业率	具体计算	具体计算

　　教学活动作为大学的基本活动之一,国内外大学排名体系中均有相应的指标衡量大学教学活动的开展情况。但值得注意的是,由于大学教学活动的特殊性,相较科研活动来说,很难对其结果进行具体的量化衡量:在内在价值方面,多是从教学资源的投入、师生的配比、国际化氛围的营造等方面去考核的;在外在价值方面,则是通过对毕业生就业情况、收入情况、雇主评价等

方面来进行评价的。综合内在价值与外在价值的不断变化,对大学教学价值进行动态性评估。

三、获取教学价值增值

将波特价值链理论用于大学,本书认为,大学的基本活动即教学活动和科研活动,支持活动包括人事管理,基建、资产、设备管理,后勤服务,财务管理以及其他支持活动。波特价值链理论认为,企业创造的价值产生于一系列的活动之中。价值链上的每一个环节、每一个活动都不能独立于其他存在,企业的价值链的本质就是增值链。价值链上每一环节增值与否,增值的大小都会成为影响企业竞争力的关键。对于大学来说亦是如此。(如图4-2所示)

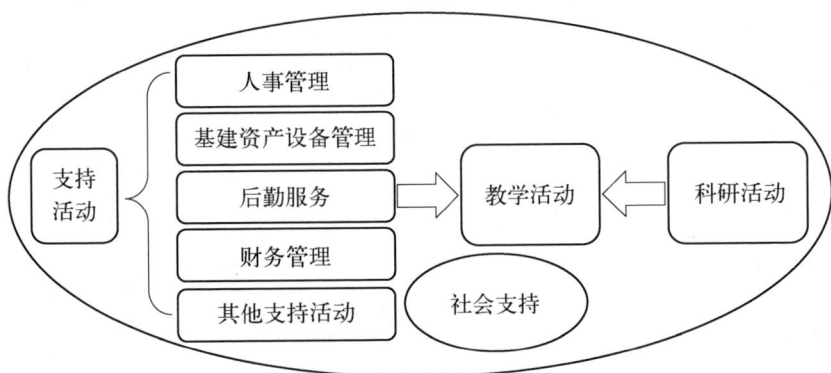

图4-2 大学教学活动价值的获得

(一) 内部支持活动的支持

教学活动是大学的基本活动之一,教学价值的获得,离不开支持活动的支持。

首先,教师是施教的主体,是教学活动的重要参与者,而大学的人事管理为教学活动提供师资保障,也会间接影响大学的科研能力和社会服务能力的发展。① 其次,基建、资产、设备管理工作为大学的教学活动提供了基础设施保障。大学国有资产是大学完成各项教学和科研任务的物质基础,也是衡量大学办学实力的重要标准。大学又快又好地完成基本建设工作,不仅能够获得经济效益、社会效益,更有利于实现事业发展战略,优化资源配置,提高办学效益。② 再次,大学后勤工作是大学开展教育教学工作的基础,是整个教学系统顺利运行的前提,大学后勤管理服务是建立现代大学体系的重要支撑。同时,后勤工作也是教学活动的一部分,离开后勤工作,教学价值也无法实现。③ 最后,财务管理活动为教学活动提供资金保障。大学财务管理工作已经成为大学提高教学质量、改善教学环境的重要内容。大学财务管理通过保障资金来源、合理运用资金、资金使用情况考核和实现资源的优化配置四个方面支持教学活动的开展,实现教学活动的价值增值。

除以上提及的支持活动外,大学内部的其他支持活动也为教学活动价值的实现提供保障,如对外交流合作活动,科研管理活动等促进教学活动与科研活动结合,纪检监察活动为教学活动有序开展保驾护航,招生、就业服务等为教学活动提供支持。

学生从步入大学开始,接受高等教育,参与教学活动,逐步形成独立的人格,培育人文精神,学习专业知识,毕业后服务社会,实现教学活动的价值。倘若没有一系列支持活动对教学活动的支持,教学活动无法顺利开展,价值的获得也就无从谈起。

---

① 参见:王晓龙.关于高校人事管理制度的思考[J].黑龙江高教研究,2011(03):43-45.管培俊.关于新时期高校人事制度改革的思考[J].教育研究,2014,35(12):72-80.

② 参见:黄银江,朱雪梅.加强高校国有资产科学管理探析[J].求实,2010(S1):148-149.曹辉林.整合有效优势资源,提高高校基建水平[J].东南大学学报(哲学社会科学版),2009,11(S1):277-278.

③ 参见:艾茹.加强高校后勤工作的服务育人功能[J].思想教育研究,2011(05):78-80.刘春阳,胡勇军,黄书诗.大学文化视野下的高校后勤管理服务研究[J].高教探索,2014(06):26-28+70.

(二) 科研活动的支持

大学的基本活动包括教学活动与科研活动,然而这两项基本活动不是割裂开来的。高质量的人才培养必须与高水平的科学研究相结合,要积极构建教学和科研的融合协调机制。① "教学学术"的概念最早由厄内斯特·博耶在 1990 年提出,本质上要求大学教学的科研性与科研的教学性和谐统一。教学与科研是大学两条相互依存的生命线,教学与科研并重是提升教师水平、培养创新人才、提升办学水平的关键。②

科研反哺教学,是指大学集中资源提升学校科研实力,并努力把科研优势转化为教学优势,从而促进学校提高教学质量。③ 事实证明,科研反哺教学在理论和实践上都是可行的,科研能力的提升,既有利于吸引更多优秀的学生和教师,也有利于提高教学能力。科研活动与教学活动的融合,一方面有利于培养学生独立思考、锐意创新的品质,从而更好地实现教学的内在价值;另一方面,科研活动可以提升教学活动的质量,使得毕业生能够更好地为社会服务,实现教学的外在价值。

(三) 社会的支持

杜威认为,教育就其最广泛的意义来说,是人类社会生活得以延续的手段,他把教育看作社会的需要和社会的职能。④ 教学活动价值的获得需要社会的支持,具体体现在以下三个方面:

一是社会为教学活动提供必要的资源。大学的经费无论是财政拨款还是自筹收入,归根结底是来自社会的。大学生源的流入也来自社会,在办学

---

① 余玉龙. 强化教学学术 促高校教学科研双赢[J]. 中国高等教育,2012(01):33-34.

② 侯清麟,刘文良. 高校教学、科研和谐发展的困惑与超越[J]. 高等工程教育研究,2012(06):91-95+180.

③ 李俊杰. 科研反哺教学的合理性及地方高校因应策略[J]. 教育研究,2012,33(03):53-56+70.

④ 约翰·杜威. 民主主义与教育[M]. 王承绪,译.北京:人民教育出版社,1990:337.

过程中离不开社会的支持。

二是只有融入社会才能展现价值。人具有社会性,教学过程中学生的社会性品质是指在教学过程中,学生通过协作和交往而形成并纳入一定的社会关系体系中,①这样才能真正使人的"一切社会关系的总和"的本质得以具体化和现实化,并不断得到新的发展。可见,想要获得教学价值,必须融入社会。

三是社会的发展为教学价值的获得提供了机会和目标。社会中心教学理念源远流长,从亚里士多德倡导社会中心取向的教学文化精神起,教学的目标就从来没有将服务社会排除在外。② 从社会角度来说,教学活动的价值的获取途径就是为社会服务,培养社会所需要的公民。

四、教学价值的增值

在大学中,在各项支持活动的支持下,两项基本活动——教学活动和科研活动——得以顺利开展,并在活动进行的过程中产生价值。就教学活动来说,社会的持续发展对大学提出更高要求,社会对大学价值的认可是动态的、不断变化的,大学为满足要求、为社会服务,自身也不断地积极主动调整教学活动,努力为社会提供更多的价值,从而实现教学活动的价值增值。具体体现在以下几个方面。

一是教学活动目标的不断变化。教学目标的变化依次经历了为社会培养官吏、为资产阶级服务、重视人的全面发展、教学与科研结合以及产学研结合几个阶段。③ 高等教育的教学活动是为社会服务的,社会对教育的期许不同,大学的教学活动也随之进行不断的变化。这种变化并不是大学被动进行

---

① 迟艳杰. 在社会历史进程中理解杜威的教学价值思想[J]. 华东师范大学学报(教育科学版),2010,28(02):17-23.

② 龚孟伟,李如密. 论社会中心教学文化的历史、价值与局限[J]. 大学教育科学,2011(05):30-34.

③ 刘献君. 经济社会发展转型与教学服务型大学建设[J]. 高等教育研究,2013,34(08):1-9.

的,随着社会的发展,大学肩负着为社会培养所需人才的使命,主动调整教学目标,不断增加对教学活动的资源调配,这种适应性就体现了教学价值的不断增值。

二是教学形式、手段、技术的不断进步。全球化、信息技术和网络化、高等教育大众化对大学的组织方式和教学方式形成了很大冲击,各大学都企图通过社会参与、全球联系以及知识转移服务社会,寻求机会和激发知识的新发展,①而这些都对大学教学活动产生了影响。2015年4月13日,教育部印发《关于加强高等学校在线开放课程建设应用与管理的意见》,提出促进在线开放课程广泛应用。社会发展要求高等教育为社会提供更多的服务,让更多的人享受到大学有限的教学资源,而科技的发展为教学活动的开展提供了更便捷的手段、更广阔的平台,大学积极地将新技术手段应用到教学活动中,不仅提高了日常教学活动的价值,而且扩大了教学活动的受众范围,更多的公众可以通过互联网等媒介共享大学的课程,从而实现了教学活动的价值增值。

三是不断调整人才培养模式。社会发展对人才的要求不断提高,大学的教学活动从最初只重视培养专门人才、只重视承担社会职能的外在价值,逐步调整为培养全面发展的人才的教学模式。② 人才培养模式的不断调整,既是社会进步对大学教学活动的要求,也是大学教学活动积极主动服务社会、为社会提供更多价值的表现。2010—2017年,我国大学毕业生人数依次为631万、660万、680万、699万、727万、749万、765万和795万,大学持续为社会培养人才,实现了教学活动的价值增值。

无论是教学活动目标的不断变化,教学形式、手段、技术的不断进步,还是人才培养模式不断调整,都离不开资源的获取与支持。教学活动所需要的资源主要分为人力、物力、财力三个方面。在人力方面,《2019年全国教育事

① 韩震. 社会发展与大学组织方式、教学方式及其功能的变革——考察澳大利亚高等教育的体会与思考[J]. 比较教育研究,2009,31(04):23-27+41.
② 胡建华. 论高校教学管理制度改革的价值取向[J]. 中国高等教育,2007(20):47-49.

业发展统计公报》显示,2019 年,我国普通高等学校教职工 256.67 万人,比上年增加 7.92 万人;在物力方面,2019 年,我国普通高等学校校舍总建筑面积 101 248.41 万平方米,比上年增加 3 534.85 万平方米;教学科研仪器设备总值 6 095.08 亿元,比上年增加 562.02 亿元。在财力方面,2012 年,我国财经性教育经费的投入首次达到 GDP 的 4%,2019 年我国财政性教育经费首次超过 4 万亿元,占 GDP 比例为 4.04%,连续第八年保持在 4% 以上。实现教学活动的价值增值,一方面要注重资源的投入,另一方面要着力提升资源的使用效益,优化资源配置,加强管理,让有限的资源发挥最大的效益。

第三节　大学科研的价值

一、大学科研的特点

(一) 科研的教育性

不是所有的科研活动都具有教育性,但大学科研活动是具有教育性的,这一特征是由大学科研的特殊性决定的。大学的根本任务是人才培养,科研不能置身事外。大学科研的教育性决定了其具有人才培养的属性。大学的一切科学研究都离不开人才培养这个根本,促进人才培养是大学科研义不容辞的责任。扎实的科研工作是教学质量提高的推进器。在十九大报告中,习近平总书记指出要"加快建设创新型国家。培养造就一大批具有国际水平的战略科技人才、科技领军人才、青年科技人才和高水平创新团队"。科研对大学、对国家发展的重要性不言而喻。科研保证教学活动与学科发展的新动向、新趋势接轨,我们应重构教学与科研的价值关系,确立大学"科研的教育性原则"。综上,大学科研不应单一、纯粹地追求科学创新,还应该着眼于人才培养,大学科研不仅要出成果,而且要出人才,这是大学科研的典型特征,也是大学科研与院所科研的最大区别。

（二）动态的过程价值

科研活动是一个不断发展的动态过程,科研价值体现在这个过程中。大学科研价值活动是一个理论与实践结合的活动。① 在实践中发展的价值不是一成不变的,政治、经济、社会、技术的发展对科研价值必然提出新的要求,这就决定了科研价值的动态性存在。大学每天与政府、金融机构、企业、媒体、个人之间发生着各种类型的交流互动。在这些互动中,有的是大学学术活动的本身需求,但更多的是为了满足外部单位和个人对大学的需求,比如培养人才、承接企业项目、参与科普讲座等等。

面对政治、经济对科研需求的变化,大学科研活动的过程和成果必须发生相应的变化,以适应社会环境的要求,因此,大学科研的过程具有动态性的特点。

（三）科研的快速增长

我国大学的科研价值呈现较快增长的特点。从国内统计数据看,《2017年高等学校科技统计资料汇编》和《中国高校知识产权报告(2017)》显示,每年全国大学发表的论文数量和大学的专利申请与授权数量均快速增长。从国际评价来看,英国自然出版集团发布的 2016 年自然指数(Nature Index)显示,在高质量论文方面,中国得分仅低于美国,位于全球第二。汤森路透发布的《2015 年全球最具影响力的科研精英》报告显示,在 3 000 多位全球高被引科学家中,107 位来自中国内地,高居全球第四。

从以上国内和国际的数据可以看出,一方面,我国科研成果的质量和数量都在快速提高,这是目前我国大学科研的突出特点之一。另一方面,我国的科研论文数量、重大科学突破和科学家水平还未达到国际顶尖水平,因此我国科研实力还有很大的前进空间,研究如何促进我国大学科研价值的增值具有较大的现实意义。

---

① 赵文平. 教学价值研究:教学论亟需深入关注的领域[J]. 教育理论与实践,2011,31(07):53-56.

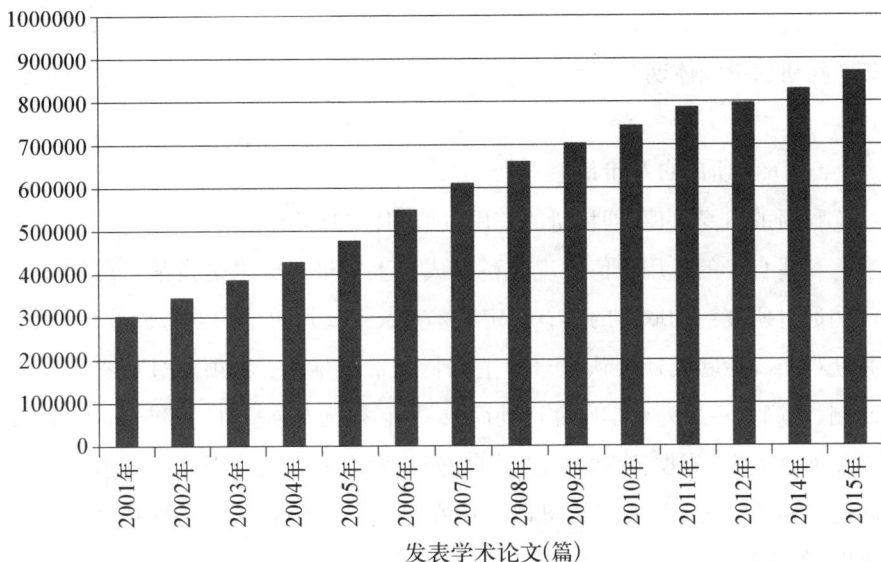

发表学术论文(篇)

注：2013 年大学发表学术论文数据不详。

图 4-3 2001—2015 年全国大学发表学术论文数量统计

表 4-3 2015 年自然指数国家排名

2015 年排名	国　　家	WFC	2014 年 WFC	WFC 变化率
1	美　国	17 203.82	18 007.19	−4.5%
2	中　国	6 478.34	6 183.36	4.8%
3	德　国	4 078.09	4 055.4	0.6%
4	英　国	3 365.48	3 284.3	2.5%
5	日　本	3 053.48	3 221.57	−5.2%
6	法　国	2 127.91	2 237.62	−4.9%
7	加拿大	1 478.29	1 501.96	−1.6%
8	瑞　士	1 135.4	1 299.95	−12.7%
9	韩　国	1 112.49	1 182.23	−5.9%
10	意大利	1 061.43	1 054.2	0.7%

注：WFC（Weighted Fractional Count）为加权分值计数法。
数据来源：搜狐新闻 http://www.sohu.com/a/73592345_220270。

二、科研的价值体现

(一) 科研的自身价值

科研的自身价值,即科研的应用价值和精神价值。

科研自身的应用价值体现在科研成果上。科研成果是指某一科学技术问题通过研究活动取得的具有一定学术意义或实用价值的创造性劳动结果,并获得实践检验及社会认可。其主要特征可概括为:必须通过考察、试验、研制、观测等一系列科学研究活动而取得,必须具有创造性、先进性、实用性,必须通过鉴定、验收、评估或在刊物上公开发表等方式获得社会的承认或实践的检验。① 这些科研成果可以应用在经济、政治和文化领域中,解决各类难题,促进社会进步。

科研自身的精神价值体现在人们在科研活动中获得的智慧与思辨的享受。对真正的科学家来说,科学是一项伟大的冒险活动,是一项充满刺激的令人振奋的事业,它使科学家的好奇心和求知欲得到满足;当科学家在所研究的问题上取得突破时,他将收获到一般人无法体会的喜悦和成就感。当人们阅读承载科学研究成果的书籍时,他们同样能够展开想象的翅膀,去理解和欣赏大自然的美妙与神奇。同时,他们也会体会到科学家坚持不懈的探索精神,这种探索精神使人们保持独立思考的意识,拥有面对困难的勇气。

(二) 科研的辐射价值

科研的价值具有辐射性,其不仅具有创造知识、创造文明的学术价值,而且对人才培养、社会服务具有辐射作用。② 科研活动通过促使教学内容更新、提高教师教学水平和提供学生科研实践机会来实现其对教育价值的积极

---

① 汪力. 高校科研管理论纲[M]. 沈阳:白山出版社,2008:183.

② 参见:瞿振元,韩晓燕,吴华杰,等. 加快建设世界一流农业大学步伐:必然、实然与应然[J]. 中国高教研究,2009(09):1-6. 丁晓,程江平. 教育实验法在教育研究中运用状况的初步统计[J]. 教育研究与实验,1995(01):58-61.

影响。同时,通过促进经济发展、维护社会稳定和可持续发展来实现其对社会服务价值的积极影响。大学科研价值的辐射作用如图4-4所示。

图4-4 大学科研价值的辐射作用

一方面,教材的内容与最新的科技进步有一定的差距,只有从事科学研究的教师才能把当今科技最前沿的发展动态带到课堂上,使学生学习到最前沿的知识。另一方面,教师和学生在参与科研活动的过程中获得自身素质的提高。教师通过科研活动提高自身的科研素质,然后在教学中通过言传身教影响学生,使学生的科研素质得到提高。

科研价值对社会服务的辐射作用体现在促进经济发展和维护社会稳定两个方面。在促进经济发展方面,大学承担了社会绝大部分的科研活动和科研成果,大学科研蕴藏着巨大的经济价值,大学还向企业输送人力资源,因此大学科研对促进经济发展具有重大的价值。在维护社会稳定方面,大学的许多科研成果可以解决健康、就业、犯罪、环境等社会实际问题,如重要发明可对社会生活产生重大而深远的影响,对促进社会的可持续发展发挥重要的作用。

大学的科学研究不仅具有科研本身的价值,能为社会提供有实用价值的工具成果,给人类带来智慧和思辨的享受,从而提升大学在社会中的价值,而且对大学内部的教学活动和社会服务活动产生促进作用,促进教学水平和社会服务质量的提高,从而间接地对大学价值的增值产生辐射作用。

(三)科研价值在大学排名指标中的体现

在大学排名指标体系中,一般对大学进行科研、教学、社会服务进行全面的评价,其中科研的自身价值体现在科研评价指标中,科研对教学和社会服务的辐射价值体现在教学和社会服务评价指标之中。通过对大学科研活动进行逐年排名,动态地体现了大学科研价值的变化。若科研价值评价指标逐年增加,则表现为大学科研价值增值。

科研自身价值在国内和国际大学排名指标体系中占有很大一部分比重。在 QS 世界大学排名、泰晤士世界高等教育排名、ARWU 世界大学学术排名和武书连中国大学排名,反映科研自身价值的指标分别占 60%、60%、80% 和42.05%,如表4-4所示。

表4-4 大学排名评价指标体系中反映
科研自身价值的指标

大学排名体系	一级指标	二级指标	权重	合计
QS 世界大学排名	同行评议	—	40%	60%
	师均引用率	—	20%	
泰晤士世界高等教育排名	研究产出	研究声誉调查	18%	60%
		研究收入	6%	
		研究生产效率	6%	
	引用	—	30%	
ARWU 世界大学学术排名	教师质量	获诺贝尔科学奖和菲尔兹奖的教师折合数	20%	80%
		各学科领域被引用次数最高的科学家数量	20%	
	科研成果	在《自然》(Nature)和《科学》(Science)上发表论文的折合数	20%	
		被科学引文索引(SCIE)和社会科学引文索引(SSCI)收录的论文数量	20%	
武书连中国大学排名	科学研究	自然科学研究	31.48%	42.05%
		社会科学研究	10.56%	

科研价值对教学价值和社会服务均具有辐射作用,在对教学价值的辐射方面,教学价值指标中有一部分指标能够体现科研价值对教学价值的辐射作

用。比如在 QS 世界大学排名中,雇主评价反映毕业学生的质量与教师的科研水平和学校的科研育人机制有着密切的关系等。其他多项指标都可以反映科研价值对教学价值的促进作用。在对社会服务的辐射方面,大学排名中的社会服务指标充分反映了科研价值对社会服务的支持作用。在泰晤士世界高等教育排名中,行业收入 2.5% 指标反映企业在多大程度上愿意支付大学的研究和大学在商业市场上吸引资金的能力,该指标反映的是大学科研对经济发展的促进作用,与大学帮助行业进行创新的能力密切相关。

从科研价值在各大学排名评价指标体系中的权重来看,科研价值在大学价值中占有绝对重要的比重,甚至超过了教学价值的比重。因此,科研价值是评价一所大学价值高低最重要的方面。

三、获取科研价值增值

(一) 大学内部支持活动的支持

从大学价值链角度看,科研活动是大学的基本活动。基本活动产出价值取决于两个方面:一是投入的多少,即科研经费和科研人员投入的多少,其中科研经费是财政资金和非财政资金的总和;二是生产效率,即科研效率的高低,科研活动的效率高,则产出的科研成果多,科研活动的效率低,则产出的科研成果少。而基本活动的生产效率由支持活动决定,大学的支持活动包括人力资源管理,基建、资产、设备管理,后勤服务,信息系统管理,财务管理和其他支持活动。

首先,科研价值的获得离不开有效的人事管理,人事管理在整个价值链中起着支持作用,因此大学必须强化和改进人事管理。[①] 其次,近年来国家加大了对科研资金的投入力度,大量科研资金的投入必然需要有效的科研管理活动。高等院校科研资源是否能够实现优化配置对国家整体创新实力的

---

① 梁小红. 基于价值链的高校财务管理研究[J]. 东岳论丛, 2011, 32 (01): 143 – 145.

提升具有重要影响。① 财务管理是增加大学科研活动价值最重要的支持活动之一。

除人力资源管理活动和财务管理活动外，其他支持活动的管理对科研价值的提升也发挥着重要作用。如基建、资产、设备管理活动对大学科研活动具有支持作用，需要加强科研设备的管理，提高科研设备的使用效率。② 后勤是大学正常运行的前提条件和基本保障，大学办学离不开后勤服务，后勤服务始终要围绕并服从于大学人才培养、科学研究等中心任务。③

（二）教学活动的支持

大学科研价值的获得离不开教学活动的支持。洪堡时期，柏林大学将科研正式纳入大学职能，并明确提出"科研与教学相统一的原则"。刘在洲、张云婷认为，大学科研活动在重视自然和社会科学研究的同时，要注重教学研究。④

教学对科研的支持作用可以从以下几个方面理解。其一，教学是教师和学生之间的一种双边活动，教师的教和学生的学之间存在"教学相长"的过程。其二，在高等学校的课程中有意安排不同学科的共同教学，常常会产生出新的交叉学科或为产生出新的交叉学科提供条件。其三，教学实际上是在为各种层次、各种水平、各种形式的科研培养相应的后备军。⑤ 综上所述，教学活动对科研活动是具有支持作用的。

---

① 李修全，王瀚慧，宋卫国. 高校科研中的结构同质化现象及原因分析[J].中国科技论坛,2016(01)：17 – 20.

② 参见：曹青林. 基于 TOC 理论的高校科研管理流程优化研究[J]. 科技进步与对策,2012,29(14)：150 – 153. 严书婷. 高校建设科研质量管理体系的实践及研究[J].中国科技信息,2012(12)：237 – 238.

③ 刘海. 高校后勤生态管理的基本内涵及内蕴价值——基于高校绿色发展的视角[J],黑龙江高教研究,2012,30(02)：53 – 55.

④ 刘在洲,张云婷. 高校科研质量评价价值取向的反思与重构[J]. 科技进步与对策,2015,32(04)：100 – 103.

⑤ 王伟廉. 试论高校教学对科研的促进作用[J]. 高等教育研究,2001(01)：49 – 52.

（三）社会支持

科研价值的获得离不开社会层面的支持。国家投入资金变量和企业资助对大学发表论文数量、课题立项数量和科研价值提高都有显著的正向影响。①

政府实施的科技政策和投入的科研经费对大学科研活动的价值有重要的影响。系统而协调的科技政策可以在一定时期内集中有限的资源，支持一些关键领域内的研究及开发，取得推动国民经济发展的效果。科学研究需要大量的资金投入，财政投入对大学科研产出有显著的积极影响。

四、科研价值的增值

科研活动是大学一项重要的基本活动，该活动在大学内部各项活动及社会环境的多方支持下顺利展开，动态发展，并在动态发展过程中不断实现其价值增值。科研的价值增值具体体现在两个方面：一是社会进步对大学的科研活动提出更高要求，社会环境对科研价值的认可是动态的、不断变化的，社会环境的新要求推动科研价值的不断提升；二是大学的科研活动不断调整以适应社会环境的要求，大学为满足要求、为社会服务，不断地调整科研活动，从而实现科研活动的价值增值，同时可以促进社会的进步。也就是说，大学科研活动在与外部环境的互动过程中实现其动态的价值增值，如图4-5所示。

（一）社会环境对科研活动的需求变化

科研价值具有动态性，随着环境对大学科研价值需求的变化而变化，如图4-5所示。外部环境对大学科研价值的需求可以分为政治、经济、文化三个方面。

① 参见：中央财经大学课题组，周宏，林晚发，等. 国家财政投入对科研产出的影响[J]. 统计研究，2013，30（08）：111-112. 李平，刘利利. 外部资助是否提升了中国高校科研效率[J]. 科技进步与对策，2015，32（18）：10-16.

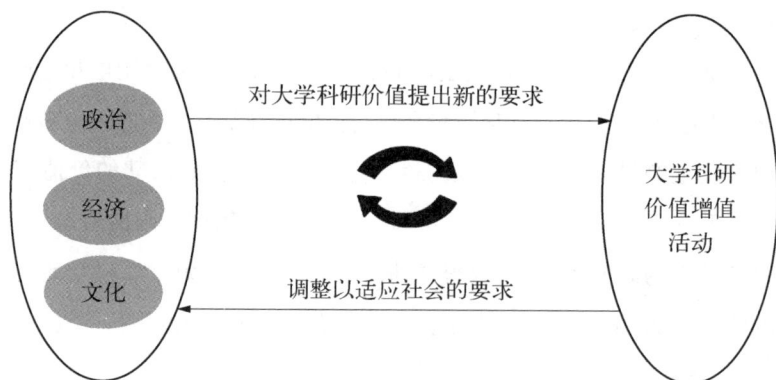

图 4 - 5　大学科研价值增值活动与外部环境的互动关系图

在政治方面,科学研究作为大学的价值功能之一,经历了一个曲折的被认可的过程。1978 年之后科学研究才被正式确认为高等学校的基本任务之一,表 4 - 5 显示了政策对大学科学研究任务的定位变化。① 2017 年 10 月 18 日,习近平同志在十九大报告中指出,瞄准世界科技前沿,强化基础研究,实现前瞻性基础研究、引领性原创成果重大突破。加强国家创新体系建设,强化战略科技力量。深化科技体制改革,建立以企业为主体、市场为导向、产学研深度融合的技术创新体系。科学研究在大学工作中的地位进一步加强。经济方面,知识和科技与经济发展的联系更加密切,如何根据社会经济发展需求提高科研产出的数量和质量是我国大学科研工作当前面临的重要问题。② 文化方面,文化创意产业逐渐成为世界上许多国家经济活动的核心。③ 2009 年,国务院发布《文化产业振兴规划》,首次明确提出将文化产业建设成为国民经济支柱性行业。文化产业的发挥离不开创造性的人才和高

---

① 赵义华. 我国高校定位政策的变迁及其动力[J]. 国家教育行政学院学报,2012 (03):25 - 30.

② 参见:张森. 论高校科研的价值[J]. 当代教育科学,2011(01):61 - 62. 李森. 论教育科研的价值取向及选择[J]. 教育研究,2008(12):27 - 29. 吴杨,何光荣,何晋秋. 高校科研投入与产出的相关性分析:1991—2008[J]. 清华大学教育研究,2011, 32(04):104 - 112.

③ 深圳文化创意产业振兴发展规划[N]. 深圳特区报,2011 - 10 - 15(A05).

科技的支持,这些资源正是大学所拥有的。大学融入文化创意产业有利于大学教学科研与地方经济协同发展。

表 4-5　政策对大学科学研究任务的定位变化

发布年份	政　　策	对科研功能的表述
1950 年	《高等学校暂行规程》	明确规定高等学校的四大具体任务,即进行革命的政治及思想教育,通过教学培养国家建设人才,进行科学研究以及普及和传播各类知识成果。
1953 年	高等教育部召开全国综合大学会议	综合大学虽主要是高等教育机构,但同时也是科学研究机构。
1961 年	《教育部直属高等学校暂行工作条例(草案)》	高等学校必须以教学为主……高等学校应该积极地开展科学研究工作,以促进教学质量和学术水平的提高。
1963 年	《教育部直属高等学校自然科学研究工作暂行简则(草案)》	科学研究工作是高等学校的一项重要任务。高等学校应该在教学为主的前提下,积极开展科学研究工作以促进学术水平和教学质量的提高,并为发展国家的科学技术事业作出贡献。
1978 年	《全国重点高等学校暂行工作条例(试行草案)》	高等学校是科学研究的一个重要方面军,要增加科学研究的比重,认真搞好科学研究,建设成为既是教育中心,又是科学研究中心。
1985 年	《中共中央关于教育体制改革的决定》	使高等学校在发展科学技术方面作出更大贡献……重点学科比较集中的学校,将自然办成既是教育中心,又是科学研究中心。
1993 年	《中国教育改革和发展纲要》	高等教育担负着培养高级专门人才、发展科学技术文化和促进现代化建设的重大任务。
2010 年	《国家中长期教育改革和发展规划纲要(2010—2020 年)》	提高质量是高等教育发展的核心任务……到2020 年……人才培养、科学研究和社会服务整体水平全面提升,建成一批国际知名、有特色、高水平的高等学校。
2017 年	《国务院关于印发国家教育事业发展"十三五"规划的通知》	注重凭能力、实绩和贡献评价人才……引导大学教师潜心教书育人,围绕国家战略需求开展科学研究。

（二）大学科研活动对环境的调整适应

科研体制的变迁过程体现了科研活动对环境的适应调整过程。在改革开放以前及初期,我国大学科研运行体制是:学校采用集中管理方式。"七五"期间,特别是党的十二大提出全面开创社会主义现代化建设新局面之后,很多大学先后把科研的部分管理权下放给院系一级,科研活动有了一定的活力,大学的科研经费和科技成果有较大幅度的增长。进入"八五"时期,各大学面对激烈的竞争形势,为了提高科技人员的积极性,对科技奖励的派生待遇不断加强,晋升职称、福利待遇、后勤保障等与科技奖励名次紧密挂钩。党的十四大确定我国建立社会主义市场经济体制,大学普遍开始研究科技工作如何适应社会主义市场经济体制的问题,在科研运行体制方面进行了更深入的改革。①

从外部环境与大学科研活动的互动发展过程可以看出,大学在积极适应社会需求变化的过程中,逐步释放了活力,提高了科研能力,大学的科研活动就是在这个交互过程中逐渐实现了价值增值。一方面,社会进步对大学提出更高要求,社会环境对科研价值的认可是动态的、不断变化的;另一方面,大学为满足要求、为社会服务,不断地调整科研活动,从而实现了科研活动的价值增值。

第四节　大学社会服务的价值

一、服务价值的特点

大学社会服务是大学凭借自身的知识、智力等学术优势从事的满足社会

---

① 工炎坤. 我国高校科研运行体制的变化及分析[J]. 高等教育研究,1995(02):72 - 75.

发展各种需求的系列活动。习近平总书记对建设教育强国、实现高等教育内涵式发展的深刻阐述,对大学扎根中国大地、服务社会发展,具有很强的指导价值和激励作用。作为社会的一个重要组成部分,大学承担着特定的职责和任务,推动着人类社会的文明与进步。现代大学承担着人才培养、科学研究和社会服务三大职能。国内外学术界关于大学"社会服务"的表述多种多样,但大家普遍赞同社会服务为大学的三大基本职能之一。从广义上讲,社会服务包括人才培养和科学研究,但从狭义上来说,它更多的是指大学在发挥教学和科学研究职能的基础上,利用自身所具有的智力优势,根据社会发展需要,直接参与服务社会的活动,既包括服务于社会的经济增长,也包括服务于政治建设、文化建设和社会建设。

(一) 社会服务的经济性

大学在向社会提供优质服务中获得自己所期盼的利益和资源,服务越多,自己换回的资源也越多。这在一定程度上体现了大学社会服务的经济性。杰弗里·佩弗尔(Jeffrey Pfeffer)与杰拉尔德·萨兰奇克(Gerald Salancik)提出的资源依赖理论提出,作为一个开放的系统,所有组织都不得不与外部环境进行资源交换。大学的自利性和市场的逻辑性客观地引导着大学为社会服务。大学在为社会提供服务的同时,获得了更多的社会资源和社会支持,有效改善人才培养和科学研究的条件,"反哺"人才培养和科学研究。任何单向没有利益驱动和维系的大学社会服务是反市场逻辑的,也是注定不会持久的。①

(二) 社会服务的内在性

知识经济时代,现代大学已从社会发展的"助推器"转变为经济与社会

---

① 参见: 杨德广. 试论现代大学的性质和功能[J]. 高等教育研究,2001(01): 29 - 34. 王旭东,李玉珠. 大学社会服务职能分析[J]. 国家教育行政学院学报,2014(11): 33 - 36. 钱志刚,刘慧. 论大学社会服务的理论基础[J]. 教育探索,2015(12): 66 - 69.

发展的"发动机",其社会服务职能的重要性愈发凸显,即大学提供社会服务是其内在属性。社会服务是大学的内在属性,是基于教学和科研基础上的内在价值实现,大学提供直接的服务,直接满足人的生存与发展需要。同时,大学社会服务并非无节制的,大学必须在为与不为之间合理取舍,尊重大学精神,符合大学内在逻辑。①

(三)社会服务的知识性

周光迅认为,知识经济时代要求大学必须生产出科学思想,创新观念与逻辑思维的思想等。大学孕育新思想对社会产生的影响远比其他功能更重要。② 丁亚金认为,社会服务职能应该是人才培养职能和科学研究职能的合理延伸。大学提供的社会服务必须是学术性的,要以"高深学问"为基础,体现教育内涵,并通过大学所特有的方式与途径来实现。这是大学与其他社会组织为社会服务的本质区别。③ 曹洪军、邹放鸣认为,大学只有制造出创新的思想观念,才能培养出创新的人才,而只有创新型人才才能够运用新思想去进行文化创新、制度创新和技术创新,从而推动社会政治、经济与文化等各个领域的发展,进而更好地实现其服务社会的功能。④

二、社会服务价值的体现

上文提到的广义社会服务指的是社会服务的价值是通过人才培养和科学研究的职能体现出来的。大学在人才培养和科学研究的基础之上,将科研成果、培养人才与社会需求有效地结合,实现大学培养的人才和研究成果直

---

① 张继明. 大学社会服务职能的理性审思[J]. 江苏大学学报(社会科学版),2015,17(05):88-92.
② 周光迅. 高等教育功能创新论[J]. 教育发展研究,2004(12):109-112.
③ 丁亚金. 现代大学社会服务职能的反思[J]. 教育发展研究,2008(Z3):73-76.
④ 曹洪军,邹放鸣. 对中国大学社会服务功能的反思[J]. 现代教育管理,2010(02):16-18.

接转化为服务社会的价值,推动经济社会的发展。人才培养、科学研究和社会服务作为大学的三项职能,从根本上讲是统一的。科学研究是学术活动的直接体现,而人才培养是传播、应用和传承科学研究成果的实践活动,社会服务则是学术成果的应用化和人才培养的实用化行为,它们共同构成一个有机整体。同时,大学的社会服务必须以人才培养和科学研究为前提、为基础。①提出基于教学和科研的社会服务,与社会需求对接融合后,实际是一个系统工程,主要表现包括四个方面:一是促进产学研相结合;二是加快科研成果转化;三是积极投身社会实践;四是思想引领经济社会发展。②

(一) 促进产学研相结合

产学研合作是指企业与大学(或科研机构)为实现自身利益,以实现技术创新和科技成果转化为目标的一种合作方式。产学研合作从企业需求的角度出发,经过大学或科研机构的开发和创新,再通过企业的营销手段和市场的检验,最终实现科技创新和科技成果转化的目标。

随着经济的快速发展,大学和企业的边界变得越来越模糊了,彼此渗入到对方的传统领地。我国大学孵化了一批著名高科技企业,对提升我国的自主创新能力,推动从"中国制造"走向"中国创造"做出了重要贡献。产学研合作是实现国家和区域的科技、教育和产业资源高度整合,既能发挥高等学校的学科优势,又能充分利用当地的资源,体现其社会服务价值的基础路径。我国应推动产学研结合,加强科研成果转化。③

---

① 参见:丁亚金. 现代大学社会服务职能的反思[J]. 教育发展研究,2008(Z3):73-76. 曹洪军,邹放鸣. 对中国大学社会服务功能的反思[J]. 现代教育管理,2010(02):16-18.

② 李殿仁. 高校服务社会的四个着力点[J]. 中国高等教育,2011(18):64.

③ 参见:严会超,邵玉昆. 产学研合作推动高校服务社会主义新农村建设[J]. 科技管理研究,2010,30(06):111-113. 刘长颖,傅利斌,章国泉. 论高校服务社会的功能拓展[J]. 中国高校科技,2012(11):28-30. 余晓,郑素丽,吴伟. 地方高校合作专利发展特征及其优势学科的契合度研究——基于产学研协同的视角[J]. 高等工程教育研究,2016(01):76-81.

（二）加快科研成果转化

大学要从经院式的科研思维中解脱出来，紧紧围绕经济建设中的难点热点，围绕人民关注的生产生活问题，围绕企业发展的瓶颈难题，加大应用技术研究，加快实现科研成果转化，切实为经济社会发展提供科技支撑。大学需要提升科研成果转化的能力，解决教育与科研分离、产学研脱节的状况，使学校形成教学、科研和科技有机结合的格局，提升社会生产力，实现大学服务社会的价值。①

为加快科研成果转化，国家还从体制、机制、政策等方面，对促进科技与经济的紧密结合做出规定。《中共中央、国务院关于加强技术创新发展高科技实现产业化的决定》指出，加强企业与高等学校、科研机构的联合协作，实行财税扶持政策。该决定鼓励发展大学科技中介服务机构，引导各种技术创新服务机构、技术评估机构以及技术统计机构等中介机构，为加速科技成果的转让提供良好的服务。

（三）积极投身社会实践

要向实践学习，向广大人民群众学习，在基层一线经受锻炼，在实践中砥砺品质、锤炼作风、积累经验、增长才干，提高服务经济社会发展的本领。大学社会实践是指按照社会要求，以教育、培养大学生为经济建设和社会发展服务为目的的实践环节和活动。社会实践在高等教育中具有重要的地位和作用，大学生的社会实践是实现大学培养目标的重要保证。社会实践以社会效益、教育效益为基本目标，大学社会实践服务能为地方经济建设提供决策参考。②

---

① 参见：范立双. 高校科研成果转化存在的问题及对策分析[J]. 中国高等教育，2007（Z1）：54－56. 冯海燕. 高校与企业产学研合作机制创新研究[J]. 中国高教研究，2014（08）：74－78. 颜军梅. 高校产学研协同创新模式分类及实现路径研究[J]. 科技进步与对策，2014，31（18）：27－31.

② 参见：王秀成. 高校社会实践要符合教育规律与价值规律的有机统一[J]. 山东省青年管理干部学院学报，2005（01）：73－75. 徐元俊. 协同创新：提高地方高校社会服务能力[J]. 科学管理研究，2013，31（03）：30－33.

在我国,社会实践已列入《中华人民共和国教育法》。教育法规定:"教育必须为社会现代化建设服务,必须与生产劳动相结合。""国家机关、军队、企业事业组织及其他社会组织应当为学校组织的学生实习、社会实践活动提供帮助和便利。"在美国,州立大学从建立之时起,就强调实用性人才的培养。到 1904 年形成了著名的"威斯康星计划",开展多种活动。这些活动对近现代大学服务社会的内容与形式产生了重大影响。① 于 20 世纪下半叶在美国兴起的服务—学习教学理念,将课程学习与社区服务结合起来,有助于参与者学业和社会技能的发展。1990 年美国出台的《国家和社区服务法案》鼓励推广服务—学习法,鼓励学生积极主动参与社区服务。②

(四) 思想引领经济社会发展

大学引领服务社会除了靠人才和成果,还要靠思想,尤其是原创的思想来引领经济社会发展。一方面,为政府、社会提供决策咨询,出主意、想办法、给思路;另一方面,给社会纠偏,展现出"大学是社会的良心所在"。

大学是传播文化、创新文化、引领文化的重要阵地,也是传播科学精神、科学道德和文化建设的主要阵地,师生要把自身的先进文化文明通过社会服务向校外传播,保证文化的跟进。③

为促进大学先进思想与文化更好地服务社会,政府可以搭建服务平台,拓展大学服务社会的运作空间。大学应当为所在社区、城区乃至全市市民免费提供高品质的教育资源。大学逐渐开放其丰富齐全的图书馆、实验室、校

---

① 官瑞娜,李峰. 关于地方高校服务社会职能的探讨[J]. 中国高校科技与产业化,2009(12):60-61.

② 李福春,李良方. 美国高校服务-学习:审视与反思[J]. 中国高教研究,2013(05):43-49.

③ 参见:刘长颖,傅利斌,章国泉. 论高校服务社会的功能拓展[J]. 中国高校科技,2012(11):28-30. 杨德山. 地方高校服务地方的路径探析[J]. 中国高校科技与产业化,2010(07):48-50. 许青山. 地方高校如何服务于地方经济与社会发展的实践与思考[J]. 高等农业教育,2010(07):6-10. 盛国军. 高校社会服务职能评价体系研究[J]. 黑龙江高教研究,2012,30(02):49-52.

史馆和博物馆等教育资源,可以有力地促进学习型社区和学习型城市的形成,帮助政府和社会文化教育管理机构建立健全满足社区公民继续教育设施和条件,促进学习型社会的建立。

三、社会服务价值的增值

随着社会的不断进步,社会环境的变化对大学不断提出新的需求,大学社会服务的具体内容也不断调整,以适应、促进社会的发展,从而实现社会服务价值的增值。

(一) 社会环境对社会服务的需求变化

眭依凡、汤谦凡指出,大学的社会服务职能形成于 19 世界下半叶的美国高等教育,强调大学作为教学和科研组织直接为社会所做的贡献。[①] 对于我国大学来说,"文化大革命"后,社会服务功能重新起步,此时社会对大学最迫切的需求就是培养适应社会主义现代化建设需要的人才,以经济建设为中心的社会环境为大学的社会服务指明了方向。

1985 年颁布《中共中央关于教育体制改革的决定》,社会环境对大学社会服务职能提出了新要求。1993 年颁布的《中国教育改革和发展纲要》指出,在新的形势下,教育工作的任务是以建设有中国特色的社会主义理论为指导,培养大批人才,更好地为社会主义现代化建设服务。1995 年出台《关于深化高等教育体制改革的若干意见》,明确提出要拓宽大学的服务面向,积极开展合作办学等。1998 年,《关于加强高等学校为经济社会发展服务的意见》指出,大学把经济、社会发展需求作为人才培养和科技工作的基本出发点。1998 年《面向 21 世纪教育振兴行动计划》出台,对高等教育从多维度、多方面提出了新的需求。《国家中长期教育改革和发展规划纲要(2010—

---

① 　眭依凡,汤谦凡. 我国高校社会服务 30 年发展实践研究[J]. 中国高教研究,2008 (11): 18 - 22.

2020年)》第二十一条提出,大学要增强社会服务能力,树立主动为社会服务的意识,全方位开展服务。

大学是依托于社会而存在的,社会环境的变化不断为大学社会服务职能提出新要求,在不同时期、不同体制下,大学面对着不同的社会环境,而正是随着国民经济的快速增长、社会的整体转型,高等教育迅速发展,其社会服务的价值也不断增值。

（二）大学社会服务对环境的调整适应

大学的社会服务从根本上揭示了大学经历时代变迁和制度更迭后依然能够持续存在和发展的根本原因,即不断地服务和满足社会发展的需要。社会的不断发展、社会环境的不断变化对大学社会服务职能不断提出新要求,而大学自身为了应对新需求,其社会服务职能的内容、形式等也随之进行调整,积极适应社会环境的变化,更好地服务社会,从而实现其社会服务价值的增值。面对教育和科技体制改革,大学的科学研究也从社会需要的角度出发,大学科研已经成为国家科技体系中的重要组成部分,对国民经济的发展起到重要的促进作用。面对经济发展的社会需求,我国大学逐步建立起教学、科研、生产结合的模式,在为大学提供收入、促进科技成果转化的同时,服务了社会,促进了地区经济繁荣。此外,大学利用自身优势,开展多种多样的技术咨询、人才培训、志愿服务、文化传承、思想建设等多种活动,均是大学社会服务职能不断适应社会环境发展变化的体现。

社会的进步与大学的发展是紧密联合的,社会的发展、环境的变化使得大学面临着新的要求与挑战,大学自身积极调整,应对变化,更好地服务社会,从而实现了其社会服务价值的增值。

第五章　大学治理、财务管理与价值增值的关系

第一节　大学治理与价值增值

一、内部治理与价值增值

大学的有效治理表现为形式有效性和实质有效性两个维度：形式有效性是指以参与原则判断大学权力配置是否满足利益相关者的民主诉求；实质有效性是指以效率原则鉴别大学内外部治理结构和议事决策程序是否有利于大学达成其使命——追求学术真理和公共利益。① 大学通过构建学术权力与行政权力相互制衡的大学内部治理模式，加强内部活动和社会的有效性，从而作用于教学、科研与社会服务的价值增值。

（一）内部治理与教学

学术权力和行政权力的冲突推动着大学的发展，影响着大学自身的定位、学科的发展、课程的设置、教学质量的评估、教师的评聘等具体方面。② 《国家中长期教育改革和发展规划纲要（2010—2020 年）》着重强调要"充分

---

① 朱家德. 大学有效治理：西方经验及其启示［J］. 高等教育研究，2013，34（06）：29－37.

② 丁忠海. 合法性与再生产：大学学术权力与行政权力博弈反思——布迪厄场域的视角［J］. 现代大学教育，2009（05）：7－10+57+112.

发挥学术委员会在学科建设、学术评价、学术发展中的重要作用,探索教授治学的有效途径,充分发挥教授在教学、学术研究和学校管理中的作用",从而平衡学术权力与行政权力,实现学术本位。①

　　建立学术权力主导的运行机制,有利于推动大学内部支持活动的人力资源管理的实质有效性,从而促进教学价值的增值。李立国指出,大学的组织特性和知识生产与传播的特点决定了教师是大学治理主体,大学治理应该依靠教师。② 大学治理的关键问题是如何对教师选任、激励和监督的制度安排。如何选聘优秀教师,如何建立教师退出机制,如何激励教师努力工作,如何保障教师的学术生产力,一直是现代大学治理面临的核心命题,要真正推进教师人事制度改革,推进治理变革,就必须遵循大学作为学术共同体的特征,建立"学术本位"的价值规范,在学术事务和学术、学生、教师相关的事务上确立起学术权力主导的运行机制,建立以学术委员会为载体的学术权力组织系统,使教授治学落在实处。

(二) 内部治理与科研

　　大学的内部治理,在一定程度上,就是学术权力与行政权力的博弈。在这个过程中,学术权力鲜有制胜。而大学治理的基础是大学自治,大学自治有利于学术自由的发展,社会、大学的发展有利于对政府形成制衡状态,从而为大学创造宽松的学术环境,促进学术自身的成长与发展。③ 好的学术环境有利于大学的科研创新,从而实现价值增值。

　　改革大学内部管理体制,建立一个在学术事务上有决策权的教授委员会,④

---

①　李海萍. 高校学术权力运行现状的实证研究[J]. 教育研究,2011,32(10):49-53.

②　李立国. 大学治理的转型与现代化[J]. 大学教育科学,2016(01):24-40+124.

③　孟亚歌,李化树. 关于大学治理现代化的思考与建议[J]. 四川文理学院学报,2015,25(03):121-124.

④　赖雄麟,张苑. 论"教授委员会"在现代大学治理中的性质与功能[J]. 煤炭高等教育,2008(04):17-19.

充分发挥教授们的主动性和积极性,设立教授委员会这样一个体现"教授治学"本质的实际载体,不仅要求体制上要保障教授参与学校管理,更为根本的是,要保障教授在教学和科研上的自主权,使他们充分发挥主动性、积极性和创造性,通过教学与科研的创新以满足学生、学科和社会的多样化要求。① 李清贤、曲绍卫、齐书宇的研究表明,高校管理机制的变革是教师科技创新生产纯技术效率与规模效率提高的主要动力,增加高校教师科技创新投入、建立高校教师资源配置新机制、改善教师科技创新环境及管理水平等途径,可以激发高校教师的科技创新能力。② 张海滨提出,大学内部治理改革的目标是为提高大学办学质量提供高效率的治理结构和制度安排。在推进人事制度改革,促进办学功能协调发展时,可以探索建立服务社会的科研岗位,调动科研人员投身经济社会发展的积极性,提高高校科技成果转化率和对经济社会发展的贡献率。③

(三) 内部治理与社会服务

在现代,大学逐渐从社会边缘走向社会中心,成为社会的一个重要组成部分,它不仅要遵循大学内在的发展逻辑,而且要遵循高等教育的外部关系规律。④ 以追求效率、强化管理为目标的"科层制"行政机构及其权力体系逐渐在崇尚自由、独立的大学中扎根立足。对行政权力构成挑战的,恰恰是学术权力孕育出的自由、放任、自我等自由主义和理想主义言行。所以,为了更好地服务于社会,提高大学的办学效能,科层化管理所奉行的目标清晰、

---

① 李瑞丽. 制度创新助推大学科研创新:创业型大学的启示[J]. 江苏高教,2014(01):98-99.

② 李清贤,曲绍卫,齐书宇. 教育部直属高校教师科技创新效率研究——基于2007—2011年 Malmquist 指数法的动态分析[J]. 高等工程教育研究,2014(03):167-171.

③ 张海滨. 激励相容视角下的大学内部治理[J],教育发展研究,2012,32(01):75-79.

④ 司群英. 追寻大学精神:学术权力视域下的高校管理反思[J]. 扬州大学学报(高教研究版),2010,14(05):17-19.

组织规范、管理有序、赏罚分明等行政性要素成为大学建设的必需,大学教师在从事学术研究、教育教学的同时,也是被管理的对象。学术权力与行政权力存在合法性之争,追求效率的行政权力能够更好地有助于社会服务价值的实现。

合理分配大学内部治理权力,能够保证治理决策科学化而促进社会服务价值的增值。高等教育评价中存在多元价值、多元评价主体和多元评价客体,其将高等教育的价值分为社会价值和个人价值。国家(政府)和社会对高等教育的需要体现为高等教育的社会价值。① 宋媛指出,高等学校,特别是研究型大学作为创新活动的主要机构,被寄予更多的社会责任和期待,其服务社会功能的要求被进一步深化。② 制度的缺失会导致学术生态的失衡,玷污大学的声誉,严重影响到大学服务社会功能的发挥。因此,现代大学制度的建立成为大学走向社会的核心,以学术性为核心的大学属性和多元利益相关的特点使大学治理成为必要。张海滨提出,完善的大学内部治理为提高大学办学质量提供高效率的治理结构和制度安排,调动科研人员投身经济社会发展的积极性,提高高校科技成果转化率和对经济社会发展的贡献率。③

二、外部治理与价值增值

根据利益相关者理论,大学外部治理的利益相关者主要是政府和社会,同时,随着社会发展对高校要求的不断提高以及高校为满足要求、为社会服务,自身不断积极主动调整,高校不断实现教学活动、科研活动以及社会服务的价值增值。

---

① 李卫东. 高等教育价值与评价多元化分析[J]. 江苏高教,2008(02):9-12.
② 宋媛. "学术创业"与"学术生态"建设——基于深化我国研究型大学服务社会功能的视阈[J]. 新疆大学学报(哲学·人文社会科学版),2010,38(04):35-38.
③ 张海滨. 激励相容视角下的大学内部治理[J]. 教育发展研究,2012,32(01):75-79.

大学外部治理主要途径是外部监督,包括政府监督和社会监督等。① 大学外部监督的结果是信息公开。在现代大学治理框架下,高校信息公开制度的建设为大学外部监督的实施创造了有利条件。② 徐敏认为,信息公开于现代大学制度建设的外部效应体现在:有益于高校与社会的有效联系,有益于高校问责制的建立,有益于教育国际化的推进。内部效应体现在:实现民主管理,推进去行政化,反腐倡廉,提高办学效益,增强软实力。③ 所以说,大学外部治理需要通过信息公开制度的建立与完善对高校各项活动进行监督。

大学外部治理以外部监督机制为依托,作用于教学、科研、社会服务三方面,从而提高大学价值。

(一)外部治理与教学

外部治理与教学之间有着密不可分的关系,外部治理既通过对教学质量的监督评估机制提升高校教学的价值,又通过对高校内部支持活动的监督,提高支持活动的运行效率来促进教学价值升值。

一方面,社会和政府对高校教学质量的监督评价,在一定程度上促进大学教学质量的提升。高校教学评估是我国高等教育的一项重要政策,《中华人民共和国高等教育法》明确规定:"高等学校的办学水平、教育质量,接受教育行政部门的监督和由其组织的评估。"高庆蓬认为,我国高等教育体制正向着政府宏观管理、社会广泛参与、学校面向社会自主办学的方向发展,与之相适应,逐步建立由政府、中介组织、高校和学生为主体的新型评估体系。④

---

① 参见:舒婷玮. 高校行政化倾向下权力监督机制构建研究[J]. 煤炭高等教育,2010,28(04):50-52. 胡建华. 由"国家控制的模式"向"国家监督的模式"转变——大学与政府关系发展的基本走向[J]. 复旦教育论坛,2003(06):3-5+17. 严瑛. 高校监督系统的构建[D]. 南京师范大学,2006.

② 马海群. 逐步推进高校信息公开制度的构建与实施[J]. 图书馆论坛,2011,31(06):289-292.

③ 徐敏. 高校信息公开与现代大学制度建设[J]. 江苏高教,2011(01):43-45.

④ 高庆蓬. 高校本科教学评估主体的缺陷及优化[J]. 国家教育行政学院学报,2009(11):28-31.

另一方面,大学外部治理通过提高高校内部支持活动的运行效率,提高教学价值增值。叶柏森、戴世勇和陶春明指出,高校后勤工作涵盖范围广,具有资金密集、利益驱动大、角逐激烈、监管难度大等特征,需要将教育、制度、监督和惩处有机结合在一起,提高后勤工作效率,从而发挥好支持活动对教学价值的支持作用。① 2010年5月11日,教育部政务公开办公室负责人在答记者问时指出,只有让高校在基建、采购、招生等重点领域切实做到信息公开,才能提高高校工作透明度,形成有效的内部监控和有力的社会监督,才能提高高校各项工作的运行效率。②

为了增强办学效率,提高教学质量,实现教学价值增值,政府和社会必须加强外部治理,通过政府监督和社会监督,一方面完善教学质量评估机制,提高教学质量,另一方面,通过对支持活动事前、事中、事后的动态监督,提高支持活动,尤其是财务管理活动的运行效率,从而提高支持活动对教学的支持作用,提高教学价值增值。

(二) 外部治理与科研

外部治理与科研的关系主要表现在两个方面:

一方面,社会和政府通过加大对科研经费使用的监督,提高科研经费使用效率。高校科研经费的主要来源是政府财政拨款,所以高校科研经费的使用和管理是受政府监管的,高校的科研成果要接受政府和社会的检验。对高校科研经费监管工作情况,教育部、财政部2005年发布的《关于进一步加强高校科研经费管理的若干意见》给出了指导意见。

在科研经费的使用过程中进行审计监督,充分发挥各级审计部门的作用。从经济性、效率性和效益性的角度对科研经费从立项到结题的全过程进行科学、客观的评价,对科研经费的使用提出建设性的意见或建

---

① 叶柏森,戴世勇,陶春明. 构建高校后勤廉政风险防控机制探析[J]. 江苏高教,2015(03):58-60.

② 教育部政务公开办公室负责人就发布《高等学校信息公开办法》答记者问[EB/OL].(2010-05-11). http://www.law-lib.com/fzdt/newshtml/21/2010051114044.

议①,国家审计机关和项目管理部门不定期地对高校科研经费的管理规定及经费收支情况进行检查监督,尤其是纵向科研项目经费,发现问题会责令学校纠正。

另一方面,社会和政府通过对科研活动过程和成果的监督和检验,提高科研成果质量。高校科研的开展和成果也是受政府和社会检验的,合理外部主体(社会和政府)监督能够有效地提高科研产出的质量,成效显著。科研经费的合理使用和科学管理是科研项目顺利进行的重要保障,对科研经费进行科学管理,不仅能够提高资金的使用效率,而且能够提升科研人员的积极性。科技创新因素决定着校企合作向纵深方向发展,高校专业技术水平越高,研发能力越强,越会受到企业的吸引和追捧,校企合作的长效机制才能建立得更持久。而政府是建立校企合作长效机制必不可少的一方,政府可运用掌握的政策资源对合作中的学校和企业进行有效的监督评价,从而使得合作能够长盛不衰。② 要产出高水平的科研成果,除了高校内部的相关单位的监管,高校外部项目审批部门对项目实施监督也同样重要。③

所以,外部主体通过对高校科研经费的监督以及科研过程和成果的检验,从不同方面提高了高校科研的效率和高校科研成果的质量,提高科研价值。

(三) 外部治理与社会服务

根据第四章所提到的,高校作为一个具有公共属性的多利益相关者的主体,社会服务是其本质的体现,也是一项复杂浩大的工程。人才培养、科

---

① 孙守宇. 高校科研经费管理问题探析及对策研究[J]. 教育财会研究,2010,21(03):50-52.

② 李铁. 校企合作与专业实习基地建设的长效机制研究[J]. 理论月刊,2015(01):117-121+138.

③ 王志刚,张晓妮,王国辉. 对提升高校科研管理水平的几点思考[J]. 农业科技管理,2013,32(01):66-68.

学研究和社会服务作为大学的三项职能,从根本上讲是统一的,方向是一致的。科学研究是学术活动的直接体现,而人才培养是传播、应用和传承科学研究成果的实践活动,社会服务则是学术成果的应用化和人才培养的实用化行为,它们共同构成一个有机整体,大学的社会服务必须以人才培养和科学研究为前提、为基础。大学靠什么服务社会? 主要靠人才资源和科研成果。只有人才培养质量提高了,科学研究水平提高了,大学服务社会的能力才能提高。①

故大学是在人才培养和科学研究的基础之上,将科研成果、培养人才与社会需求有效地结合,实现大学培养的人才和研究成果直接转化为服务社会的价值,推动经济社会的发展。我们认为,外部治理对高校社会服务职能的作用,主要体现在对教学与科研活动的提升,从而作用于高校的社会服务能力之上,实现社会服务的价值增值。

除此之外,外部治理通过提高社会公众治理大学的参与度,使大学各职能朝着社会需要的方向发展,从而提高社会服务价值。王敬波指出,建立以高校信息公开为平台和载体的高校外部监督机制,可以在扩大高校办学自主权的同时,提高大学管理的透明度,防止高校公权力在自主的名义下发生异化,提高办学效益,促进公共资源利用的最大化。② 不同利益相关者的价值诉求不同,必然存在分歧,恰是冲突和多元利益的体现,大学的治理结构必须有能力吸纳各种利益相关者的资源,形成共治体系。高校信息公开,尤其是高校决策信息公开,无疑会构建利益相关者共同参与大学治理的共治机制的重要突破口,从而使大学治理可以更多关注利益相关者的利益诉求,从而提高大学社会服务的能力。

---

① 参见:丁亚金. 现代大学社会服务职能的反思[J]. 教育发展研究,2008(Z3):73-76. 曹洪军,邹放鸣. 对中国大学社会服务功能的反思[J]. 现代教育管理,2010(02):16-18.

② 王敬波. 现代大学制度与高校信息公开的三维透视[J]. 中国高等教育,2015(24):24-27.

第二节　财务管理与价值增值

一、大学价值链

（一）价值链理论

价值链（Value Chain）的概念是迈克尔·波特（Michael E. Porter）在《竞争优势》（*Competitive Advantage*）一书中首次提出的。[①] 波特提出价值链理论的目的是运用价值链分析来获取企业的竞争优势。波特认为，把一个企业作为一个整体来看待是不能理解竞争优势的。竞争优势来自一个企业在设计、生产、销售、发送和辅助其产品的过程中所进行的许多互不联系的活动，这些活动中的每一项都有助于企业的竞争优势。因此波特提出用价值链作为分析评价企业竞争优势的一种新的战略工具。价值链理论认为，企业创造的价值产生于一系列的活动之中，如设计、采购、生产、销售、服务以及产品开发等。这些活动的有机联系，就形成了企业的价值链（如图 5-1 所示）。

价值链中的价值是客户对企业提供给它们的产品或服务所愿意支付的价格，由总收入来度量。总收入反映了企业产品所标定的价格和企业能够卖出该产品的数量。企业实现的总收入如果超过花费的总成本，就实现了盈利。波特认为，在分析竞争地位时，必须使用价值，而不是成本，因为企业常常故意提高成本以求通过树立别具一格的形象来博取溢价。价值链把总价值展开，它由价值活动和利润组成。价值活动是一个企业所进行的在物质形态上和技术上都界限分明的活动，这些是企业赖以创造出对客户有价值的产品的组成单位。利润是总价值和进行价值活动的成本总和之间的差。

波特在《竞争优势》中提出如下基本观点：（1）将企业作为一个整体来

---

① PORTER M E. Competitive advantage[M]. New York: Free Press, 1985: 11-15.

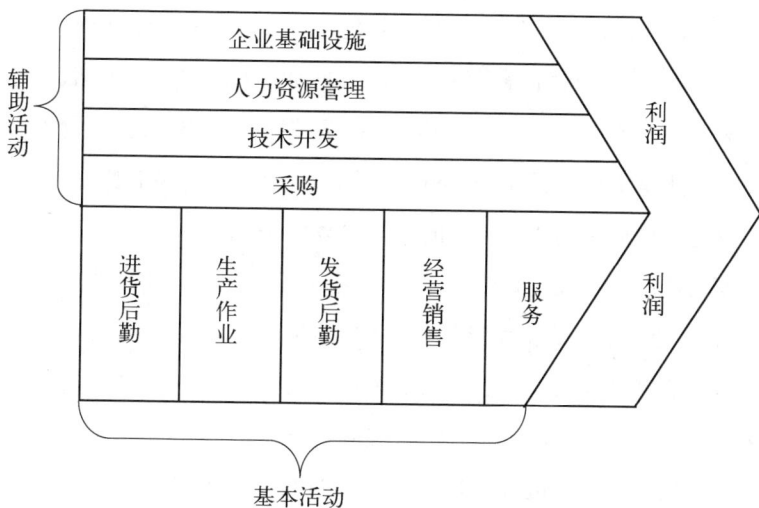

图 5－1　波特价值链

看,无法识别竞争优势。(2)竞争优势来源于企业的各种价值活动,价值活动中的每一种都对企业的相对成本地位有所贡献,并且奠定了标新立异的基础(竞争优势有两种:成本领先和差异化)。(3)在一个企业众多的"价值活动"中,并不是每一个环节都创造价值。企业所创造的价值实际上来自企业价值链的某些特定的价值活动。这些真正创造价值的战略活动,就是企业价值链的"战略环节"。企业在竞争中的优势,尤其是能够保持长期的优势,归根到底,是企业在价值链某些特定战略环节上的优势①。

价值链理论的成功运用不仅解决了制造业的难题,也给其他行业带来了成功。价值链管理在企业中的运用,被理论界认为是解决经营难题的有效手段,因而受到各国企业界的重视。莱维特(Levitt)早在1972年就提出服务工业化,要将制造业企业的管理方法用于服务业企业管理,使服务业运作活动"工业化"。② 1995年,哈佛大学五位商学院教授在波特价值链思想基础上,提出了服务价值链理论模型。近年来,移动运营服务业、生产性服务业运用

---

① PORTER M E. Competitive advantage[M]. New York:Free Press, 1985:11－15.
② LEVITT T. Production line approach to service [J]. Harvard business review, 1972, 50(04):41－52.

价值链理论都大获成功。价值链在服务业的有效整合和重新构建,从外部客户、内部客户、企业角度综合评估三者之间的动态关系和利益平衡,提高了服务的质量和价值创造,优化组织的架构配置,创造了更多的客户价值。价值链管理的本质是优化业务流程,提高企业核心竞争力。这不禁让人思考,能否将价值链理论运用到我们研究的大学治理中去呢?

高校是资源依赖性比较强的组织,需要从政府、社会及事业单位等获取人、财、物、信息、技术等教育资源,在组织结构和运行方式上与企业非常类似。根据价值链管理的理论和高校的运行机制,在高校中引进价值链管理应该是必要且可行的。目前关于我国公立高校整体价值链活动的研究比较少。大部分学者是运用价值链理论来分析高校的某一活动,如科研活动的投入产出①、科研团队的核心能力②、教学活动③等。高伟、张燚、聂锐用价值链表示了高校主体间的投入产出链接关系,在此基础上,构建了基于价值流动关系的高校利益相关者之间的网络联系。④

---

① 参见:张运华,吴洁,施琴芬. 高校科技投入及成果转化效率分析——价值链角度的考察[J]. 科技管理研究,2008(08):133-135. 杨晨,施学哲. 价值链视角下高校科技成果转化管理的规程创新[J]. 科技管理研究,2009,29(04):107-108+124. 于娱,施琴芬,朱卫未. 我国高校知识价值增值效率研究——基于数据包络模型分析[J]. 科技进步与对策,2012,29(15):131-135. 李志宏,王娜. 高校科研团队核心能力研究——从知识价值链角度[J]. 图书情报工作,2012,56(02):116-120. 喻源,睢国荣. 基于价值链理论的大学生人文素质教育[J]. 现代远距离教育,2009(03):32-35. 李丽芳. 基于创造力价值链的大学创新创业教育平台构建[J]. 现代教育管理,2010(11):126-128. 何建新. 高校图书馆服务价值链体系的构建[J]. 情报理论与实践,2011,34(07):60-63. 田书源. 我国高校后勤企业责任文化研究——基于价值链战略模型[J]. 西南民族大学学报(人文社会科学版),2010,31(06):252-254.
② 李志宏,王娜. 高校科研团队核心能力研究——从知识价值链角度[J]. 图书情报工作,2012,56(02):116-120.
③ 参见:喻源,睢国荣. 基于价值链理论的大学生人文素质教育[J]. 现代远距离教育,2009(03):32-35. 李丽芳. 基于创造力价值链的大学创新创业教育平台构建[J]. 现代教育管理,2010(11):126-128.
④ 高伟,张燚,聂锐. 基于价值链接的高校利益相关者网络结构分析[J]. 现代大学教育,2009(02):94-100+113.

根据高校的基本价值活动,价值链理论可以运用于高校,但是高校价值活动具有特殊性。高校价值活动的特殊性如下:

一是无法用利润(数字形式)衡量产出。大学的产品是输向社会的学生,大学的基本功能和所提供的产品性质决定了它的目标,通过自身的价值实现和不断增值增加社会总价值的产出,即以原创性的技术与知识以及人类资本增值为社会经济的发展提供发展动力。因此大学价值活动的结果被称作"价值实现",而非"利润"。高校的人才培养、科学研究及社会服务的最终成果为社会所接受则意味着其价值得到了实现。①

二是更多环境制约。高校受到市场制约和政治影响,比如专业设置、招生规模等都受到政府制约,而企业主要依靠市场获取资源。法令、规章等规定使得高校的自主性和灵活性减少。也就是说,基于利益相关者理论,外部利益相关者在很大程度上影响着高校价值链中的各项活动。

三是基本活动为教学和科研。高校始终应当将教学、科研和社会服务这三大核心功能作为办校最重要的内容。大学的核心功能和社会属性决定了其基本活动为教学和科研,通过教学活动和科研活动为社会培养有用的人才,并引领科研创新,通过人才的输出和创新机制服务于社会。

考虑到高校价值链的特殊性,本书对高校价值链的研究主要集中在内部价值活动。高校可从资金来源和生源溯起,通过教学科研、基础设施建设、后勤保障等基本活动和支持活动,以高校的经济效益和社会效益为价值链终端,基于"投入——生产——产出"的基本运作模式,将各个职能部门联系起来,实现资源的优化配置和价值增值。

(二)大学价值链内容

1. 基本活动

大学价值链的基本活动包括教学、科研和社会服务。高等教育机构,在

---

① 陈仕萍. 价值链分析在高校成本管理中的应用研究[J]. 金融经济,2014(02):125-126.

大学自治和学术自由的基础上,通过研究、教学和社会服务等核心职能的实现,最终应增进其内部各学科间的融合,促进学生批判性思考和公民主动性的发展。

随着社会经济发展,所急需的是应用型人才,因而高等教育的社会经济价值或工具价值日益突出。在基于高深知识的广阔知识领域进行研究与传承,是高等教育独有的价值特征,高校通过培养应用型的专门人才实现其社会经济价值,通过创造性的科研成果去间接地实现高校的社会经济价值,高校在经济社会的发展中承担更多的社会责任,正是高校服务社会的属性在社会经济价值方面的具体表现。

高校通过人才培养,培养一批热爱中华文化的人才,传承中华民族源远流长的文化;同时,高校通过文化研究,不断推动文化发展,进而促进社会的发展;文化是整个社会的精神动力,高校的社会文化价值也是高校服务社会的表现。

我国高校的社会政治价值在于高校的政策导向性。高校立德树人,运用其人才培养、科学研究以及服务社会的功能,去实现一定的社会政治目标,实现其社会政治价值。

2. 支持活动

支持活动,又称辅助活动,是用以支持基本活动而且内部之间相互支持的活动。大学价值链的支持活动包括人事管理、行政管理、教学设施建设、后勤服务、财务管理等。

高校人力资源管理涉及部门繁多,包括行政人员、教辅人员、后勤医疗人员、保安、餐饮服务人员等,行业广泛、人员众多。价值链理论认为,人力资源管理在整个价值链中起着支持作用,因此高校必须强化和改进人力资源管理,从严格招聘程序、定期开展培训、加强绩效考核等方面入手,改善服务质量,优化教书育人的环境,形成文明和谐的校园文化,有效提高高校"软实力",以增强高校的竞争优势,获取经济效益与社会效益的双赢。[①] 高校行政

---

① 梁小红. 基于价值链的高校财务管理研究[J]. 东岳论丛,2011,32(01):143 - 145.

管理通过设置管理机构、职能部门和制定一系列规章制度,运用适当的措施和方法,发挥组织、管理、协调等行政职能,综合配置学校的各种资源。高校行政管理工作是承上启下、联系左右、沟通内外的枢纽,它和教学、科研共同组成高等教育发展的基石,是推动高等教育发展的重要力量。① 高校基础设施管理包括高校固定资产投入、项目建设和在建工程的管理,所有的价值创造活动都在基础设施中进行。后勤服务是高校正常运行的前提条件和基本保障,高校办学离不开后勤服务,后勤服务又始终要围绕并服从于高校人才培养、科学研究等中心任务。② 财务管理是大学价值链支持活动中的重要组成部分,是对高校财务活动和以财务活动为基础所形成的各种财务关系的管理。③ 高校财务管理活动作为波特价值链理论中的支持活动之一,是对高校价值信息的深层次关系研究,即收集、加工、存储、提供并利用价值信息,实施对高校价值链的管理。④ 高校财务管理之所以重要,是因为它能影响教学、科研等活动,从而影响人才知识结构、科研产出的数量和质量等,这些因素直接决定了下年高校的资金收入的多少。

(1)财务活动对基本活动的支持作用

随着高等学校办学方式的转变,高校财务管理的内涵、作用等都发生了重大变化。⑤ 连小华等认为,高校价值链财务管理的重要性在学校的教学、科研等主体横向的价值增值活动中得到很大体现。⑥ 高校财务管理工作已经成为高校提高教学质量、改善教学环境的重要内容。教学活动需要资金的

① 周勇军,刘慧宇.关于提高高校行政管理效率的研究[J].教育探索,2011(11):56-58.

② 刘海.高校后勤生态管理的基本内涵及内蕴价值——基于高校绿色发展的视角[J].黑龙江高教研究,2012,30(02):53-55.

③ 陈轲,高伟.论高校管理型财务模式的构建[J].会计之友(下旬刊),2006(08):21-22.

④ 樊瑶.试析基于价值链的高校财务管理[J].中国总会计师,2009(12):102-103.

⑤ 黄韬.高校若干财务管理制度问题探讨[J].财经问题研究,2013(S1):113-115.

⑥ 连小华,陈庆春,李佳.将 XBRL 技术嵌入高校价值链会计运行管理[J].财会月刊,2013(14):31-34.

支持,离开资金,高校就谈不上长远发展,会通过影响师资建设、招生规模等重要因素,从而影响教学质量。高校的财政拨款、社会捐赠、学费以及其他收入等资金流入、预算安排、预算执行、决算、绩效考评等一系列过程都是高校财务工作的重要内容。近年来高校招生规模扩大,生源构成复杂化、经费来源多元化等使得高校财务工作面临着提高财务管理能力、提高资金使用效益的挑战。教学活动需要教学经费投入,学生的培养需要成本,其中资金的投入是重要部分。办学的经济效益和社会效益同样重要,这就凸显了财务管理对教学活动价值实现的重要支持作用。

财务管理对科研的支持作用主要体现在科研经费的管理方面,应建立科研项目经费管理系统。财务管理部门要根据科研经费的不同类型,制定完备、细致的科研经费财务管理办法,明确使用原则、开支范围、审批手续等,为科研活动提供运作上的支持,使得科研活动有章可循。进行科研报销等日常账务处理,核算统计科研项目直接成本和间接成本。对科研活动中产生的人员餐费、劳务费、差旅费等做出明确规定,对不允许报销的费用明令禁止。以财务管理部门为核心,加强与科研相关的部门的合作,梳理与科研有关财务流程的业务处理,提高科研的效率和管理。为了更好地支持科研活动的开展,避免科研经费的流失和浪费,财务管理还应建立科学的财务分析评价体系,及时反映每一个科研项目的拨款进度、经费使用和结余情况。

为了加强高校利用自身的智力优势,根据社会发展需要直接参与服务社会的能力,政府从经济扶持的角度出台了财税扶持政策,明确指出国家对社会力量资助科研机构和高等学校的研究开发经费可按一定的比例在所得税额中扣除,对高校在社会服务方面的技术转让、技术开发和与之相关的技术咨询、技术服务的收入免征营业税。政府通过增加资金投入,激活现有科技资源,加强面向市场的研究开发,大力推广、应用高新技术和实用技术,使科技成果迅速而有效地转化为富有竞争力的商品。外部资金投入的增加以及国家财政政策的变化,对高校财务管理提出了更高的要求,需要财务管理提供对筹集资金的合理运作和把控上的支持。高校有着丰富的教育、科研设备、人力等资源,充分利用这些资源,给社会提供更好、更多的服务离不开财务管理的支持,高校财务管理要更加详尽、完整、真实,以便结合社会服务需求对高校资源进行有效的配置。

(2) 财务活动对其他支持活动的支持作用

高校财务管理对其他支持活动的支持主要体现在资金筹集和分配上。通过选择最合适的筹资方式,确定最佳资本结构,给高校其他支持活动提供最大化的资金支持,扩大人事招聘与培训预算、后勤的资金预算、行政管理工作的可调配资金,利于教学设施的购买与更新。立足于高校资金的合理使用分配,对高校支持活动的开展成本提出要求,这在一定程度上促进了高校支持活动的合理展开,使得人事管理、行政管理、后勤服务的每个环节的资金运用都尽可能合理,每个环节都严格按照最优成本进行,使资金得到充分利用。

有效的财务管理能支持其他活动的建设,不当的财务管理会成为其他活动开展的障碍。财务管理的指标构建的不合理无法很好体现后勤服务的公益性、服务型和微利性。财务管理对高校固定资产既不计提折旧,也不计算盈亏,高校对其只有使用权,而不能享受产权,导致固定资产账面价值虚增,在建工程项目价值滞后,限制了科研设备等固定资产的流转,降低资源使用效率,对于基础设施特别是固定资产的财务核算不准确。①

财务管理活动以价值为对象,极大地扩展了财务管理的范围。随着高校财务管理体制的建立健全以及《高等学校财务制度》和《高等学校会计制度》的实施,财务管理不断规范且在大学治理中发挥越来越重要的作用。近年来,各高校急剧扩大招生规模和办学规模,多校区的校园管理和资源管理都对高校的财务管理活动提出了更高的要求。随着高校资金筹集渠道的多元化和经济活动的复杂化,高校财务管理需突破传统模式的局限,不断发展新模式。高校财务管理要实现目标、模式和机制等方面的创新,明确高校财务战略目标价值链定位,更好地促进高校教育健康、有序发展。②

---

① 高蕾. 论高校固定资产管理存在的问题与对策[J]. 山西财经大学学报,2011,33(S2):185-186.

② 乔春华. 高校价值链会计的研究[J]. 会计之友,2015(09):124-127.

二、财务支持活动对价值增值的作用途径

高校财务管理活动是高校支持活动中不可或缺的一个部分,高校的财务活动为高校的基本活动和高校的其他支持活动提供资金的支持,维持其他活动的正常的运作。

1. 财务管理对教学的支持

财务管理活动为教学活动的运行提供资金保障。首先,教学活动的正常运行离不开资金支持。高校的财政拨款、社会捐赠、学费以及其他收入等资金流入、预算安排、预算执行、决算、绩效考评等一系列过程都是高校财务工作的重要内容。教学活动需要教学投入,学生的培养需要成本,其中资金的投入是重要部分。办学的经济效益和社会效益同样重要,这就凸显了财务管理对教学活动价值实现的重要支持作用。① 其次,高效的财务管理能够通过多渠道资金筹集,获得更多支持教学活动的资金。在我国,高等教育属于非义务教育范畴,理论上应由国家和社会(私人)力量共同提供,而我国高校的社会资本(包含社会团体和公民个人办学经费、社会捐赠)所占比重始终没有超过 10%。② 史翠峰指出,高校要根据国家对教育发展的要求和学校发展规划,以慎重稳妥的态度尝试多渠道筹集资金,如申请银行贷款,进入资本市场发行债券及股票融资,争取社会各界捐赠,开展项目融资等,以弥补资金不足,推动教育事业的发展。③

教学质量的提升离不开财务管理的支持。高校财务管理既是资金筹集、使用的过程,也是提高资金运用效率、用有限的资金创造尽可能大的社会效益的重要手段,财务管理能够通过提高教育资源的配置效率,支持教学活动

---

① 黄韬. 高校若干财务管理制度问题探讨[J]. 财经问题研究,2013(S1):113-115.
② 岳军,王杰茹. 高等教育资金来源:基于 PPP 模式的社会化供给方式[J]. 地方财政研究,2015(08):20-26.
③ 史翠峰. 抓开源节流工作 促高校财务管理[J]. 山西财经大学学报,2010,32(S1):167.

的高效合理运行。① 刘卫民认为,高等教育事业的高速发展与财政投入不足的矛盾必将成为影响人才质量的一个重要因素,提高高校教育资源的使用效率,合理配置资源已成为各高校发展的当务之急。② 高校内部资源优化配置是取得教育事业最佳发展的过程和方法,而解决资源配置的主要途径是"开源"和"节流":"开源"即增加教育投入;"节流"则是提高高校资源的配置和使用效率,充分发挥财务管理的杠杆作用,达到优化配置各类资源的目的。在具体的财务管理节流过程中,预算管理是重要的一环,高校全面预算管理能够实现高校资源的优化配置,提高教学、科研和日常管理水平的管理方法。高校不同于以盈利为根本目标的企业,除了考虑增加收入,控制成本,更应该以培养合格、有用人才为最终目标来编制。③ 可见,高校财务管理工作是高校提高教学质量、改善教学环境的重要内容。

2. 财务管理对科研的支持

近年来,我国高校科研经费总量呈现井喷式持续增长,很多高校提出走科研兴校之路。④ 高校财务管理为高校科研活动提供了资金支持,科研价值的获得离不开财务管理活动。高等院校承担科研课题的经费(包括政府性课题经费、社会横向课题经费、校内科研配套立项等)作为高校的重要资金来源,在高等教育的发展中起着越来越重要的作用,一所高校科研经费管理的水平,尤其是财务管理的能力,在很大程度上影响着学校的长远发展。⑤

我国把科技创新作为国家发展战略的核心,大幅增加科技投入。⑥ 高等

① 崔国平,林馈悟. 从财务管理的角度谈高校的可持续发展[J]. 东岳论丛,2007(06):178-180.

② 刘卫民,杨媚,刘辉. 高校内部资源配置优化研究——基于财务管理角度[J]. 财会通讯,2013(13):45-48.

③ 张佳. 高校全面预算管理制度构建探讨[J]. 财会通讯,2011(35):120-121.

④ 王漪,李扬. 加强高校科研经费财务管理的探讨[J]. 会计之友,2014(22):103-106.

⑤ 陈庆华,吕海蓉. 高校科研经费财务管理的现状及对策[J]. 财会研究,2008(16):55-57.

⑥ 陈霞. 高校科研经费管理中的问题及对策探析[J]. 会计之友,2015(24):69-71.

院校作为国家创新体系中重要的知识创造主体之一,其科研资源是否能够实现优化配置对于国家整体创新实力的提升具有重要影响,①财务管理活动能够通过提高科研资源的配置效率,支持科研活动的高效运行。刘中原指出,随着社会和学校对科研人才重视程度的提升,学校筹措的科研经费呈现出大幅度增长趋势,然而我国大多数高校并不能合理利用科研经费,反而受多种因素的影响,科研经费被无限度浪费,造成高校内部资金短缺。② 所以,优化高校财务管理模式,对确保科研经费依法合理、规范地使用,提高科研资金的使用效益具有重要的作用。提高高校财务管理的预决算作用有重要意义,高校预算应力争将既定有效的资源投向具有核心竞争力的专业建设项目与重点学科建设,同时要加大对科研创新建设的投入,特别是投向具有高水平的省级和国家级的科研平台、具有承担国家重大攻关项目能力的科研领军人物和创新团队,以及能够迅速为学校带来效益的重点科研项目。另外,高校通过建立资源共享机制,能够提高科研设备或环境的使用效率,减少资产重复购置,充分发挥物质资源的时间效益和空间效益,提高物质资源利用率,加快经营性资产和非经营性资产剥离,达到高校经营性资产保值增值的目的。③高效的财务管理活动能够使得高校将资源投向更具效益的地方,合理地利用科研经费,支持科研活动更好地发展。

3. 财务管理对社会服务的支持

高校的社会服务体现于将教学和科研的成果应用于社会,高效的财务管理能够为加速相应的成果转化提供支持,主要体现在为大学开展社会服务提供资金方面的支持。一直以来,政府在通过研发方面的税收优惠和不断的资金投入来促进科技成果迅速并有效的转化,这对高校的财务管理活动提出了更高的要求。一方面,要通过多渠道筹资来提供更多的资金支持;另一方面,

---

① 李修全,王瀚慧,宋卫国. 高校科研中的结构同质化现象及原因分析[J]. 中国科技论坛,2016(01): 17 - 20.

② 刘中原. 高校科研经费财务管理模式探讨[J]. 财会通讯,2015(04): 68 - 69.

③ 刘卫民,杨媚,刘辉. 高校内部资源配置优化研究——基于财务管理角度[J]. 财会通讯,2013(13): 45 - 48.

要提高资金的使用效率,进一步合理分配资源,提高资金使用效率,从而提升高校的社会服务价值。

卢铁城指出,高校坚持多渠道筹资、开源节流、财务公开、民主理财的财务管理机制的主要措施之一就是搞好科技成果转化,①管理好学校的股权,维护学校的合法权益,争取更多投资收益;发挥学校优势,通过教育、科技、咨询等社会服务,增加学校收入。高校作为"科教兴国"战略下国家培养人才的重要工具,肩负着神圣的社会使命,因此高校财务管理目标应该有利于促进高校社会价值的实现。高校各种财务活动均围绕社会贡献活动展开,是实现高校社会使命的必然要求,因此如何衡量社会贡献将直接影响到财务管理目标的衡量方式。社会贡献可用高校投入社会贡献活动的资金数量来表示,在克服价值参考标准和确定受益人数同时,还有助于高校积极采取筹资管理、投资管理、成本管理,争取节约资金,降低成本,从而增加社会贡献活动的资金投入力度,最大限度地完成社会使命,实现社会效益最大化。

第三节　大学治理、财务管理与价值增值

一、财务管理是治理大学的有效途径

(一) 资金对大学治理的重要性

治理理论基础之一则是资源依赖理论,其核心假设是组织需要通过获取环境中的资源来维持生存,没有组织是自给的,组织都要与环境进行交换,对资源不可回避的需求构成组织对外部环境及其他组织的依赖和互动。②

---

① 卢铁城. 关于大学管理架构和运行机制改革与调整的思考[J]. 中国高教研究,2003(02):8 - 13.

② 胡敏,卢振家. 预算对大学治理的建构[J]. 教育财会研究,2015,26(02):40 - 43.

具体来看,一方面人财物配置对学术权力的运行有重要的支持作用。学者和学术组织是学术资源的主要使用者、消耗者,他们不能没有学术资源,学术资源是学术研究的一种必要条件。"绝大多数大学的自然科学和社会科学教师没有外界经费来源就无法开展科学研究。"①没有科研资助基金和临床收入,大学就没有实施大量研究生教育和科研活动的资源。学术权力需要学术资源的支撑,不拥有学术资源的学术权力是虚置体。学术权力要成为实实在在的力量,必须具有别人期望得到的资源,在学术领域别人期望得到的就是学术资源。首先,拥有学术资源就拥有了学术发展的机遇、优先权乃至领先权。其次,拥有足够的学术资源能赢得更多的尊重。再次,获得一定的学术资源能对学者产生特定的激励作用,尤其对年轻学者。② 潘雷指出,财务人员在进行资源分配时,应充分考虑在基层一线的学术权力主体的需要,适度提高学术经费,给予教师主体更多的财力支持。③ 可见,学术权力的运行需要人财物等资源的支持,而人财物的分配就主要通过财务管理来实现。

另一方面,人财物配置对行政权力的运行有重要的支持作用。从教育主管部门到大学再到院系的资源配置过程表明,当前我国政府控制学术资源,政府权力主导大学内外部资源配置,导致大学自主使用经费的权力不足。受社会文化和政府的影响,高校内部管理体制采用传统的官僚层级形式,资源的流动也要经历从学校到学院、从学院到系、再从系到研究者个人的过程,资源最终分配到哪里主要由行政领导说了算,有些时候研究者甚至不知道资源的分配过程,成了局外人。因此,需要探索高校内部资源分配的更好模式。④可见,行政权力主导了目前大学内人财物等资源的配置,行政权力离不开财

① 德里克·博克. 走出象牙塔——现代大学的社会责任[M]. 徐小洲,陈军,译. 杭州:浙江教育出版社,2001:25.

② 查永军. 学术资源配置中的大学学术权力与行政权力[J]. 黑龙江高教研究,2011(03):5-8.

③ 潘雷. 大学权力结构的变动及对财务资源配置的相关影响[J]. 财会学习,2015(17):27+29.

④ 张晓军,席酉民. 我国高校科研管理的问题与改革建议——基于资源配置的视角[J]. 科学学与科学技术管理,2011,32(07):58-63.

务管理的保证,财务管理的主要活动也支持着当下大学内行政权力的运行。行政权力的运行方式通常包括编制与执行计划、规划、制定规范和发布命令、禁令,提供财政资助和征收税费以及实施行政许可等内容。胡敏指出,预算权是大学重要的行政权力,既是政府财政的分权,也是大学科层内部的授权。①各大学章程均将拟定和执行经费预算列为校长主要职权之一。由于学术的发展和学术权力的行使需要资源的支撑,预算权实际是资源分配权、控制权,大学预算首先强化了行政权力,进而促进行政权力对学术权力的约束。

(二)财务管理是大学治理的有效途径

1. 财务管理是大学内部治理的有效途径

财务管理能够提升资金使用效率,从而成为治理大学的有效途径,高效的财务管理能够对学术权力、行政权力的制衡产生影响。高校权力结构调整是高校的本质要求,也是社会的时代呼唤,在高校权力结构调整的过程中,财务资源配置作为载体起着关键和核心性的作用。《高等学校财务制度》对高校财务管理的主要任务进行明确表述,主要有五个方面:一是预算管理;二是开源节流;三是健全财务制度,提高资金使用效益;四是加强资产管理;五是加强监督,防范财务风险。因此,本部分将从财务管理的预算、开源节流、财务制度、资产管理、监督等五个方面入手,研究财务管理对大学治理的支持作用。

第一,通过预算管理提高大学治理效率。大学治理的基础和重要职能是资源的汲取和配置,预算是大学汲取资源和进行资源配置的根本制度。因此,研究大学治理需要研究预算的治理功能。研究发现,在大学内部,大学预算强化了大学行政权力对学术权力的控制;在大学外部,强化了政府力量对学术力量、市场力量等治理因素的引导和控制。深化预算对大学治理建构的认识,充分发挥预算治理功能作用,能够实现大学善治。

第二,开源节流。在大学的收入管理中,扩大收入来源是极其重要的环节,任何学院或大学,其发展动力、成长、质量和健康成功的形象都取决于获

---

① 胡敏,卢振家. 预算对大学治理的建构[J]. 教育财会研究,2015,26(02):40-43.

得除学费、食宿费用外的外部资金的能力。① 高等教育大众化身处全球高等教育竞争日益激烈的时代,高等教育机构必须加强自身的竞争力,努力满足各方要求,以获得更多经费渠道。② 在大学的支出管理中,合理分配支出是极其重要的环节,在各个权力机构合理分配资源,有助于提高内部治理效率。完善的高校财务管理结构、健全的财务信息公开披露制度,能够化解高校教育经费配置过程中以"行政与学术"为体现的财权配置主体间的冲突。③

第三,通过健全财务制度,提高资金使用效益。在财务管理方面,内部控制制度的健全和高效是最有决定意义的,也是高校决策中权力制衡原则的基石。一般事项按预算权限审批执行,例外事项按授权审批执行,内部审计部门定期、不定期、全面或有重点地审计等。只有踏踏实实地做好基础工作,高校的权力制衡才有可能实现。另外,要充分发挥财务管理的激励和约束职能,建立一套指标,分析、评价责任人的工作完成情况,同时,将考核情况作为奖罚责任者及重新配置资源的依据。

第四,通过加强资产管理提高大学治理效率。资产管理包括资产配置、资产使用、资产处置、资产清查和监督检查等行为。④ 高校资产一般由国家拨款形成,在使用中不计提折旧,不计算盈亏,资产管理没有形成相应的保值增值管理制度,使得资产无法发挥最大效用。高校国有资产三权分离,所有权归国家,使用权和管理权分散于学校不同部门。随着国家对高等教育投入的增大,高校的资产也在不断地增加,规范化的资产管理,能够优化高校的资源配置和资产结构,使得资产在不同权力机构之间进行合理的分配。

---

① CAHILL D T. Understanding and influencing fund raising leadership, a dissertation in higher education management [DB/OL]. 2003: 43 - 50.

② 范文曜,阎国华. 高等教育发展的财政政策——OECD 与中国[M]. 北京:教育科学出版社,2005: 102 - 103.

③ 王守军. 基于利益相关者理论视角对我国高校若干支出行为的解释[J]. 清华大学教育研究,2008(05): 93 - 100.

④ 李滟. 论高校资产管理与预算管理的有效结合[J]. 西南师范大学学报(自然科学版),2013,38(04): 49 - 52.

第五,通过加强财务监督提高大学治理效率。高校的财务监督能够有效防止行政权力过大而导致的腐败问题,同时能够有效提高学术委员会在资源配置中的合理性。财务管理中的财务信息公开制度和高校教育经费决策监督管理机制是财务监督的实用手段,财务信息公开能够有效监督大学的内部治理,促进大学善治。叶青松等认为,我国大学应强制建立和完善财务信息公开披露制度,包括完善大学财务信息披露内容、强制规范财务信息披露方式、拓展财务信息披露渠道和强化财务信息审核制度四部分。①

2. 财务管理是大学外部治理的有效途径

根据前文研究,大学外部治理旨在解决政府、市场以及社会与大学之间的关系:大学外部治理关注的是政府和社会等外部力量如何参与对大学的管理,主张政府的作用应主要体现在通过立法为大学的发展创造良好的环境。② 与探讨财务管理是大学内部治理的有效途径相似,财务管理对大学外部治理的影响主要围绕高校财务管理的五大内容中相关的预算管理、开源节流、监督三个方面展开。

第一,通过预算管理提升大学外部治理效率。高校预算管理是高校财务管理工作的核心,胡敏指出,大学预算通过资源汲取机制、分配和监督机制,将政府力量、市场力量和学术力量紧密联系起来,构成三者相互制衡、相互博弈、相互影响的关系,同时强化和突出了政府力量,使政府力量对学术力量、市场力量的牵引更加制度化、更加稳固和更加隐蔽。③ 具体通过预算的资源调控大学的学术力量越来越依附政府力量,这实际上强化了政府力量对学术力量的控制;同时大学处于以财政资源为主的预算管理体制下,政府力量对参与大学治理的市场力量产生着明显牵引作用。

第二,开源节流。大学财务管理通过扩大收入来源,减弱对政府领导与拨款的依赖,吸引社会力量参与大学治理。我国市场经济体制改革是在"强

① 叶青松,陆莹,陈丰. 我国高等学校预算松弛的存在性及控制研究[J]. 黑龙江高教研究,2013,31(12):56-59.

② 湛中乐. 通过章程的大学治理[M]. 北京:中国法制出版社,2011:98.

③ 胡敏,卢振家. 预算对大学治理的建构[J]. 教育财会研究,2015,26(02):40-43.

势政府"主导下进行的,"政府为经济保驾护航"的路线使政府和市场两者的角色定位并不清晰,政府自身利益难以割舍。大学分权化、去行政化改革可以改变大学对政府的依附地位,令办学自主权能真正落实。① 收入管理是财务管理的重要内容,当大学重视扩大筹资范围,一方面能够就此减弱对政府拨款的依赖,弱化政府对大学治理的干预;另一方面,社会资本的引入,能够使得社会力量加入到大学治理之中。社会力量可以弥补政府的不足,②吸引更多利益相关者参与学校治理,有助于为大学的内涵式发展和办学质量的提升提供政策支持、资金支持、监督评价支持、声誉影响支持等。③

第三,通过加强财务监督提高大学外部治理效率。随着《高等学校信息公开办法》深入实施和国家教育体制改革不断推进,向社会公众主动公开学校财务信息,接受社会监督已是大势所趋。④ 财务管理的信息公开是社会进行财务监督的重要保障,加强社会对大学经费使用、重大教育决策的监督,能够令大学外部利益相关者真正参与到大学治理之中。社会监督是社会参与大学治理的有效途径,也是大学治理的组成部分,高效的财务监督能够促进大学治理主体之间的合作,提升大学外部治理的效率。⑤

二、大学治理通过财务管理途径对价值增值的作用

近年来,一方面随着《高等学校章程制定暂行办法》《高等学校学术委员会规程》等规章制度的颁布,大学治理将一步一步地走向规范化和法治化;另

---

① 高金岭,晏成步. 大学公共性实现:政府与市场的力量——从"达特茅斯学院案"和"灯塔制度"谈开去[J]. 教育学报,2013,9(02):82-88.

② 杨爱东,张爱淑. 善治视域下的中国现代大学治理探究[J]. 理论与改革,2016(01):103-107.

③ 杨朔镔. 利益相关者治理模式下的大学外部治理结构变革——以"U-G-S"为例[J]. 黑龙江高教研究,2014(06):24-27.

④ 胡勇军,赵文华. 美国公立研究型大学经费监管机制研究——基于美国密西根大学的案例分析[J]. 中国高教研究,2015(10):49-53.

⑤ 许慧清. 大学外部治理视野中的社会监督[J]. 中国高教研究,2013(01):82-85.

一方面,从教育部批准设立教育部经费监管事务中心到确定"教育经费管理年"、制定高等学校会计制度,再到启动实施直属高校财务巡视制度,推动各级学校实行"阳光财务"等,可以看出国家强化教育经费监管的决心和信心。基于以上分析,重点结合我国高等教育的现状,本研究试图从财务管理视角探究大学治理与价值增值之间的关系,认为大学治理要重视提升自身的财务管理,这是有利于大学价值增值的重要途径。

具体来看,大学治理、财务管理与价值增值的内在逻辑如图 5-2 所示:

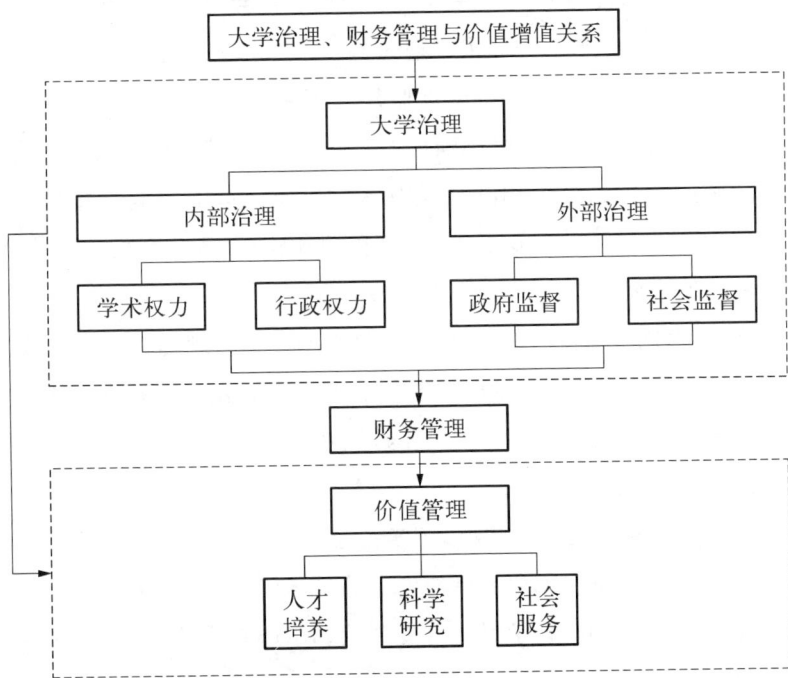

图 5-2　大学治理、财务管理与价值增值的内在逻辑图

首先,本研究从"治理"的内涵出发,类比公司治理的概念与公司治理机制,引出本研究重点之一,即大学治理。大学治理是基于大学内部不同部门人员的责任分工和权力决策,[1]而利益相关者之间决策权的制度安排,就是

----

① 黄崴. 我国地方大学治理的特征、模式与道路[J]. 中国高教研究,2015(08): 98-101.

大学的治理结构。现代大学制度建设有两个维度：一是大学外部，主要是协调好大学与政府、大学与社会之间的关系；二是大学内部，主要是处理好行政权力、学术权力的配置与制衡关系。基于此，我们认为大学治理同公司治理机制的划分一致，内容主要包括大学内部治理和大学外部治理。

大学内部治理的核心是治理机制的设计，如何有效地进行权力分配是优化我国大学内部治理结构的核心，所以本研究主要围绕学术权力与行政权力的制衡探讨大学的内部治理；外部治理则重点关注政府、社会等外部力量如何参与到对大学的管理中，所以本研究从政府和社会两个角度立足于其对高校的外部动态监督展开研究。大学通过构建学术权力与行政权力相互制衡的大学内部治理模式，以及加强外部监督从而提升外部治理水平，使得内部支持活动与基础活动的有效性不断加强。大学的基础活动则正围绕教学、科研与社会服务三方面展开，相应的，运用人才培养、科学研究与社会服务来衡量大学的价值增值。由此可见，大学治理能够促进大学在教学、科研与社会服务中的价值增值。

其次，针对内部支持活动，本研究选取影响大学治理的关键要素即财务管理进行研究。研究从财务管理的基本原理出发，强调大学的财务管理承担着预算管理、开源节流、健全财务制度与提高资金使用效率、资产管理和通过监督防范财务风险的五大职能。同时，随着高校财务管理体制的建立健全以及新的《高等学校财务制度》和《高等学校会计制度》的实施，大学财务管理面临着多种因素的影响，本研究围绕财务管理组织与制度、财务预算和财务决算，具体探讨了国内外大学财务管理现状和亟待解决的问题，这对提升大学治理的影响不容小视。

资金对大学治理的重要性已不言而喻，人、财、物的高效配置不管对学术权力还是行政权力的运行都有重要的支持作用。在高校权力结构调整的过程中，财务资源配置必然是作为载体起着关键和核心性的作用。同样的，围绕财务管理的五大职能，本研究认为大学预算对大学治理产生了建构，扩大收入来源、合理分配支出也作为财务管理极其重要的环节，使得资源在各个权力机构得以合理分配。另外，健全财务制度、加强资产管理与财务监督都有助于内部治理效率的提高。所以财务管理能够积极作用于大学治理,对学术权力、行政权力的制衡产生重要的影响。另一方面,随着大学内部权力的制衡和外部监督效力的提升,信息公开得到完善,各方利益得到平衡,财务管理效率也能因为受到大学治理的反作用而有所增强。由此可见,大学治理与财务管理有着互相促进的作用。

最后,在探讨财务管理与大学内外部治理关系的研究基础上,进一步挖掘财务管理本身的内涵,从价值链理论出发,最终发现财务管理影响价值增值的具体路径。本研究提出的大学价值链认为,财务管理作为支持活动,一方面直接支持教学、科研、社会服务等基本活动;另一方面,通过对其他支持活动,如人力资源管理、后勤保障等的支持,能够间接服务于基本活动。财务管理活动形成的资金流和信息流贯穿大学所有活动的全过程,真实反映了一定时期大学价值的形成与增值。

大学财务管理作为支持活动,对价值增值存在如下意义:(1)为高校改革创新和战略实施提供保障;(2)为教学、科研等基础活动合理编制预算,有效控制和提高各项资源的使用效率;(3)加强多渠道筹资能力,为各项基础活动的有效执行提供资金保证;(4)加强对学校各项经济活动的监督与控制,保证资金使用效率,适应不断发展的社会经济环境,防范高校财务风险。财务管理活动在大学日常运行中的地位不断加深,已作为重要的支持活动——作用于大学的教学、科研和社会服务,在为其提供资金保障的同时提高了教学质量,关注更具效益的科研活动与成果转化,参与社会贡献活动从而达成高校的社会使命,由此建立的价值形成机制模型说明了财务管理对价值增值的作用,也进一步明确了大学的目标在于价值增值。

综上所述,提升大学的内外部治理能力能够促进大学的价值增值,而财务管理作为大学治理中的关键要素,通过支持大学基础活动,能够进一步提升大学在教学、科研与社会服务三方面的价值增值。

第六章 大学治理、财务管理与价值增值关系的实证研究

第一节 研究假设

基于前述大学治理—财务管理—价值增值关系的逻辑框架,本研究提出如下假设:

一、大学治理与大学价值增值的关系

如前所说,从高校内部看,高校的核心功能是人才培养、科学研究以及服务社会,这三大功能也是实现高校价值的核心路径。从高校外部看,高等教育系统必须具有社会经济价值、文化价值和公民或政治价值三类社会价值。① 最后,大学价值体现其政治价值,培养适应社会政治制度和形态需要的未来公民。总之,大学价值体现在教学价值、科研价值和社会服务价值三个方面。

大学因社会需求而存在,又因社会需求的变化而不断自我完善。② 社会的日益进步对高校发展提出了新的要求,高校也在不断充实自身的价值内

---

① CLARK B R. The higher education system:academic organization in cross-national perspective[M]. Berkeley:University of California Press,1983:250.
② 高振强. 社会服务导向下的现代大学组织变革——基于美国威斯康星大学的实践[J]. 教育发展研究. 2014,34(05):80-84.

涵,以期在人才培养、科学研究与社会服务三方面实现动态的价值增值,从而适应社会经济、文化、政治的不断发展。高校的价值增值主要体现在三个方面的动态发展:经济发展新要求下的高校价值增值,社会文化发展新要求下的高校价值增值以及政治发展新要求下的高校价值增值。

保障高校价值增值的关键因素是大学治理影响大学治理效率的内部治理要素,主要是行政权力和学术权力的利益整合与协调,两者在活动中产生了合作与非合作的治理结果,具体可以分为行政权力导向、学术权力导向与混合权力导向的大学治理内部权力的三种运行模式,但单独以任何一种权力为导向都有可能因为缺乏制衡而走向异化,混合权力导向则又会因为权力边界模糊令冲突扩大。在实际运行过程中,行政权力是高校管理制度的主要供给者,相对于学术权力处于信息优势地位,两者之间是一种典型的"不完全信息博弈"。我们认为,只有构建"学术权力与行政权力二元分离——学术权力主导"的大学内部权力运行模式,大学才能够得到进一步的发展。

较高的大学内部治理效率有利于大学价值增值。[①] 有效的内部治理有利于提高教学价值,有利于提高科研价值,有利于提高社会服务价值,高校教学、科研价值最终会转化为社会服务价值。[②] 学术权力、行政权力均不断增强,同时又在不断博弈,形成"纳什均衡",最终大学通过构建学术权力为主导、学术权力与行政权力相互制衡的大学内部治理模式,加强内部支持活动、基础活动的有效性,从而促进教学、科研、社会服务价值增值。

大学外部利益相关者主要是政府和社会,二者通过监督,一方面可以评

---

① 参见:范晓军,于红军,杨静侠,等.权力配置视角下我国高校财务管理模式探微[J].财会月刊,2010(11):85-86.孟亚歌,李化树.关于大学治理现代化的思考与建议[J].四川文理学院学报,2015,25(03):121-124.李立国.大学治理的转型与现代化[J].大学教育科学,2016(01):24-40+124.

② 参见:李卫东.高等教育价值与评价多元化分析[J].江苏高教,2008(02):9-12.张海滨.激励相容视角下的大学内部治理[J].教育发展研究,2012,32(01):75-79.徐梦梦,石昌帅.我国大学治理存在的问题与对策分析——以利益相关者的视角[J].科教导刊(上旬刊),2014(13):10-11.

价大学是否完成以往目标;另一方面,也会根据政治、经济、文化的新发展不断提高目标,高校为满足要求,积极主动调整,从而不断实现教学、科研以及社会服务的价值增值。① 首先,外部治理提升教学价值。外部治理既通过对教学质量的监督评估机制提升高校教学的价值,又通过对高校内部支持活动的监督,提高支持活动的运行效率来促进教学价值升值。② 其次,外部治理提升科研价值。政府和社会为高校的科研活动提供经费来保障其顺利开展,同时它们通过对科研活动过程和成果进行监督和检验,促使高校提高科研效率,提高科研成果质量;③最后,大学是在人才培养和科学研究的基础之上,将科研成果、培养人才与社会需求有效结合,实现大学培养的人才和研究成果直接转化为服务社会的价值,推动经济社会的发展。④

由此,我们提出如下假设:

假设1:大学治理对大学价值增值具有显著正相关的影响。

① 参见:杨启亮. 为教学的评价与为评价的教学[J]. 教育研究,2012,33(07):98 - 103. 许慧清. 大学外部治理视野中的社会监督[J]. 中国高教研究,2013(01):82 - 85. 叶柏森,戴世勇,陶春明. 构建高校后勤廉政风险防控机制探析[J]. 江苏高教,2015(03):58 - 60.

② 参见:舒婷玮. 高校行政化倾向下权力监督机制构建研究[J]. 煤炭高等教育,2010,28(04):50 - 52. 马海群,吕红. 高校财务信息公开的范围界定与工作体系构建[J]. 情报资料工作,2015(01):93 - 96.

③ 参见:孙守宇. 高校科研经费管理问题探析及对策研究[J]. 教育财会研究,2010,21(03):50 - 52. 赵跃华. 高校科研管理制度比较研究及导向思考[J]. 科学管理研究,2010,28(01):30 - 33. 王涛,夏秀芹,洪真裁. 澳大利亚科研管理和监督的体系、特点及启示[J]. 国家教育行政学院学报,2014(11):85 - 90. 李铁. 校企合作与专业实习基地建设的长效机制研究[J]. 理论月刊,2015(01):117 - 121+138.

④ 参见:丁亚金. 现代大学社会服务职能的反思[J]. 教育发展研究,2008(Z3):73 - 76. 曹洪军,邹放鸣. 对中国大学社会服务功能的反思[J]. 现代教育管理,2010(02):16 - 18. 冯海燕. 高校与企业产学研合作机制创新研究[J]. 中国高教研究,2014(08):74 - 78.

二、大学治理、财务管理与大学价值增值的关系

大学治理促进价值增值。大学内部治理是不同部门人员的责任分工和权力决策,它代表着教师和管理人员等不同利益方的权力和责任诉求,是平衡两种不同的但都具有合法性的组织控制力和影响力的结构和过程,一种是行政权力,另一种是学术权力。大学外部治理是要形成政府主导、社会积极参与的监督机制,是为了更好地实现大学在人才培养、科学研究、服务社会中的公共目标而设计的一套关于大学内外部利益关系主体参与大学重大决策与管理活动的制度安排。建立科学的、高效的大学治理结构,能够对各方权利进行有效制约,协调各方利益,优化资源配置,从而有利于办学目标的实现,促进大学价值增值。

财务管理是大学治理的有效途径。大学日常的运转离不开资金的支持,财务管理是大学治理的重要组成部分,作为一项支持活动,它同时支持基础活动和其他支持活动。资金是大学办学活动的基本保障和重要资源,其使用和配置情况是大学治理意志的体现。财务管理能够提升资金使用效率,从而成为治理大学的有效途径,高效的财务管理能够对学术权力、行政权力的制衡产生影响。[①] 大学权力结构调整是大学的本质要求,也是社会和时代的呼唤,在大学权力结构调整的过程中,财务资源配置必然是作为载体起着关键和核心性的作用。大学所能获取到的资源是有限的,随着大学内部权力的制衡和外部监督效力的提升,信息公开得到完善,各方利益得到平衡,财务管理效率受到大学治理的作用而增强。同时,财务管理效率的提高也可以带动大学治理效率的提高。

大学治理能够通过财务管理进一步促进大学价值增值。大学财务管理为执行大学治理意志形成的大学战略决策,以资金、资产管理为对象,以提高

---

① 查永军. 学术资源配置中的大学学术权力与行政权力[J]. 黑龙江高教研究,2011 (03):5-8.

服务和管理水平为目标,以学生、教职工、资产、资金为总资源框架,立足于资源优化配置,保证大学基础活动和其他支持活动合法合规以及资金资产的安全、真实、完整。可见,大学财务管理效率的提高是大学价值增值的条件。有效的财务管理能支持其他活动的建设,不当的财务管理会成为其他活动开展的障碍。大学财务管理工作已经成为大学提高教学质量、改善教学环境的重要内容。教学活动需要资金的支持,离开资金,大学就谈不上长远发展,会影响师资建设、招生规模等重要因素,从而影响教学质量;财务管理通过建立科研项目经费管理系统对大学科研提供支持作用。财务管理部门根据科研经费的不同类型,制定完备、细致的科研经费财务管理办法,明确使用原则、开支范围、审批手续等,为科研活动提供运作上的支持,使得科研活动有章可循;教学价值和科研价值的提升最终会转化为大学社会价值的提升。

综上所述,提升大学的内外部治理能力能够促进大学的价值增值,而财务管理作为大学治理中的关键要素,通过支持大学基础活动和其他支持活动,能够进一步提升大学在教学、科研与社会服务三方面的价值。

由此,我们提出如下假设:

假设 2:通过财务管理途径,大学治理与价值增值正相关。

第二节　研究设计

一、样本选择与数据来源

本研究选择 2012—2016 年 75 所教育部直属高校为研究对象,同时对样本学校进行了如下筛选:一是剔除数据缺失的观察值;二是剔除变量异常值。最终,本研究得到 260 个样本观察值,数据主要来自教育部官方网站、直属高校官方网站、各大学排名官方网站,均为手工查询与整理,财务管理数据来自教育部部属高校财务管理评价。数据处理采用 EXCEL2010、STATA14.0 完成。

二、变量定义与度量

(一)被解释变量(val):大学价值增值

目前,尚没有一个成熟的衡量大学价值的方法或体系,但却存在着单独衡量大学某一价值或综合衡量的方法,本研究对此进行了梳理,包括学科评估、高校科研评价以及大学排名。

学科评估是由教育部学位与研究生教育发展中心按照教育部和国务院学位委员会颁布的《学位授予和人才培养学科目录》,对具有研究生培养和学位授予资格的学科进行水平评估。该项工作于 2002 年首次在全国展开,每 4 年进行一次,目前已经完成四轮评估。

2013 年 11 月 29 日,教育部颁布《关于深化高等学校科技评价改革的意见》,进一步明确高校科研评价导向与工作重点。为引领高校的健康发展,中国高校科研评价制度的发展经过了行政评议、同行评议、指标量化评议和国际科研计量评价,评价方式日趋合理。

对于大学排名,根据联合国教科文组织欧洲高等教育中心出版的《质量保障与认证基本术语集》(*Quality Assurance and Accreditations: A Glossary of Basic Terms and Definitions*),大学排名是一种衡量大学表现的可比技术,为大学的利益相关者提供可测量的差异信息。大学排名是一种社会评价方式,其采用定量方法,对大学的综合或单项质量进行客观的评分或划分等级,简洁直观地呈现出大学之间的差异,让公众了解高等教育现状的同时,给学校提供了自我提升的方向。伍宸将大学排名价值取向分为终极价值取向和工具价值取向:终极价值取向即大学的办学目标,它体现在教学、科研、社会服务三方面;工具价值取向即大学为达到办学目标采用的工具或依赖的路径,包含大学规模、学科数目、教师数、重点学科数等。大学排名是一种对大学价值的综合评定方式。

对于上述三种方式,首先基于数据可获得性,学科评估是对我国高校进行分学科评价,并不是对学校整体价值的综合评价,且学科评估每 4 年一次,可提供的数据较少;其次,大学价值包含人才培养、科学研究、社会服务三方面,且根据前文分析可知,大学的社会服务价值是通过教学与科研转化而来的,故评价内容中至少应包含教学与科研两方面。由此本研究排除了仅包含科研价值的高校科研评价,认为选择大学排名衡量大学价值最为合理。

大学排名最早发轫于西方,1983 年《美国新闻与世界报道》以美国大学为评价对象,推出全美大学排行榜,之后众多新闻媒体效仿其进行排名并公布调查结果。在我国,大学排名最早出现在 1987 年,中国管理科学研究院根据科学引文索引 SCI 提供的数据首次对我国 87 所重点大学进行了排名。目前,在众多排名中,有 13 个具有一定知名度,分别是 QS 世界大学排名、泰晤士世界高等教育排名、US News 世界大学排名、ARWU 世界大学学术排名、武书连中国大学排名、沙特世界大学排名中心(CWUR)、美国《新闻周刊》(*Newsweek*)大学排名、世界机构学术排名(Scimago)、土耳其世界大学学术质量排名(URAP)、台湾世界大学排名(NTU)、荷兰莱顿世界大学排名(CWTS)、《华尔街日报》大学排名(US College Rankings)和全球高校网(4ICU)大学排名。

首先,基于数据的可获得性进行筛选。由于大学价值增值是增量,故研究 2012—2015 年直属高校大学治理、财务管理与价值增值关系,需要 2012—2016 年大学价值数据。在 13 个排名中,剔除了无法获得具体指标体系及权重的荷兰莱顿世界大学排名、美国《新闻周刊》排名以及《华尔街日报》大学排名,只能获得 2016 年数据的 4ICU 排名,无法获得 2012、2013 中国大学排名数据的沙特 CWUR 以及 2014 年 10 月才首次推出 US News 世界大学排名。其次,基于评价指标体系中应该至少包含教学与科研两方面内容,剔除了仅包含科研评价的 ARWU 世界大学学术排名、世界机构学术排名、土耳其 URAP 以及台湾 NTU;最后,基于我国直属高校样本量的充足性,对剩余的 QS 世界大学排名、泰晤士世界高等教育排名、武书连中国大学排名 2012—2016 年有明确排名的直属高校数目进行整理,结果如表 1 所示,可见对于我国直属高校,QS 世界大学排名、泰晤士世界高等教育排名的有效数据过少,不宜选为数据来源,故本研究选取武书连中国大学排名结果为大学价值的度量方式。

表 6 - 1　2012—2016 年教育部直属高校具有明确排名的数量

大学排名		教育部直属高校具有明确排名的数量				
		2012 年	2013 年	2014 年	2015 年	2016 年
1	QS 世界大学排名（世界大学前 400 名）	8	10	12	12	12
2	泰晤士世界高等教育排名（世界大学前 100 名）	2	2	2	2	2
3	武书连中国大学排名（中国大学前 400 名）	68	72	64	64	69

　　注：数据来源为 https：//www.topuniversities.com/qs-world-university-rankings；https：//www.timeshighereducation.com/world-university-rankings；《挑大学　选专业——高考志愿填报指南》系列丛书，作者武书连，中国统计出版社出版。

　　武书连中国大学排名是武书连以国家教委科技司、社科司、管理信息中心的公开数据，美国费城科学情报研究所发布的 SCI 论文及引用数据，以及美国史蒂文理工学院工程信息公司发布的《工程索引》论文数据，经过1996—1997 年跨年度连续 6 个月对 1 927 名专家（专家资格为中国科学院院士、中国工程院院士、国务院学位委员会学科评议组成员、国务院或国务院学位委员会审批的博士研究生导师），使用德尔菲法进行三轮问卷调查后提出的大学排名，指标分为人才培养和科学研究两个一级指标。本研究选取武书连中国大学排名衡量大学价值增值，如果在武书连中国大学排名中大学次年排名上升，则价值增值指标（val）取 1，否则取 0。进一步，根据人才培养和科学研究得分进行排名，次年排名上升的，则教学价值增值指标（teaching）和科研价值增值指标（research）取 1，否则取 0。

（二）解释变量：大学治理（ugov）

　　根据上文大学治理的理论分析，形成以学术权力为主导，与行政权力相制衡的内部治理和以政府主导、社会积极参与的外部治理时，大学治理效率较高，同时基于信息的可获得性，本研究选择 9 个指标对大学治理进行度量，具体如下：

1. 内部治理要素

Usta：大学章程，如果大学制定了大学章程并通过教育部审核，则取 1，否则为 0。大学章程是为保证学校正常运行，结合办学宗旨、内部管理体制及财务活动等重大的、基本的问题而形成的自律性基本文件，是大学办学的纲领性文件，是政府、社会及大学自身依法治校的重要依据，制定大学章程并已通过教育部审核的大学，其大学内部治理更加有效。

Direcor：学术委员会主任，如果学术委员会主任由非校长担任，则取 1，否则为 0。学术委员会需要有合理的产生机制与人员结构，当委员会主任由校长或分管副校长担任，学术委员会成员在决策时往往唯学校领导"马首是瞻"，在某种程度上使行政权力绑架了学术权力，学术决策失去了独立性。本研究认为，大学学术委员会主任由非校长担任时，学术权力更有保障，大学内部治理更加有效。

Admin：学术委员会中行政领导委员的比重，如果行政领导委员的比重小于等于 1/4，则取 1，否则为 0。学术委员会"去行政化"能够强化学术委员会的决策职能。①

Pro：学术委员会中教授委员的比例，如果学术委员会中教授委员的比例超过 1/2，则取 1，否则为 0。当学术委员会成员中教授比例较小时，真正的学术权威会弱化，教授的发言权被行政权力所剥夺。

Top：学术委员会地位，如果学术委员会是最高学术权力机构，则取 1，否则为 0。2010 年发布的《国家中长期教育改革和发展规划纲要（2010—2020年）》第十三章第 40 条规定，充分发挥学术委员会在学科建设、学术评价、学术发展中的重要作用，通过强化学术委员会地位，提升学术权力。

Professor：学术事务决定，如果学术委员会章程中体现学术事务由教授（但不是校级领导）做主，则取 1，否则为 0。当学术委员会章程中体现学术事务由教授做主而非校级领导决定时，学术权力更有保障，大学内部治理更有效。

---

① 杨启亮. 为教学的评价与为评价的教学[J]. 教育研究,2012,33(07)：98－103.

Council：董事会,如果大学设置了董事会或理事会机构,则取 1,否则为 0。董事会制度可以在内部平衡学术权力与行政权力关系,形成分权制衡结构,外部协调政府、社会与大学的关系,对提升大学管理效能发挥重要作用,已经被许多大学引入大学治理结构中。①

2. 外部治理要素

Audit：外部审计检查,如果在当年教育部财务管理状况评价中该校的综合整改率处在中位值以上,则取 1,否则为 0。当大学外部审计检查结果良好时,我们认为该校接受的外部监督更有效。

CFO：总会计师,如果大学设置了总会计师的哑变量,则取 1,否则为 0。2011 年,为加强高等学校财经管理,完善高等学校治理结构,根据《中华人民共和国会计法》《中华人民共和国高等教育法》《中华人民共和国总会计师条例》和国家有关规定,教育部和财政部颁布《高等学校总会计师管理办法》,详细规定了高校总会计师的设置总则、任免和职权情况。目前直属高校总会计师均是教育部或省委组织部任命,故是否设置总会计师是反映大学外部治理的一个重要因素。

综上所述,大学治理指标变量名称、符号及含义如表6-2所示:

表6-2　大学治理指标说明

序号	变量名称	符号	含　义
1	大学章程	Usta	制定了大学章程并通过教育部审核的取值为 1,否则为 0
2	学术委员会主任	Director	非校长担任取值为 1,否则为 0
3	学术委员会地位	Top	学术委员会是最高学术权力机构的取值为 1,否则为 0(各大学章程中展示)
4	董事会或理事会机构	Council	设置了的取值为 1,否则为 0
5	学术事务决定	Professor	学术委员会章程中体现学术事务由教授(但不是校级领导)做主的取值为 1,否则为 0

① 李立国. 大学治理的转型与现代化[J]. 大学教育科学,2016(01)：24-40+124.

序号	变量名称	符号	含　义
6	学术委员会中行政领导委员的比重	Admin	校级行政领导委员的比重小于等于 1/4 的取值为 1，超过 1/4 的取值为 0
7	学术委员会中教授委员的比例	Pro	学术委员会中教授委员的比例的哑变量，超过 1/2 的取值为 1，小于等于 1/2 的取值为 0
8	外部审计检查	Audit	综合整改率或得分处在中位值以上，取值为 1，小于等于的取值为 0
9	总会计师	CFO	是否设置总会计师的哑变量，设置了的取值为 1，否则取值为 0

大学治理（ugov）度量方式为，每年每个大学将上述 9 个方面的分值相加，以当年直属高校得分平均值为标准，超过平均值认为有效，ugov 为 1，否则为 0。

（三）解释变量：财务管理（fin）

高校财务管理水平（fin）的度量方式为，2012—2015 年教育部对直属高校财务管理状况评价的排名结果。

（四）控制变量

是否为 985 高校（uni）：985 高校社会声誉相对更高，政府也相对更加重视，在经费投入、政策扶持上会优先保证，这为大学价值产生提供更好的保证，控制变量中加入是否为 985 高校，是 985 高校取 1，否则取 0。

高校所在地理区域（region）：直属高校除了国家会予以支持，地方政府的扶持力量也逐渐凸显。我国幅员辽阔，各地经济文化发展程度迥异，财力不同的地方政府必然在对高等教育的重视程度与投入上差别较大，较为发达的华东地区、华北地区重视程度较高，投入更大，为避免地域发展差别在大学治理、财务管理和价值增值中产生的作用，本研究加入高校所在地理区域控制变量,将我国七大地区依次赋值1~7。

2012—2015年度虚拟变量(year):为区分不同年份的数据,本研究将年份设置为控制变量。变量符号与含义如表6-3所示:

表6-3 变量符号及含义

变量分类	变量符号	变量名称	变量含义
被解释变量	val	大学价值增值	在武书连中国大学排名中,次年排名上升取1,否则取0
	teaching	教学价值增值	根据武书连人才培养得分排名,次年排名上升取1,否则取0
	research	科研价值增值	根据武书连科学研究得分排名,次年排名上升取1,否则取0
解释变量	ugov	大学治理	以每年样本大学治理得分平均值为标准,超过平均值认为有效,大学治理取1,否则取0
	fin	财务管理状况	财务管理状况评价得分排名
控制变量	uni	是否为985高校	是985高校取1,否则取0
	region	高校所在地理区域	西南地区、西北地区、华南地区、华中地区、华东地区、华北地区、东北地区依次赋值为1~7
	year	2012—2015年度虚拟变量	

三、模型设计

为验证上文提出的两个假设,本研究构建如下模型:

模型1:大学治理对大学价值增值的影响

$$val_{it} = \alpha + \beta_1 r\, ugov_{it} + \beta_2 uni_{it} + \beta_3 region_{it} + \sum year + \mu_i + \varepsilon_{it} \quad (1)$$

模型2:通过财务管理途径,大学治理对价值增值的影响

$$val_{it} = \alpha + \beta_1\, r\,ugov_{it} + \beta_2\, fin_{it} + \beta_3\, ugov_{it} * fin_{it} + \beta_4\, uni_{it} +$$

$$\beta_5\, region_{it} + \sum year + \mu_i + \varepsilon_{it} \tag{2}$$

上式中 α 表示截距, β 表示回归系数, μ_i 表示大学个体效应, ε_{it} 表示误差项。

第三节　实证结果分析

一、描述性统计

(一)大学治理统计分析

表 6‑4 为根据研究设计中大学治理的 9 个指标,2012—2015 年 75 所部属高校大学治理得分统计表,并且进一步统计分析得到图 6‑1。根据图 6‑1 所示,2012—2015 年 75 所教育部直属高校大学治理得分的平均值、中位值、最大值和最小值均呈现上升趋势,可见整体而言 75 所直属高校大学治理水平在不断提升。其中,2013—2014 年提升最为明显,整体提升了 50% 以上。75 所高校中有 48 所高校分数增加,29 所高校得分涨幅超过 100%,增长最为突出的为同济大学与西北农林科技大学,2013 年仅得 1 分,2014 年均获得满分。在 9 个指标中,增长最多的是大学章程,2014 年新增 37 所高校颁布了大学章程,由此几乎所有高校都拥有了符合自身特质并通过教育部审核的大学章程。其次,提升较多的 3 个指标均为学术委员会设置方面,2014 年超过 1/3 的直属高校不再由校长担任学术委员会主任,在大学章程中明确学术委员会为最高学术权力机构,且在学术委员会中教授的比例超过一半,说明从 2014 年开始多数学校开始通过明确学术委员会的地位、优化其结构来提升学校的学术权力,以达到与行政权力相制衡的目的。2012—2015 年直属高校大学治理得分的平均值、中位值、最大值和最小值

中唯一出现下降的是 2013—2014 年,得分最小值由 1 降为 0,这是由于少量学校未能完成 2013 年的整改事项,综合整改率过低。2015 年高校大学治理得分平均值达 7.16,整体处在较高水平,9 个指标中差距最大的为是否设置总会计师,这可能与目前高校总会计师均是由教育部或市委组织部任命有关。

表 6-4　2012—2015 年 75 所部属高校大学治理得分统计表

大学名称	2012 年	2013 年	2014 年	2015 年
四川大学	1	1	8	8
兰州大学	6	6	7	7
中山大学	1	1	8	7
武汉大学	7	8	9	9
复旦大学	7	7	9	9
南京大学	0	1	1	8
厦门大学	1	6	7	7
山东大学	2	5	9	9
中国海洋大学	2	2	8	9
北京大学	5	6	7	7
中国人民大学	3	6	6	6
南开大学	3	4	6	5
吉林大学	2	3	9	9
重庆大学	0	1	3	7
西安交通大学	6	6	9	9
华南理工大学	5	5	8	8
华中科技大学	2	1	8	8
武汉理工大学	1	7	7	7
合肥工业大学	0	2	9	9
上海交通大学	1	1	6	5
同济大学	1	1	9	9

大学名称	2012 年	2013 年	2014 年	2015 年
华东理工大学	1	1	1	8
东华大学	5	6	6	6
东南大学	1	8	8	8
江南大学	4	5	1	8
浙江大学	3	3	8	8
湖南大学	1	2	6	8
中南大学	0	1	7	7
清华大学	1	1	8	8
北京科技大学	4	3	3	8
北京化工大学	0	2	2	6
天津大学	5	6	8	7
北京中医药大学	1	1	1	7
大连理工大学	0	1	5	5
东北大学	2	2	7	8
西南大学	0	1	8	7
陕西师范大学	1	1	1	8
华中师范大学	0	6	5	6
华东师范大学	0	1	7	7
北京师范大学	1	1	4	4
东北师范大学	2	3	5	4
上海外国语大学	0	2	7	7
北京外国语大学	0	1	7	7
北京语言大学	1	1	1	4
西北农林科技大学	0	1	9	8
中国石油大学（北京）	4	1	1	7
中国石油大学（华东）	0	1	8	8
北京邮电大学	2	1	0	8

大学名称	2012 年	2013 年	2014 年	2015 年
中国农业大学	4	4	5	6
北京林业大学	1	1	1	5
中国传媒大学	0	1	1	7
中央财经大学	0	2	6	8
中国政法大学	4	4	5	5
中央音乐学院	6	5	4	6
中央美术学院	1	1	2	5
中央戏剧学院	1	2	7	7
东北林业大学	1	2	7	9
上海财经大学	1	2	7	8
中国矿业大学（徐州）	4	4	8	8
中国矿业大学（北京）	1	1	2	7
河海大学	6	6	6	7
南京农业大学	2	3	5	7
中国药科大学	2	3	7	9
中国地质大学（武汉）	2	2	2	7
中国地质大学（北京）	0	1	1	5
华中农业大学	0	1	2	8
电子科技大学	2	2	7	7
西南交通大学	0	2	2	9
西南财经大学	3	4	5	7
北京交通大学	1	2	2	7
中南财经政法大学	1	2	1	6
西安电子科技大学	0	2	6	8
长安大学	0	1	1	7
对外经济贸易大学	1	1	0	6
华北电力大学（北京）	1	2	2	7

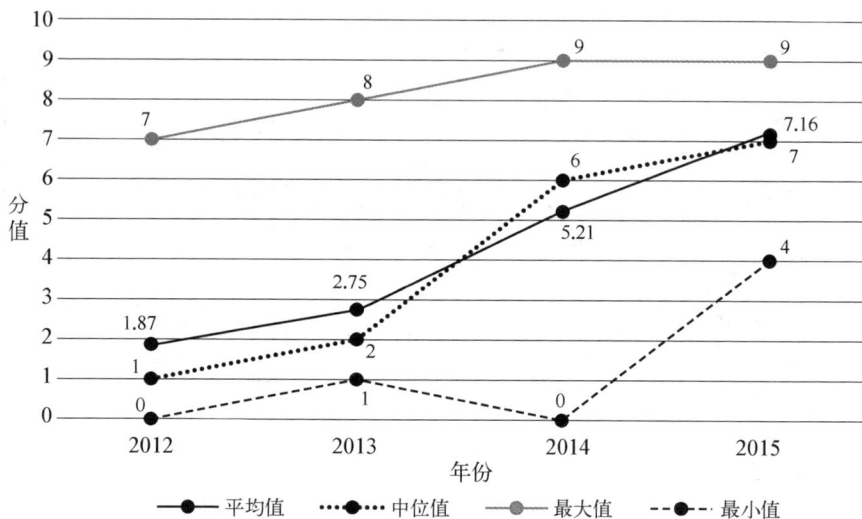

图 6－1　2012—2015 年 75 所部属高校大学治理得分统计图

　　由表 6－5 可知,在大学治理水平整体提高的同时,标准差变小,更多学校得分集中在上四分位值至下四分位值之间。2012—2015 年始终处在上四分位以上的高校有 3 所,分别是武汉大学、复旦大学和西安交通大学。2012年,75 所直属高校中有 20 个学校得分为 0,可见 2012 年相当一部分高校对大学治理不够重视,而形成对比的是,2012 年武汉大学和复旦大学已经获得最高分 7 分,这与武汉大学和复旦大学在直属高校中所具有的声望相对应。西安交通大学 2012 年、2013 年均为 6 分,2014 年其颁布大学章程、设置董事会及总会计师后达到满分。

表 6－5　2012—2015 年 75 所部属高校大学治理各分数段学校数统计表

年份　学校数　分数段	上四分位值以上（不含上四分位值）	上四分位值至下四分位值之间（不含下四分位值）	下四分位值以下
2012	16	39	20
2013	17	28	30
2014	8	45	22
2015	11	61	3

（二）财务管理统计分析

从图 6-2 可以看出，2012—2015 年 75 所部属高校财务管理评价得分的平均值和中位值在 80 分左右波动，最大值介于 85 至 90 分之间，最小值均超过 60 分，这表明 75 所直属高校 2012—2015 年的财务管理总体水平较高，符合国家和人民对我国高校财务管理的基本要求。出现波动的原因是评价指标体系每年会根据国家和教育部相关政策做出对应调整。

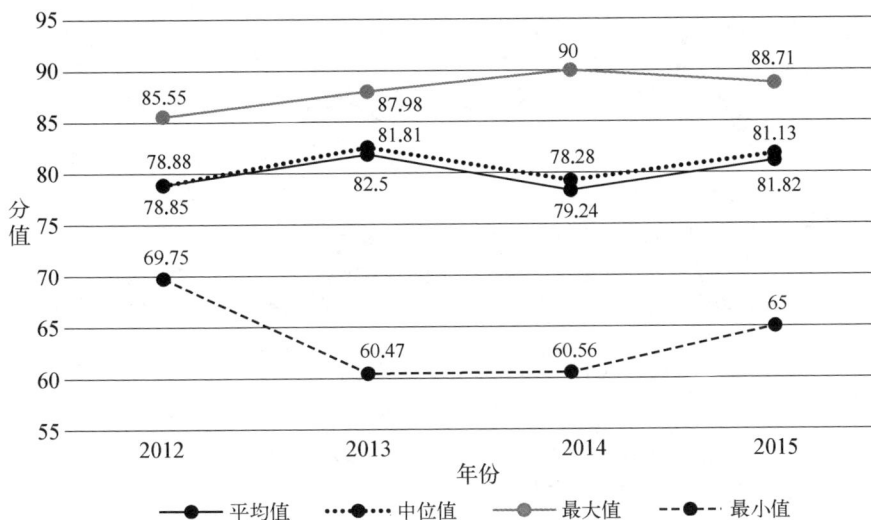

图 6-2　2012—2015 年 75 所部属高校财务
管理状况评价结果统计图

直属高校财务管理状况评价会根据结果将学校分为 A、B、C 三档，2012—2015 年每档内学校数如图 6-3 所示，可见我国 75 所部属高校主要分布在 B 档，A 档和 C 档较少。同时，2012—2015 年我国 75 所部属高校中财务管理水平处于 A 档的高校增多，这表明我国 75 所部属高校中财务管理水平总体上呈现上升趋势；C 档的高校数目虽有波动，但是总体数目较少；B 档的高校是我国 75 所直属高校中财务管理的主要分布区。

研究发现，2012—2015 年财务管理状况评价始终处于 A 档的学校有两所，为上海交通大学和中山大学（如表 6-6 所示），这两所学校的财务管理水平在75所直属高校中一直属于较高水平且较为稳定。通过对上海交通大学和中山大学两所高校的财务管理经验进行推广,能够为其他高校提供一定的经验。

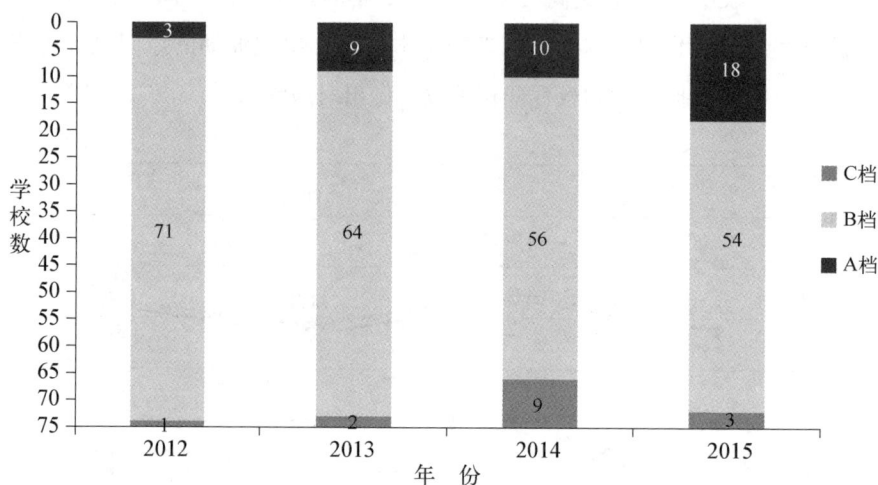

图6-3 2012—2015年75所部属高校财务管理评分分档统计图

表6-6 财务管理状况排名及得分情况

高校名称	2012 年			2013 年			2014 年			2015 年		
	排名	得分	评价等级	排名	得分	评价等级	排名	得分	评价等级	排名	得分	评价等级
上海交通大学	2	85.45	A	5	87.10	A	3	89.58	A	11	86.47	A
中山大学	2	85.45	A	6	86.90	A	7	86.90	A	1	88.71	A

(三) 变量描述性统计

核心变量描述性统计结果如表6-7所示,大学价值增值(val)平均值为0.33,标准差为0.47,表明大部分直属高校在价值增值方面提升不明显,整体价值增值表现差异不大;教学价值增值(teaching)的平均值小于科研价值增值(research),表明近年来大学科研进步大于教学;大学治理(ugov)

平均值为 0.44,表明大部分学校的治理水平还有待提升,需要优化大学内外治理;是否为 985 高校的控制变量(uni)均值为 0.43,说明 75 所直属高校中 985 高校数量没有超过一半;地理区域控制变量(region)平均值为 4.72,标准差为 1.68,说明直属高校分布不均衡,较多集中在东部地区。通过上述对核心变量的描述性统计可知,数据具有良好的统计特征,可以进行进一步实证分析。

表 6-7 描述性统计

变　　量	mean	sd	min	max	p25	p50	p75
val	0.330	0.470	0	1	0	0	1
teaching	0.280	0.450	0	1	0	0	1
research	0.350	0.470	0	1	0	0	1
ugov	0.440	0.500	0	1	0	0	1
fin	37.910	21.710	1	75	19	38	57
uni	0.430	0.500	0	1	0	0	1
region	4.720	1.680	1	7	4	5	6

二、相关性检验

主要变量的 Pearson 相关系数如表 6-8 所示,大学价值增值(val)、教学价值增值(teaching)与科研价值增值(research)相关系数较高,原因是大学价值增值是由教学与科研价值增值组成的;大学价值增值(val)、教学价值增值(teaching)、科研价值增值(research)与大学治理(ugov)均在 1% 的水平上显著正相关,表明随着大学治理水平的提高,高校的价值增值相应得到改善,假设 1 初步得到验证。从整体上看,被解释变量与解释变量间的相关系数绝对值最大为 0.380,不存在多重共线性问题,具有良好的统计性特征,可以进行进一步的实证分析。

表 6-8 相关性分析

变 量	val	teaching	research	ugov	fin	uni	region
val	1						
teaching	0.437***	1					
research	0.496***	0.426***	1				
ugov	0.391***	0.147**	0.157***	1			
fin	0.127**	0.0780	0.167***	−0.342***	1		
uni	−0.112*	−0.142**	−0.106*	0.180***	−0.370***	1	
region	−0.0500	0.0420	−0.0350	−0.0470	0.0140	−0.145**	1

注：***、**、*分别表示相关系数在 1%、5%、10%的水平上显著。

三、实证回归分析

考虑被解释变量为离散型、个体间差异以及 Hausman 检验,本研究选择随机效应 Logit 模型进行回归。通过理论分析可知,大学的社会服务是由教学与科研转化而来,且武书连中国大学排名中有明确人才培养和科学研究得分,故在回归中会将大学价值增值进一步细分为教学价值增值和科研价值增值。

（一）大学治理与大学价值增值关系的实证结果

表 6-9 报告的是假设 1 的实证回归结果。为观察结果的稳定性,我们通过逐步加入控制变量的方式进行检验。第（1）列报告的是在不加任何控制变量的情况下的回归结果,大学治理(ugov)与被解释变量大学价值增值(val)在 1%的水平上显著正相关,回归系数为 2.360。第（2）列在加入控制变量后,大学治理(ugov)的回归系数依然在 1%置信水平上显著为正,为 2.468。这说明大学治理确实是激发大学产生价值的关键因素,良好的内部治理结构以及外部监督体制会直接促进大学价值增值,支持研究假设 1,即大学治理能够对价值增值产生积极影响。第（3）列和第（4）列是以教学价值增值

（teaching）为被解释变量,依次加入控制变量的回归结果,大学治理（ugov）的回归系数始终在1%置信水平上显著为正。第（5）列和第（6）列是以科研价值增值（research）为被解释变量,依次加入控制变量后的回归结果,与教学价值增值结果一致,大学治理（ugov）与科研价值增值（research）显著正相关。由此可知,大学治理对于教学与科研均会产生正面影响,促进其价值增值,并进一步通过教学、科研转化提升社会服务价值。

表6-9　大学治理与价值增值

变　量	（1） val	（2） val	（3） teaching	（4） teaching	（5） research	（6） research
ugov	2.360 *** （0.000）	2.468 *** （0.000）	0.673 ** （0.016）	0.791 *** （0.005）	0.693 ** （0.010）	0.768 *** （0.004）
uni		−1.078 *** （0.009）		−0.806 *** （0.005）		−0.633 ** （0.021）
region		−0.102 （0.362）		0.044 （0.591）		−0.061 （0.431）
Year	未控制	控制	未控制	控制	未控制	控制
Constant	−2.149 *** （0.000）	−1.031 （0.122）	−1.280 *** （0.000）	−1.384 *** （0.007）	−1.100 *** （0.000）	−1.033 ** （0.035）
N	260	260	260	260	260	260
Wald	27.800	32.220	5.850	16.083	6.566	15.234
P 值	0.000	0.000	0.016	0.013	0.010	0.019

注：括号中的数字为相应统计量的概率 P 值,***、**、*分别表示相关系数在 1%、5%、10%的水平上显著。

（二）大学治理、财务管理与大学价值增值关系的实证结果

表6-10报告的是假设2的实证回归结果,同假设1一致,通过逐步加入控制变量方式保证检验结果的稳定性。表6-10第（1）列描述了在没有任何控制变量的情况下的回归结果,交互项 ugov_fin 与被解释变量 val 在 1%置信水平上显著正相关,相关系数为 0.050,说明大学治理通过财务管理这一路径

作用于价值增值的作用明显,即较高的财务管理水平会加强大学治理对大学价值增值的正向影响。进一步加入控制变量,结果如第(2)列所示,大学治理和财务管理交互项 ugov_fin 对价值增值的效果仍然在1%的水平上显著,相关系数为0.045,说明财务管理确实是大学治理促进价值增值的关键路径,通过高效的财务管理活动,大学治理对高校价值的产生事半功倍,支持假设2。第(3)列和第(4)列是以教学价值增值(teaching)为被解释变量的回归结果,由第(4)列回归结果可知,在加入控制变量后,交互项 ugov_fin 与被解释变量 teaching 的回归系数不显著。第(5)列和第(6)列是以科研价值增值(research)为被解释变量的回归结果,在加入控制变量后,交互项 ugov_fin 与被解释变量 research 的回归系数在5%置信水平下显著正相关。由此对比可知,大学治理通过财务管理可以有效提升大学价值,但提升的主要是科研价值,对教学价值的提升并不显著。

表6-10　大学治理、财务管理与价值增值

变　量	(1) val	(2) val	(3) teaching	(4) teaching	(5) research	(6) research
ugov	0.905* (0.098)	1.179** (0.035)	0.010 (0.979)	0.280 (0.522)	−0.128 (0.750)	0.017 (0.968)
ugov_fin	0.050*** (0.001)	0.045*** (0.002)	0.021** (0.028)	0.016 (0.123)	0.027*** (0.007)	0.024** (0.021)
uni		−0.806* (0.055)		−0.680** (0.023)		−0.460 (0.104)
region		−0.096 (0.406)		0.047 (0.571)		−0.056 (0.470)
Year	未控制	控制	未控制	控制	未控制	控制
Constant	−2.071*** (0.000)	−1.108 (0.106)	−1.261*** (0.000)	−1.446*** (0.006)	−1.085*** (0.000)	−1.139** (0.023)
N	260	260	260	260	260	260
Wald	35.747	37.790	11.144	18.425	13.674	20.199
P值	0.000	0.000	0.004	0.010	0.001	0.005

注:括号中的数字为相应统计量的概率 P 值,***、**、*分别表示相关系数在1%、5%、10%的水平上显著。

四、进一步研究：财务管理与大学价值增值关系研究

进一步研究大学财务管理与大学价值增值之间的关系。大学的任何价值活动离不开资金的支持,高校财力资源是其生存和发展的根本保证,高校财务管理在核算基础上,为大学开拓资金来源渠道,保障教学、科研、社会服务的顺利开展;合理编制学校预算是《高等学校财务制度》中提到的高校财务管理的主要任务之一,财务管理作为一项支持价值活动,为教学、科研、社会服务三项基础价值活动合理编制预算,有效控制预算执行,实现预算的实际可操作和资源的有效利用,促进大学价值增值;在开展大学基本价值活动和支持价值活动中,财务管理会对各项活动进行监督,规范资金使用行为,防范财务风险,以保证大学价值不断积累增加;高校的价值创造和高校的发展战略相匹配,财务管理是高校战略地图的底层保障基础,为高校发展战略执行提供资金的管理手段和机制,不仅是传统意义上的资金保障,还是系统保证、信息保障等,故财务管理会促进大学价值增值。

表 6-11 报告的是检验财务管理与价值增值关系的实证回归结果。由第(1)列报告可知,在不加任何控制变量的情况下,财务管理(fin)与大学价值增值(val)在 5% 的置信水平上显著正相关,相关系数为 0.013。在第(2)列中加入控制变量,财务管理(fin)的回归系数依然在 1% 的水平上显著为正,回归系数为 0.055。故财务管理作为大学价值链中的一项重要支持作用,不但支持教学、科研、社会服务三个基础活动,也为其他支持活动提供保障,即财务管理对大学价值增值具有显著正相关的影响。第(3)列和第(4)列是以教学价值增值(teaching)为被解释变量的回归结果,财务管理(fin)与被解释变量 teaching 的回归系数不显著。第(5)列和第(6)列是以科研价值增值(research)为被解释变量的回归结果,在加入控制变量后,财务管理(fin)与被解释变量 research 的回归系数在 5% 置信水平下显著正相关。对比发现,财务管理可以有效提升大学价值,但提升的主要是科研价值,对教学价值的提升并不显著。

表 6 - 11　财务管理与价值增值

变　　量	(1) val	(2) val	(3) teaching	(4) teaching	(5) research	(6) research
fin	0.013 ** (0.049)	0.055 *** (0.000)	0.008 (0.190)	0.003 (0.610)	0.017 *** (0.007)	0.015 ** (0.025)
uni		−0.582 (0.195)		−0.596 ** (0.045)		−0.271 (0.344)
region		−0.100 (0.415)		0.039 (0.634)		−0.052 (0.500)
Year	未控制	控　制	未控制	控　制	未控制	控　制
Constant	−1.267 *** (0.000)	−3.918 *** (0.000)	−1.242 *** (0.000)	−1.225 ** (0.037)	−1.407 *** (0.000)	−1.481 ** (0.013)
N	260	260	260	260	260	260
Wald	3.883	36.750	1.721	9.390	7.364	11.879
P 值	0.049	0.000	0.190	0.153	0.007	0.065

注：括号中的数字为相应统计量的概率 P 值，***、**、*分别表示相关系数在 1%、5%、10%的水平上显著。

五、稳健性检验

本研究试图通过用其他大学排名替换武书连中国大学排名衡量大学价值增值，但如前研究设计所述，基于数据可获得性和评价内容全面性对 13 个具有知名度的排名进行筛选，除武书连中国大学排名外，仅余下 QS 世界大学排名和泰晤士世界高等教育排名，但在这两个排名中，中国教育部直属高校获得明确排名的学校过少（见表 6 - 1）。与随机效应相比，混合效应模型没有考虑各个高校之间的差异，即假定所有高校是同质的，若采用混合效应进行回归也能得到相同的回归结果，则说明我们上述实证分析内容稳健，故以下本研究采取混合效应 logit 模型重新对数据进行回归。

表 6 - 12 报告的是稳健性检验结果，在更换过回归模型后，核心变量的相关性与回归系数变化不大，可见本研究的结果稳健。

表 6 - 12　稳健性检验

变　量	（1） val	（2） val	（3） teaching	（4） teaching	（5） research	（6） research
ugov	2.468 *** （0.000）	1.179 ** （0.032）	0.791 *** （0.003）	0.541 （0.346）	0.768 *** （0.005）	0.017 0 （0.969）
ugov_fin		0.045 *** （0.000）		0.010 （0.470）		0.024 ** （0.012）
uni	-1.078 *** （0.009）	-0.806 ** （0.049）	-0.806 *** （0.004）	-0.647 ** （0.025）	-0.633 ** （0.017）	-0.459 * （0.090）
region	-0.102 （0.248）	-0.096 （0.287）	0.044 （0.583）	0.049 （0.548）	-0.061 （0.443）	-0.056 （0.473）
Year	控制	控制	控制	控制	控制	控制
Constant	-1.031 ** （0.038）	-1.108 ** （0.034）	-1.384 *** （0.001）	-1.735 ** （0.011）	-1.033 ** （0.032）	-1.139 ** （0.021）
N	260	260	260	260	260	260
Wald	25.494	42.660	19.717	24.268	14.539	23.586
P 值	0.000	0.000	0.003	0.002	0.024	0.001

　　注：括号中的数字为相应统计量的概率 P 值，***、**、*分别表示相关系数在 1%、5%、10%的水平上显著。

第七章　大学治理、财务管理与价值增值关系的进一步研究

第一节　财务管理水平影响因素实证研究

一、研究假设

依托公共产品理论,本书探讨了大学财务管理的现状及问题,同时,基于对国内外关于大学财务管理评价指标体系的系统研究和综合分析,对大学资金投入、运行和产出的全过程进行财务管理状况评价,并特别注重对运行过程的评价,使之由"黑箱"成为"白箱"。

上文详细研究了财务管理的体制因素、技术因素和环境因素,并分析存在的问题,进而在最大程度上提升大学的财务管理水平。本书进一步将技术因素细分为预算管理、决算管理和核算管理三方面,并提出大学财务管理要高度重视预算管理、决算管理和核算管理,改善上述三方面均有利于大学的财务管理。基于上述研究,提出如下六个假设:

(一) 体制因素与大学财务管理的关系

大学财务管理体制是在一定条件下大学根据国家法律法规、自身发展目标和管理要求所确定的校内各级管理层和教职员工的责任承担、权利享有、利益分享,保证校内财务管理的统一性和权威性,保证校内各项规章制度自上而下、自下而上得以顺利贯彻执行的根本制度,是制定大学财务管理制度、

健全财务运行机制的基本准则和组织保障。

　　大学迫切需要以创建现代大学财务管理制度为目标,建立和完善新形势下的大学财务管理体制,以适应新时期高等教育事业发展需要。① 财务管理组织框架及职责和内部审计分别从两个角度反映了大学财务管理的体制情况。其中,财务管理组织框架及职责反映了财务管理组织机构建设情况,包括学校财务、资产和内部审计部门机构设置、职责范围情况;内部审计反映了内部审计监督工作内容的完整性及内部审计结果应用情况。建立符合现代大学制度要求的新型大学财务管理体系,是有效提升我国高等教育资源的合理配置、提高办学效益、实现大学可持续发展的必由之路。因此,大学财务管理体制是提高大学财务管理水平的一个重要因素。

　　由此,提出如下假设:

　　假设1:大学财务管理体制因素对财务管理具有显著正相关的影响。

(二) 技术因素与大学财务管理的关系

　　要使财务资源得到有效配置,保证财务资金的高效、规范、有序、顺畅流转,实现大学的整体发展目标,就必须提高大学的财务管理技术水平,保证大学财务在资源合理配置方面的预算科学性、会计核算方面的合理性和规范性以及决算报表的真实性和有用性。财务管理技术水平主要体现在财务运行的三个环节中,即预算、核算和决算管理。

　　财务管理工作任务的完成有赖于较高的大学财务管理水平,因此,研究影响大学财务管理水平的因素,从技术因素入手提高大学财务管理水平,就显得尤为重要。

　　由此,提出如下假设:

　　假设2:大学财务管理技术因素对财务管理具有显著正相关的影响。

　　进一步将技术因素细分为预算管理、决算管理和核算管理三方面,提出

---

① 彭宇飞. 新时期高校财务管理体制改革研究[J]. 南通大学学报(社会科学版),2014,30(06): 143-148.

假设。徐静提出,在新形势下,大学财务管理体系的建设必须加强预算管理,预算管理是整个财务管理工作中的重要环节,也是明确大学发展目标、确立中长期事业规划、合理综合利用资金的依据。① 梁勇、干胜道认为,政府预算是配置公共资源的工具,也是公共支出管理工具,那么学校预算也应该是加强全校经费管理、提高资金使用效益的有效方式。②

随着《国家中长期教育改革和发展规划纲要(2010—2020年)》的颁布实施,我国大学教育经费预期会持续增加。所以,通过完善包括预算管理在内的大学财务管理体系,在公共财政改革框架下进一步提高大学资源的配置效率和使用效益愈发重要。大学预算管理体制是大学财务管理体制的核心,是财务管理体制的主导环节,在资源配置中发挥着主导作用。③ 金素文也认为预算决定了财务工作的方向,大学各项费用的收支都应按部门预算来执行。④

大学预算属于事业单位的收支预算,财政部《事业单位财务规则》第六条规定,事业单位预算是事业单位根据事业发展目标和计划编制的年度财务收支计划。《高等学校财务制度》第十条规定,高等学校预算是指高等学校根据事业发展目标和计划编制的年度财务收支计划。许江波提出,预算管理是大学提高资源配置效率的重要途径;⑤乔春华将大学经费比作大学的脊梁,认为预算是大学的神经中枢;⑥田华静指出,大学经费是大学发展的基本保证,预算是其效益最大化的技术路径。⑦ 可见,预算管理是决定大学财务

---

① 徐静. 新形势下高校财务管理体系的建设研究[J]. 陕西教育(高教版),2015(06):43-44.

② 梁勇. 论高校财务信息的公开[J]. 教育财会研究,2011,22(01):8-11.

③ 王明吉. 我国大学预算管理现状及对策建议[J]. 会计之友,2012(32):4-6.

④ 金素文. 浅论高校财务管理面临的问题及应对措施[J]. 山西财经大学学报,2010,32(S1):152-153.

⑤ 许江波,李春龙. 中国高校预算管理现状调查与思考[J]. 经济与管理研究,2011(05):118-122.

⑥ 乔春华. 高校预算管理研究[M]. 苏州:苏州大学出版社,2013:123.

⑦ 田华静. 大学治理视野下的高校预算导向作用[J]. 苏州大学学报(哲学社会科学版),2014,35(06):127-131.

管理水平的一个重要技术重要因素。

由此,提出如下假设:

假设 2a:大学预算管理对财务管理具有显著正相关的影响。

高等学校决算是指高等学校根据预算执行结果编制的年度报告,这包括两层含义:首先规定了决算是要按照预算执行,然后根据执行结果编制年度报告。大学要编制高质量的财务决算报表,还要落实到日常会计核算。因此,大学财务决算是学校年度内完成的事业计划和工作任务的货币表现。财务决算是以资金的形式反映大学财务状况、资金收付及教学、科研各项事业计划完成情况的报告文件,是大学预算执行情况的总结,是财政部门及上级主管部门了解情况,进行有关决策等所需的重要信息资料,同时也是本单位加强财务管理、提高管理水平的重要资料。

《高等学校财务制度》对大学财务管理中的决算管理也提出明确的要求,第四条指出,"大学要完整、准确编制学校决算,真实反映学校财务状况。《国家中长期教育改革和发展规划纲要(2010—2020 年)》明确提出,到 2012年实现国家财政性教育经费支出占国内生产总值比例达到 4% 的目标。目前该目标已经实现。财政资金的大力投入,必然要求高等院校预决算水平不断提高。大学的财务决算报告是国家对教育投入最直接、最有成效、最综合的反映,也是会计核算工作的成果,与大学的财务管理水平有着直接的联系,同时也是办学效益最直接的体现。可见,决算管理水平是决定大学财务管理水平的一个重要技术因素。

由此,提出如下假设:

假设 2b:大学决算管理对财务管理具有显著正相关的影响。

《高等学校财务制度》第四条要求高等学校财务管理要做到"科学配置学校资源,努力节约支出,提高资金使用效益",这就需要大学完善相应的管理制度,包括会计核算制度。进行教育成本核算,将有利于大学强化内部管理,加强资源的管理和利用,提高办学效益和财务管理水平。从 1998 年 1月 1 日起开始试行的《高等学校会计制度》,将原来的"三大"会计核算要素统一规定为"五大"会计核算要素,并将原来的"收付记账法"改为国际通用的"借贷记账法",确立了大学为独立的会计主体,要求大学的会计工作全面、准确地反映大学的财务状况和收支情况。这为大学成本核算奠定了理论基础,使大学成本的核算工作成为可能。冯宝军指出,将全成本核算思想用于大学科研项目管理,是提高科研管理水平的有效方法。① 唐荣红指出,随着高等教育改革的深入,大学会计核算的技术要求也越来越突出,核算向专门化、专业化、精细化、规范化、科学化方向发展,通过核算向有关部门提供客观有用的会计信息,使资金的管理科学、使用节约,提高效率与使用效果,提高各项资金的使用业绩。② 可见,大学财务核算水平是提高普通大学的财务管理水平,促进大学稳健、持续发展的重要技术因素。

由此,提出如下假设:

假设 2c:大学核算管理对财务管理具有显著正相关的影响。

(三)环境因素与大学财务管理的关系

2010 年 5 月,教育部颁布的《高等学校信息公开办法》规定,大学要主动公开包括学生奖学金、助学金、学费减免、助学贷款与勤工俭学的申请与管理规定等,收费的项目、依据、标准与投诉方式,财务、资产与财务管理制度,学校经费来源、年度经费预算决算方案,财政性资金、受捐赠财产的使用与管理情况,仪器设备、图书、药品等物资设备采购和重大基建工程的招投标等财务信息。③ 全国大学开始正式实施信息公开工作。2013 年出台的《高等学校会计制度》也要求大学对外提供真实、完整的财务报表。大学财务信息是大学信息的核心部分,大学财务信息公开是大学信息公开工作的关键一环。为响应国家政策,大部分大学开设了信息公开专栏,展开正常的大学信息公开工作。2014 年,教育部公布了《高等学校信息公开事项清单》,公开事项包括 10

---

① 冯宝军,李延喜,李建明. 基于多属性分析的高校科研经费全成本核算研究[J]. 会计研究,2012(05):10 - 15+93.
② 唐荣红,齐艾玲. 普通大学会计核算改革的思考[J]. 经济师,2014(06):98 - 99.
③ 商兰芳. 高校财务信息公开的研究与思考[J]. 中国教育信息化,2013(07):16 - 18.

大类 50 项内容,其中包括收支决算总表、收入决算表、支出决算表、财政拨款支出决算表等财务、资产及收费信息。2015 年,教育部办公厅发布通知,要求各大学进一步细化主动公开范围和公开目录,做好动态更新,特别要加大招生、财务等重点领域信息公开力度,主动接受外部监督。

湛中乐指出,信息公开对于大学的教学与科研秩序至关紧要。公开是公平、公正的前提,大学信息公开是营造一个公平、公正、安心、稳定的教学科研环境的关键所在。[①] 徐敏指出,信息公开对现代大学制度建设存在外部效应和内部效应。外部效应体现在:有益于大学与社会的有效联系,有益于大学问责制的建立,有益于教育国际化的推进。内部效应体现在:实现民主管理,推进去行政化,反腐倡廉,提高办学效益,增强软实力。[②] 另外,财务信息是其监管受托者如何有效地使用、分配资金,充分利用市场机会,最终实现资金效益最大化的财务管理过程中所依赖的必要内容。[③] 同时,财务信息的公开也是维护各相关利益者知情权、参与权、表达权和监督权的重要体现。大学的信息公开状况可以反映大学财务管理的环境因素。可见,环境因素是影响一所大学财务管理水平的重要因素。

由此,提出如下假设:

假设 3:大学财务管理环境因素对财务管理具有显著正相关的影响。

二、研究设计

(一) 样本选择与变量选择

本研究时间窗口为 2012—2015 年,在该时间窗口范围内选取 75 所教育部部属高校为样本。同时基于所选取的研究对象和数据可获得性,大学财务

---

① 湛中乐. 大学信息公开制度的建设与反思[J]. 国家教育行政学院学报,2013(02):3-8.

② 徐敏. 高校信息公开与现代大学制度建设[J]. 江苏高教,2011(01):43-45.

③ 梁勇,干胜道. 论大学"大财务观"[J]. 四川师范大学学报(社会科学版),2013,40(03):83-88.

管理状况中的体制因素、技术因素(预算管理、决算管理、核算管理)和环境因素的数据选取全国 75 所教育部直属高校财务管理状况评价中的相应得分数据。

　　所使用的数据主要来自教育部直属高校财务管理评价,均为手工查询与整理,剔除数据缺失值后,最终得到 300 个样本观测值。数据处理采用 EXCEL2010、STATA14.0 软件完成。

(二) 模型设计与变量说明

1. 模型设计

为验证上文提出的六个假设,构建如下模型:

模型 8-1-1:大学财务管理体制因素对财务管理水平的影响

$$\text{fin} = \beta_0 + \beta_1 sys + \beta_2 u + \beta_3 region + \beta_4 year + \mu \qquad (7-1-1)$$

模型 8-1-2:大学财务管理技术因素对财务管理水平的影响

$$\text{fin} = \beta_0 + \beta_1 tech + \beta_2 u + \beta_3 region + \beta_4 year + \mu \qquad (7-1-2)$$

模型 8-1-3:大学财务管理环境因素对财务管理水平的影响

$$\text{fin} = \beta_0 + \beta_1 env + \beta_2 u + \beta_3 region + \beta_4 year + \mu \qquad (7-1-3)$$

模型 8-1-4:大学预算管理对财务管理水平的影响

$$\text{fin} = \beta_0 + \beta_1 budg + \beta_2 u + \beta_3 region + \beta_4 year + \mu \qquad (7-1-4)$$

模型 8-1-5:大学决算管理对财务管理水平的影响

$$\text{fin} = \beta_0 + \beta_1 final + \beta_2 u + \beta_3 region + \beta_4 year + \mu \qquad (7-1-5)$$

模型 8-1-6:大学核算管理对财务管理水平的影响

$$\text{fin} = \beta_0 + \beta_1 cal + \beta_2 u + \beta_3 region + \beta_4 year + \mu \qquad (7-1-6)$$

　　上述模型中,被解释变量 fin 为大学财务管理。控制变量 u 代表是否为 "985"大学,region 为大学所在的地理区域,year 为年度控制变量。

2. 变量说明

各所大学财务管理各变量的相关数据来源于本团队之前承担过的教育部项目"大学财务管理状况评价指标体系研究"。

（1）被解释变量

被解释变量 fin 表示大学财务管理水平，是对大学财务管理状况的整体评价。大学财务管理是大学管理的重要组成部分，是对大学财务活动和以财务活动为基础所形成的各种财务关系的管理。

（2）解释变量

体制因素（sys）：数据来自大学财务管理状况评价指标体系中的财务管理组织框架及职责和内部审计两个三级指标。财务管理组织框架及职责三级指标下分为财务决策组织、财务执行机构、财务监督机构、财务管理领导岗位和组织职责五个评分点。内部审计三级指标下分为内部审计监督内容的完整性、审计结果应用情况和内部审计工作创新三个评分点。

技术因素（tech）：包括预算管理、决算管理、核算管理。

预算管理因素（budg）：数据来源于大学财务管理状况评价指标体系预算管理一级指标的得分。预算管理指标下分为预算编制与调整的科学性与合理性、预算执行情况和政府采购预算管理三个二级指标。

决算管理因素（final）：数据来自大学财务管理状况评价指标体系的决算管理、偿债和发展能力两个一级指标。偿债和发展能力所包含的财务指标是在决算报表数据基础上进行分析的偿债能力和财务发展能力两个二级指标。决算管理指标下分为决算报表质量和执行约束力两个二级指标。

核算管理因素（cal）：数据来自大学财务管理状况评价指标体系的专用基金管理、收入管理、支出管理、资产管理、负债管理、成本费用管理六个一级指标。专用基金管理指标包含专用基金管理情况和专项经费管理情况两个二级指标，收入管理指标包含收入合法合规性、收入结构管理、国库集中收缴规范性三个二级指标，支出管理指标包含三公经费和会议费控制管理、支出合法合规性、支出结构管理、国库集中支付规范性四个二级指标，资产管理指标包含资产管理合法合规定性、对外投资管理、资产使用效率性三个二级指标,负债管理指标包含负债分类管理和负债规范管理两个二级指标,成本费用管理指标包含费用按用途核算情况和成本核算精细化情况两个二级指标。

表7-1　财务管理技术因素变量指标选取情况

变量	一级指标	二级指标	三级指标
预算管理因素	预算管理	预算编制与调整的科学性与合理性	预算编制和调整的政策与程序
			预算调整率
		预算执行情况	预算执行率
			学费欠缴率
		政府采购预算管理	政府采购预算管理及招投标程序合法合规性
			政府采购资金完成率
核算管理因素	专用基金管理	专用基金管理情况	专用基金制度建设与核算情况
		专项经费管理情况	专项经费制度建设与核算情况
			专项经费使用情况
	收入管理	收入合法合规性	收费项目的合法合规性
		收入结构管理	财政拨款收入比重
			捐赠收入增长率
		国库集中收缴规范性	国库集中收缴情况
	支出管理	三公经费和会议费控制管理	三公经费变动率
			三公经费和会议费制度建立情况
		支出合法合规性	支出项目合法合规性
		支出结构管理	教育支出占(学费+财政补助)比重和增长率
			人均基本支出
		国库集中支付规范性	国库集中支付情况
	资产管理	资产管理合法合规性	流动性资产管理情况
			非流动性资产管理情况
		对外投资管理	对外投资审批与核算清理
			对外投资收益率

变 量	一级指标	二级指标	三级指标
核算管理因素	资产管理	资产使用效率性	资产管理使用制度与效率情况
	负债管理	负债分类管理	应付与预收款项变动率
			银行贷款变化率
		负债规范管理	借入款项审批情况
	成本费用管理	费用按用途核算情况	费用归集与分摊情况
		成本核算精细化情况	成本核算情况
决算管理因素	决算管理	决算报表质量	决算报表的真实、完整和规范性
		执行约束力	财政拨款结转结余变化率
			事业基金结余增长率
	偿债和发展能力	偿债能力管理	资产负债率
			流动比率
		财务发展能力	总资产增长率
			净资产增长率

环境因素（env）：采用信息公开变量来衡量，信息公开数据来源于大学财务管理状况评价指标体系财务管理组织与制度一级指标下，财务监督二级指标下，财务信息公开三级指标。在对大学信息公开情况进行评分时，从四个方面进行评价：第一，按照国家信息公开条例及教育部高等学校信息公开办法，制定和建立学校信息公开制度；第二，制度中反映财务信息公开内容的完整性和规范性；第三，财务信息是否按照信息公开文件规定的时间公开；第四，是否以网站作为财务信息公开渠道及方式。

（3）控制变量

是否为985大学（u）：为控制985大学在大学治理、财务管理和价值增值中的作用，是985大学取1，否则取0。

大学所在地理区域（region）：为控制不同地区对大学价值增值的影响，本研究采用我国七大地理分区方法，即西南地区、西北地区、华南地区、华中地区、华东地区、华北地区、东北地区，将我国大学所在地理区域进行划分，依次赋值为 1~7。

2012—2015 年度虚拟变量(year):为区分不同年份的数据,本研究将年份设置为控制变量。

表 7-2　变量符号及含义

变量分类	变量符号	变量名称	变量含义
因变量	fin	财务管理状况	按照研究对象在财务管理状况评价中的得分进行排名
自变量	sys	体制因素	按照研究对象在财务管理状况评价中体制因素得分进行排名
	tech	技术因素	按照研究对象在财务管理状况评价中技术因素得分进行排名
	env	环境因素	按照研究对象在财务管理状况评价中环境因素得分进行排名
	budg	预算管理	按照研究对象在财务管理状况评价中预算管理得分进行排名
	final	决算管理	按照研究对象在财务管理状况评价中决算管理得分进行排名
	cal	核算管理	按照研究对象在财务管理状况评价中核算管理得分进行排名
控制变量	u	是否为 985 大学	是 985 大学取 1,否则取 0
	region	大学所在地理区域	七大地理区域
	year	2012—2015 年度虚拟变量	

三、实证结果分析

(一)统计性描述

表 7-3 给出了 75 所教育部直属高校的描述性统计分析结果。由表中可以看出:(1)大学财务管理(fin)最小值为 1,最大值为 75,平均值为 37.89,标准差为 21.71,表明 75 所教育部直属高校财务管理水平差异性较

大。(2)体制因素(sys)最小值为1,最大值为75,平均值为37.70,标准差为21.76,表明各大学财务管理在体制因素上分布较为均匀。(3)技术因素(tech)最小值为1,最大值为75,平均值为37.79,标准差为21.70,表明各大学财务管理在技术因素上有较大的离散程度。(4)环境因素(env)最小值为1,最大值为75,平均值为18.30,表明大学信息公开水平较低,标准差为24.58,表明各大学财务管理在环境因素上差异性较大。(5)预算管理(budg)最小值为1,最大值为75,平均值为36.35,标准差为22.10,表明各大学财务管理在预算管理上均匀分布。(6)决算管理(final)最小值为1,最大值为75,平均值为33.81,标准差为23.49,表明各大学财务管理在决算管理上存在较大差异。(7)核算管理(cal)最小值为1,最大值为75,平均值为37.59,标准差为21.78,表明各大学财务管理在核算管理上存在较大差异。(8)是否为985大学的控制变量(u)最小值为0,最大值为1,均值为0.430,标准差为0.500,可以看出,75所部属高校中985大学数量没有超过一半。(9)地理区域控制变量(region)最小值为1,最大值为7,平均值为4.720,标准差较小,为1.680,从75所部属高校的地区分布来看,大学的地区差异较明显,存在某一地区集中较多大学的情况。(10)整体来看,财务管理水平、体制因素、技术因素、环境因素、预算管理、决算管理和核算管理七个变量的标准差较大,表明样本数据的离散程度较大,具有良好的统计特征。

表7-3 描述性统计

variable	mean	sd	min	max
fin	37.89	21.71	1	75
sys	37.70	21.76	1	75
tech	37.79	21.70	1	75
env	18.30	24.58	1	75
budg	36.35	22.10	1	75
final	33.81	23.49	1	75

variable	mean	sd	min	max
cal	37.59	21.78	1	75
u	0.430	0.500	0	1
region	4.720	1.680	1	7

（二）相关性检验

在表7-4中,我们给出了主要变量的相关性分析,从 Pearson 相关系数来看,财务管理水平(fin)与体制因素(sys)在1%的水平上显著正相关,与本研究的初步假设相符合。这表明,随着财务管理体制的完善,财务管理水平相应得到改善,初步支持了本研究的假设。并且,财务管理水平和体制因素之间相关性为0.661,相对其他变量来说,其相关系数较大,说明体制因素和财务管理之间具有显著正相关关系,我们将在后文的多元统计回归分析中做进一步的严格检验。财务管理(fin)与技术因素(tech)之间的相关系数为0.454,且在1%的水平上正相关,与本研究的初步假设相符合。这表明,财务管理水平与技术因素正相关,同样初步支持了本研究的假设,我们将在后文中做进一步的严格检验。财务管理(fin)与环境因素(env)之间的相关系数为0.199,且在1%的水平上正相关,虽然相关系数较小,但仍与本研究的初步假设相符合。这表明,随着财务环境日趋完善,财务管理水平也将会提高,同样初步支持了本研究的假设,我们将在后文中做进一步的严格检验。

表7-4 相关系数

	fin	sys	tech	budg	final	cal	env	u	region
fin	1								
sys	0.661 ***	1							
tech	0.454 ***	0.118 **	1						
budg	0.412 ***	0.231 ***	0.176 ***	1					

	fin	sys	tech	budg	final	cal	env	u	region
final	0.370 ***	0.055	0.197 ***	0.187 ***	1				
cal	0.677 ***	0.319 ***	0.280 ***	0.324 ***	0.054 0	1			
env	0.199 ***	0.254 ***	−0.030	0.108 *	0.093 0	0.070	1		
u	−0.369 ***	−0.245 ***	−0.159 ***	−0.101 *	−0.070	−0.297 ***	−0.128 **	1	
region	0.014 0	−0.004	0.046 0	−0.031	−0.097 *	0.133 **	−0.001	−0.145 **	1

注：括号中的数字为相应统计量的概率 P 值，***、**、*分别表示相关系数在 1%、5%、10%的水平上显著。

财务管理(fin)与预算管理(budg)之间的相关系数为 0.412,财务管理(fin)与决算管理(final)之间的相关系数为 0.370,财务管理(fin)与核算管理(cal)之间的相关系数为 0.677,三者均在 1%的水平上正相关,与本研究的初步假设相符合。这表明,随着预算管理、决算管理、核算管理水平的提高,财务管理也水平将会提高,同样初步支持了本研究的假设,我们将在后文中做进一步的严格检验。

财务管理(fin)与是否为 985 大学的控制变量(u)在 1%的水平上负相关,相关系数为−0.369,这一结果表明,并非一所大学成为 985 大学会对其财务管理产生正向影响。财务管理(fin)与大学地区的控制变量(region)并未有显著的相关性,这一结果表明,一所大学所处的地理位置对其财务管理并无影响。

从整体上看,解释变量样本数据之间相互影响的重叠程度不高,各变量之间的两两相关系数中,最大取值(绝对值)为 0.677,小于 0.800,表明解释变量之间不存在多重共线性问题,具有良好的统计性特征,因此适合进行进一步的多元统计回归分析。

(三)三因素回归结果分析

对于面板数据,混合数据普通最小二乘法(Pooled OLS)、固定效应模型(FE)和随机效应模型(RE)是常用的三种方法。OLS 模型没有考虑各个大学之间的差异,即假定所有大学是同质的,这对我国教育部直属高校是不合适的,故暂时不宜考虑采用 OLS。为从 FE 模型和 RE 模型中选择出最适合本研究对象的回归方法,对 6 个模型首先进行了 Hausman 检验,除模型 7-1-2 外,其余 5 个模型的 P 值均大于 0.05,支持原假设,选择 RE 模型。模型 7-1-2,Hausman 检验 P 值小于 0.05,选择 FE 模型,经检验其存在异方差问题,对其进行异方差修正后,报告结果如下:

假设 1:体制因素对财务管理具有显著正相关的影响。

表 7-5 中第二列是对模型 7-1-1 的检验结果。在此列中,体制因素(fin)的系数在 1%的水平上显著为正,估值为 0.577。是否为 985 大学的控制变量(u)在 1%的水平上显著为负,估值为-10.081,大学地区的控制变量(region)对财务管理的影响不显著。相对于其他两大因素,体制因素系数较大,这说明体制因素对财务管理水平的影响最大。上述结果支持了我们的研究假设 1,即体制因素能够对财务管理产生积极影响。

假设 2:技术因素对财务管理具有显著正相关的影响。

表 7-5 中第三列是对模型 7-1-2 的检验结果。在此列中,技术因素(tech)的系数在 10%的水平上显著为正,估值为 0.307。是否为 985 大学的控制变量(u)对财务管理的影响不显著,大学地区的控制变量(region)对财务管理在 1%的水平上显著为正。上述结果支持了我们的研究假设 2,即技术因素能够对财务管理产生积极影响,但弱于体制因素的影响。

表 7-5　回归结果

变　量	模型 7-1-1	模型 7-1-2	模型 7-1-3
sys	0.577 *** (0.000)		
tech		0.307 * (0.097)	
env			0.217 *** (0.000)
u	-10.081 *** (0.000)	0.000 00 (0.000)	-15.025 *** (0.000)

变　量	模型 7 - 1 - 1	模型 7 - 1 - 2	模型 7 - 1 - 3
region	−0.225 （0.738）	5.580*** （0.000）	−0.464 （0.611）
Year	已控制	已控制	已控制
Constant	21.516*** （0.000）	0.000 00 （0.000）	39.795*** （0.000）
N	300	300	300
r2_w	0.362	0.144	0.048

注：括号中的数字为相应统计量的概率 P 值，***、**、*分别表示相关系数在 1%、5%、10%的水平上显著。

假设 3：环境因素对财务管理具有显著正相关的影响。

表 7 - 5 中第四列是对模型 7 - 1 - 3 的检验结果。在此列中，环境因素（env）的系数在 1%的水平上显著为正，估值为 0.217。是否为 985 大学的控制变量（u）在 1%的水平上显著为负，估值为−15.025，大学地区的控制变量（region）对财务管理的影响不显著。上述结果支持了我们的研究假设 3，即环境因素能够对财务管理产生积极影响。

（四）技术因素分解回归结果分析

预算管理、决算管理和核算管理是财务管理的重要组成部分，因此这一部分是技术因素（tech）进一步分解为预算因素（budg）、决算因素（final）、核算因素（cal），检验三者对财务管理（fin）的影响。

假设 2a：预算管理对财务管理具有显著正相关的影响。

表 7 - 6 中第二列是对模型 7 - 1 - 4 的检验结果。在此列中，预算管理（budg）的系数在 1%的水平上显著为正，估值为 0.348。是否为 985 大学的控制变量（u）在 1%的水平上显著为负，估值为−14.771，大学地区的控制变量（region）对财务管理的影响不显著。上述结果支持了我们的研究假设 2a，即预算管理能够对财务管理产生积极影响。

表 7 - 6　回归结果

变　量	模型 7 - 1 - 4	模型 7 - 1 - 5	模型 7 - 1 - 6
budg	0.348 *** (0.000)		
final		0.337 *** (0.000)	
cal			0.606 *** (0.000)
u	−14.771 *** (0.000)	−15.067 *** (0.000)	−8.894 *** (0.000)
region	−0.313 (0.702)	−0.010 (0.991)	−1.250 * (0.062)
year	已控制	已控制	已控制
_cons	32.711 *** (0.000)	31.697 *** (0.000)	24.969 *** (0.000)
N	300	300	300
r2_w	0.131	0.133	0.383

注：括号中的数字为相应统计量的概率 P 值，***、**、*分别表示相关系数在 1%、5%、10%的水平上显著。

假设 2b：决算管理对财务管理具有显著正相关的影响。

表 7 - 6 中第三列是对模型 7 - 1 - 5 的检验结果。在此列中，决算管理（budg）的系数在 1%的水平上显著为正，估值为 0.337。是否为 985 大学的控制变量（u）在 1%的水平上显著为负，估值为−15.067，大学地区的控制变量（region）对财务管理的影响不显著。上述结果支持了我们的研究假设 2b，即决算管理能够对财务管理产生积极影响。

假设 2c：核算管理对财务管理具有显著正相关的影响。

表 7 - 6 中第四列是对模型 7 - 1 - 6 的检验结果。在此列中，核算管理（cal）的系数在 1%的水平上显著为正，估值为 0.606。是否为 985 大学的控制变量（u）在 1%的水平上显著为负，估值为−8.894，大学地区的控制变量（region）对财务管理的影响不显著。在技术因素的三个分解因素中，核算管

理相对于其他两个因素系数较大,说明核算管理对财务管理水平具有较大影响。上述结果支持了我们的研究假设2c,即预算管理能够对财务管理产生积极影响。

四、结论

综合上述回归结果分析可知,本研究依托公共产品理论,并基于对国内外关于大学财务管理评价指标体系的系统研究和综合分析,详细研究了财务管理的体制因素、技术因素(预算管理、决算管理、核算管理)和环境因素三大因素对大学财务管理水平的影响,探究如何最大限度地提升大学的财务管理水平。本书以本团队之前承担过的教育部项目"大学财务管理状况评价指标体系研究"数据为研究样本,通过定量研究,通过 Stata 计量分析模型,分别检验六个因素对财务管理水平的影响。检验结果发现,财务管理体制的完善、技术因素水平(预算、决算和核算管理)的提升以及财务管理环境的改善均有助于提高大学财务管理水平;并且,通过研究发现,财务管理体制的完善能更好地促进大学财务管理水平的提高。具体来看,主要有以下研究结论:

本研究结论在国家越来越重视大学财务管理状况水平的背景下,有利于教育主管部门制定相关政策,也有利于有关大学有针对性地提出改进措施,完善大学财务管理体制,提高财务管理水平,并为最终实现大学价值增值起到积极的借鉴作用,因此本研究具有较高的政策参考价值和重要的理论指导及实践意义。

第二节　大学治理与价值增值——基于灰色关联度的分析

通过前文理论与实证分析,得出结论:大学治理与大学价值增值之间具有显著正相关关系,即随着大学治理水平的提高,大学价值增值显著提高。大学治理包括内部治理和外部治理两部分,共有九项指标,即大学章程、学术委员会主任、学术委员会地位、董事会或理事会机构、学术事务决定、学术委员会中行政领导委员的比重、学术委员会中教授委员的比例、外部审计检查、总会计师。那么,在得知大学治理与价值增值显著正相关的基础上,我们需要进一步剖析大学治理的这九项指标中哪些指标对价值增值的影响比较大,从而重点加强这些方面的大学治理能力,为大学提高价值增值决策提供参考依据。

灰色系统理论是中国控制论专家邓聚龙教授于 1982 年创立的,灰色系统是一个系统中含有灰色信息,或含有黑、白、灰之中的任意两类信息,即部分信息已知、部分信息未知,或者说是一个信息不完全的系统。灰色系统理论认为,人们对客观事物的认知信息具有不完整性和模糊性。因此,对被评价对象的描述就会不确切,而主观定性指标的灰色性则更强。灰色关联分析是灰色系统理论的主要内容之一,主要根据序列曲线几何形状的相似程度来判断其联系是否紧密,曲线越接近,相应序列之间的关联度就越大,反之则小。与数理统计方法相比,对样本量的多少和数据分布没有特殊要求,而且计算量小。而关联度是定量描述事物或因素之间关联程度的大小、方向与类型等的量度。这个量度越大,说明它们之间的关联越密切;反之,关联越远。

灰色关联是指事物之间不确定性关联,或者系统因子与主行为之间的不确定性关联。通过灰色关联分析揭示因素间关系的强弱。灰色关联分析方法作为一种系统分析方法,弥补了回归分析、方差分析、主成分分析等数理统计方法的不足,在社会和经济生活种得到广泛应用。谢兰云、曲永义对我国区域 R&D 强度与产业结构进行灰色关联分析,[1]姚颉靖、彭辉研究了版权保护与文化产业创新能力之间的灰色关联关系,[2]岳云康等研究了山西物流与

---

[1]　谢兰云,曲永义. 我国区域 R&D 强度与产业结构的灰色关联分析[J]. 中国人口·资源与环境,2010,20(01):118-123.

[2]　姚颉靖,彭辉. 版权保护与文化产业创新能力的灰色关联分析[J]. 首都经济贸易大学学报,2011,13(02):31-37.

经济之间的灰色关联关系，①王琳、武春友、刘勇等也运用灰色关联分析方法进行了相关研究。② 灰色关联分析在教育领域也有广泛的应用。其一，基于灰色关联分析进行教育评价研究。俞立平将灰色关联分析作为科技教育评价的赋权方法，③沈国琪基于灰色关联方法对民办大学进行动态分类管理。④ 其二，基于灰色关联方法研究教育与经济发展之间的关系。刘宜红、潘扬彬研究了农村教育与农村经济发展之间的灰色关联关系，⑤冯用军研究了高等教育规模发展波动与经济波动的关系，⑥李淑贞、陈霞、王永杰等研究了教育与经济发展之间的灰色关联关系⑦。其三，教育与就业的灰色关联分析。石丽、陈万明研究了高等教育层次结构与就业结构关系的灰色关联关系。⑧ 其

① 岳云康,焦利芹,高平堂. 山西物流与经济灰色关联分析[J]. 经济问题,2017(07)：121－124.

② 参见：王琳. 中国资本市场与产业结构升级的灰色关联分析[J]. 软科学,2008(11)：39－42. 武春友,郭玲玲,于惊涛. 基于 TOPSIS——灰色关联分析的区域绿色增长系统评价模型及实证[J]. 管理评论,2017,29(01)：228－239. 刘勇,熊晓旋,全冰婷. 基于灰色关联分析的双边公平匹配决策模型及应用[J]. 管理学报,2017,14(01)：86－92.

③ 俞立平,潘云涛,武夷山. 科技教育评价中主客观赋权方法比较研究[J]. 科研管理,2009,30(04)：154－161.

④ 沈国琪. 基于灰色关联定权与 TOPSIS 方法的民办高校动态分类管理[J]. 现代教育管理,2014(12)：89－94.

⑤ 刘宜红,潘扬彬. 农村教育与农村经济发展的关系探讨[J]. 福建论坛(人文社会科学版),2007(04)：30－32.

⑥ 冯用军. 扩招十年来高等教育规模发展波动与经济波动的关系研究——以高等教育毛入学率和人均国内生产总值为分析单元[J]. 中国高教研究,2010(09)：11－14.

⑦ 参见：李淑贞. 广东省高等教育与经济发展之间的关系——基于灰色关联度分析[J]. 高教探索,2012(03)：43－46. 陈霞,郭卫香. 基于灰色关联分析教育与经济发展的实证研究——以新疆维吾尔自治区为例[J]. 教育理论与实践,2016,36(01)：32－35. 王永杰,黄政,王振辉. 我国高等教育与区域经济发展的协调性研究[J]. 西南交通大学学报(社会科学版),2016,17(02)：111－115.

⑧ 石丽,陈万明. 高等教育层次结构与就业结构关系的实证研究——基于1998—2007 年的数据分析[J]. 中国高教研究,2011(11)：26－28.

四,教育产业内部灰色关系研究。姜华基于灰色关联分析等方法研究了大学内部权力结构与绩效之间的关系。[①] 基于文献梳理,可以看出,灰色关联分析方法在社会经济各领域,尤其在教育领域有着广泛的应用。

大学治理与大学价值增值的互动关系是教育产业内部一个复杂的关联系统。之所以选择灰色关联度模型研究大学治理与价值增值的内在关系,是基于以下三点考虑:一是反应大学治理的因素太多而且复杂,在分析时只能选取有限的主要指标来进行分析;二是各类指标的统计数字十分有限,而且现有数据较少;三是现有评价分析具有相似特点对象的关联性模型很多(如集对分析、数据包络分析、神经网络、层次分析法等),但分析不具有相似特点对象的关联性模型非常少。基于此,本部分将采用灰色关联度模型进一步分析大学治理与价值增值之间的内在关系。

一、数据来源与指标说明

大学治理九项指标的数据来源于 75 所教育部直属高校的官方网站,通过在官方网站上检索大学章程等相关信息对变量的数据来源进行查找;大学价值增值采用武书连中国大学排名,指标内涵解释详见第七章。剔除数据缺失值后,将每项指标下各大学数据汇总,得到 2012—2015 年各指标的总量数据,该总量数据能够综合反映大学治理与价值增值的"高等教育"样本信息。

二、大学治理与价值增值关联度模型的建立

(一) 确定原始数据列

设 x_0 为大学价值增值数列,故参考数据列为:$x_0(k) = \{x_0(1), x_0(2), \cdots,$

---

① 姜华,黄帅,杨玉凤. 大学内部权力结构与绩效的关系研究——社会网络分析的视角[J]. 复旦教育论坛,2017,15(04):84-91.

$x_0(k)\}$，其中 k 表示年份，$k=1,2,3,4$。

设 x_i 为大学治理数列，故比较数据序列为：$x_i(k)=\{x_i(1),x_i(2),\cdots,$ $x_i(k)\}$，其中 $i=1,2,\cdots,9$。x_i 分别表示大学章程（x_1）、学术委员会主任（x_2）、学术委员会地位（x_3）、董事会或理事会机构（x_4）、学术事务决定（x_5）、学术委员会中行政领导委员的比重（x_6）、学术委员会中教授委员的比例（x_7）、外部审计检查（x_8）、总会计师（x_9）。

（二）标准化处理

由于系统中各因素的物理意义不同，数据的量纲也不一定相同，不便于比较，或在比较时难以得到正确的结论。因此在进行灰色关联度分析时，为便于分析并保证各因素具有等效性和同序性，使之无量纲化和归一化，应对原始数列进行处理。这里采用的是各列除以相对应的均值，进行无量纲化处理。即 $y_i(k)=\dfrac{x_i(k)}{\dfrac{1}{N}\sum_{k=1}^{N}x_i(k)}$，其中 $i=0,1,\cdots,9$。得到大学治理与价值增值的标准化矩阵，如下：

$$y_i(k)=\begin{bmatrix} y_1(1) & \cdots & y_1(k) \\ \vdots & \ddots & \vdots \\ y_i(1) & \cdots & y_i(k) \end{bmatrix}$$

其中，$i=0,1,2,\cdots9;k=1,2,3,4$。

（三）产生对应差数列表

将标准化后的比较数列与参考数列进行差值计算，并求绝对值，将之列入对应差数列表，内容包括与参考数列值差（绝对值）、每列最大差和每列最小差。差值为：

$$\Delta_i(k)=|x_i(k)-x_0(k)|$$

在此基础上，计算最大差值和最小差值，分别为：

$$\Delta_{\max} = \max_i \max_k \mid x_i(k) - x_0(k) \mid$$

$$\Delta_{\min} = \min_i \min_k \mid x_i(k) - x_0(k) \mid$$

(四) 计算关联系数和关联度

在计算关联系数和关联度之前,需要预先设定分辨系数,通常以 ξ 表示分辨系数,$0 < \xi < 1$,一般可设 $\xi = 0.5$ [采取数字最终务必使关联系数计算的 $\xi(k)$ 小于 1 为原则],分辨系数之设定值对关联度并没有影响。在此,我们设分辨系数 $\xi = 0.5$,分别计算比较数列 x_1、x_2、x_3、x_4、x_5、x_6、x_7、x_8 和 x_9 对参考数列 x_0 的关联系数,其计算公式见下式:

$$\xi(k) = \frac{\min\limits_i \min\limits_k \mid x_i(k) - x_0(k) \mid + \xi \max\limits_i \max\limits_k \mid x_i(k) - x_0(k) \mid}{\mid x_i(k) - x_0(k) \mid + \xi \max\limits_i \max\limits_k \mid x_i(k) - x_0(k) \mid}$$

（公式1）

根据关联系数计算关联度,关联度 $r_i = \dfrac{1}{N} \sum\limits_{k=1}^{N} \xi(k)$。关联度 r_i 反映了大学治理各部分对大学价值增值的贡献程度,r_i 越大,则贡献程度越大。

三、大学治理与价值增值内在关系实证分析

(一) 确定大学治理与价值增值的原始数据列

将大学治理和价值增值各项指标下各大学数据汇总,得到 2012—2015 年的"高等教育"样本信息,原始数据列如表 7–7 所示。

表 7–7　大学治理与价值增值原始数据列

	指　　标	2012 年	2013 年	2014 年	2015 年	均值
价值增值	大学价值增值(x_0)	20	21	20	22	20.75
大学治理	大学章程(x_1)	0	5	43	64	28
	学术委员会主任(x_2)	11	21	43	54	32.25
	学术委员会地位(x_3)	11	18	45	63	34.25

指　标	2012 年	2013 年	2014 年	2015 年	均值
	董事会或理事会机构(x_4)	6	12	37	51	26.5
	学术事务决定(x_5)	10	13	28	41	23
	学术委员会中行政领导委员的比重(x_6)	14	14	37	53	29.5
大学治理	学术委员会中教授委员的比例(x_7)	10	15	36	55	29
	外部审计检查(x_8)	35	64	59	56	53.5
	总会计师(x_9)	10	19	30	32	22.75

（二）大学治理与价值增值数据标准化处理

将原始数列除以相对应的均值,进行无量纲化处理,各指标的均值如表 7－7 所示,标准化后的数据列如表 7－8 所示。

表 7－8　大学治理与价值增值标准化数据列

	$y_i(k)$	2012 年	2013 年	2014 年	2015 年
价值增值	y_0	0.964	1.012	1.000	1.060
	y_1	0.000	0.179	1.536	2.286
	y_2	0.341	0.651	1.333	1.674
	y_3	0.321	0.526	1.314	1.839
	y_4	0.226	0.453	1.396	1.925
大学治理	y_5	0.435	0.565	1.217	1.783
	y_6	0.475	0.475	1.254	1.797
	y_7	0.345	0.517	1.241	1.897
	y_8	0.654	1.196	1.103	1.047
	y_9	0.440	0.835	1.319	1.407

(三) 产生大学治理对应差数列表

将标准化后的大学治理比较数列与价值增值参考数列进行差值计算,取绝对值后求最大差值和最小差值。差数列表如表 7 - 9 所示。

表 7 - 9　大学治理与价值增值对应差数列表

	$\Delta_i(k)$	2012 年	2013 年	2014 年	2015 年	min	max
大学治理	$\lvert y_0(k) - y_1(k) \rvert$	0.964	0.833	0.536	1.225	0.536	1.225
	$\lvert y_0(k) - y_2(k) \rvert$	0.623	0.361	0.333	0.614	0.333	0.623
	$\lvert y_0(k) - y_3(k) \rvert$	0.643	0.487	0.314	0.779	0.314	0.779
	$\lvert y_0(k) - y_4(k) \rvert$	0.737	0.559	0.396	0.864	0.396	0.864
	$\lvert y_0(k) - y_5(k) \rvert$	0.529	0.447	0.217	0.722	0.217	0.722
	$\lvert y_0(k) - y_6(k) \rvert$	0.489	0.537	0.254	0.736	0.254	0.736
	$\lvert y_0(k) - y_7(k) \rvert$	0.619	0.495	0.241	0.836	0.241	0.836
	$\lvert y_0(k) - y_8(k) \rvert$	0.310	0.184	0.103	0.014	0.014	0.310
	$\lvert y_0(k) - y_9(k) \rvert$	0.524	0.177	0.319	0.346	0.177	0.524

由表 7 - 9 对应差数列表得知:就大学治理的九项指标而言,各比较数列对参考数列各点对应差值中之最小差值为 $\min_i \min_k \lvert x_i(k) - x_0(k) \rvert =$ $\min\{0.536,\ 0.333,\ 0.314,\ 0.396,\ 0.217,\ 0.254,\ 0.241,\ 0.014,\ 0.177\} =$ 0.014,即 $\Delta_{\min} = 0.014$。 各比较数列对参考数列各点对应差值中之最大差值为 $\max_i \max_k \lvert x_i(k) - x_0(k) \rvert = \max\{1.225,\ 0.623,\ 0.779,\ 0.864,\ 0.722,\ 0.736,$ $0.836,\ 0.310,\ 0.524\} = 1.225$,即 $\Delta_{\max} = 1.225$。根据这些计算结果,计算大学治理与价值增值的关联系数和关联度。

(四) 计算大学治理的关联系数和关联度

根据公式 1 以及对应差数列表,计算大学治理与价值增值的关联系数与关联度,计算结果如表 7 - 10 所示。

表 7 – 10　大学治理与价值增值关联系数与关联度

指　　标		2012 年	2013 年	2014 年	2015 年	r_i
大学治理	大学章程(x_1)	0.397	0.433	0.545	0.341	0.429
	学术委员会主任(x_2)	0.507	0.643	0.662	0.51	0.581
	学术委员会地位(x_3)	0.499	0.57	0.676	0.45	0.549
	董事会或理事会机构(x_4)	0.464	0.534	0.621	0.424	0.511
	学术事务决定(x_5)	0.548	0.591	0.754	0.469	0.591
	学术委员会中行政领导委员的比重(x_6)	0.568	0.544	0.722	0.464	0.575
	学术委员会中教授委员的比例(x_7)	0.508	0.565	0.733	0.432	0.560
	外部审计检查(x_8)	0.679	0.786	0.875	1	0.835
	总会计师(x_9)	0.551	0.793	0.672	0.653	0.667

　　结果显示,总体而言,大学治理九项指标对大学价值增值的相对关联度都超过 0.4,说明大学治理各部分对大学价值增值的贡献度都比较大。大学治理的九项指标关联度的排序为:$x_8 > x_9 > x_5 > x_2 > x_6 > x_7 > x_3 > x_4 > x_1$。

　　其中,外部治理的两项指标对大学价值增值的关联度最大,说明大学外部治理能力对大学价值增值的贡献度最大。首先,外部审计检查对大学治理的关联度 $r_8 = 0.835$,大学外部审计检查是由独立的第三方进行的审计,相对于大学内部审计而言,比较客观公正,社会监督力度较大,作为社会参与监督的重要方式,外部审计检查对大学价值增值的贡献度最大。其次,总会计师对大学治理的关联度 $r_9 = 0.667$,大学总会计师由政府任命,反映了政府对大学的监督情况,大学设置总会计师,在政府监督下,大学治理能力会明显提高,从而提升大学价值。再次,内部治理中学术事务决定(x_5)、学术委员会主任(x_2)、学术委员会中行政领导委员的比重(x_6)、学术委员会中教授委员的比例(x_7),学术委员会地位(x_3)反映了学术委员会行使学术权力能力的强弱,其关联度分别为 $r_5 = 0.591, r_2 = 0.581, r_6 = 0.575, r_7 = 0.560, r_3 = 0.549$,其关联度均在$[0.5, 0.6]$范围内,关联度较大。学术委员会是学术权力制衡行政权力的载体,学术委员会在大学治理中的决策能力反映了大学学术权力的大小,学术权力越大,内部治理能力越强,越能促进大学价值的增值。最后,董事会或理事会机构(x_4)、大学章程(x_1)的关联度分别为$r_4 = 0.511$,$r_1 = 0.429$,说明设置董事会或理事会、颁布大学章程的大学、内部治理能力较好,在一定程度上亦能促进大学价值的提升。

四、结论

本部分借助关联度分析方法研究了大学治理对大学价值增值的内在关系。通过分析可知,在大学治理中,相对于内部治理,外部治理对大学价值增值的贡献度较大;在外部治理中,外部审计检查比总会计师的贡献度大,即相较于政府监督,社会参与大学外部治理对大学价值的贡献度更大;在内部治理中,相对于董事会或理事会机构、大学章程,学术委员会对大学价值增值的贡献度更大,即在内部治理中,学术权力的行使对大学价值增值贡献较大。

第八章 大学治理、财务管理与价值增值关系的案例研究：以上海交通大学为例

  2017 年 9 月 6 日，2016—2017 年 QS 世界大学排名发布，内地共 11 所大学进入 300 强，上榜的中国大学中，排名较靠前的五所大学分别是清华大学、浙江大学、北京大学、上海交通大学和复旦大学。其中，上海交通大学的国际排名较 2016 年再次上升，达到第 61 位。

  纵观最近 5 年，上海交通大学在 QS 世界大学排行榜中的表现强劲，国际排名一路上升，由 2012 年的第 125 名进步至 2013 年的第 123 名，2014 年升至第 104 位，在 2015 年突破百名大关，位居第 70 名，在 2016 年更是达到了第 61 位（如图 8-1 所示）。不断上升的排名趋势表明上海交通大学的整体实力已经接近世界一流大学。

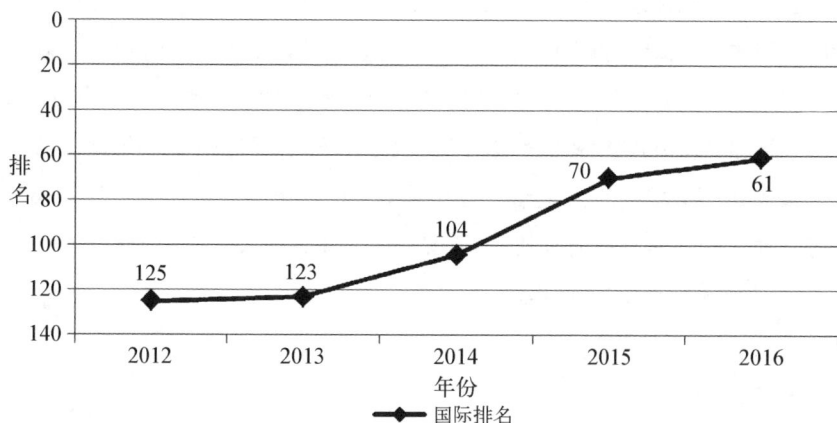

图 8-1 2012—2016 年 QS 世界大学排行榜中
上海交通大学的排名及变化趋势

另外,由 QS 世界大学排行榜公布的评分细则可知,该评价体系基于高等教育的职能,从人才培养、科学研究和社会服务三个方面评价世界范围内各个大学相同时期的价值创造。上海交通大学不断上升的排名趋势昭示了国际社会对上海交大大学治理的认可,对学校教学价值、科研价值和社会服务价值创造的肯定,因此探究其发展路径对我国建设世界一流大学具有重要参考意义。

由前文高校财务管理状况评价中的排名数据可知,上海交通大学的财务管理水平一直处于国内大学前列。在充分调研的基础上,本书具体分析上海交通大学的大学治理行为和财务管理水平,进而探究其实现的价值创造。

第一节　上海交通大学的大学治理

上海交通大学是我国历史最悠久、享誉海内外的高等学府之一,是教育部直属并与上海市共建的全国重点大学。经过 120 余年的不懈努力,上海交通大学已经成为一所"综合性、研究型、国际化"的国内一流、国际知名大学。

在扎根中国建设"世界一流大学"的进程中,上海交通大学以其大学章程为最有利的制度保障,再次确立了学术委员会在处理学术事务时的最高地位,同时利用董事会、外部审计结果,总经济师财务管理指导和监督等综合改善学校的办学和管理模式,学校的整体办学水平和科研创新能力跃上了新的台阶。

基于在前文构建的大学治理评价体系,本部分主要分析 2012—2016 年上海交通大学大学治理的有效性,了解上海交通大学大学治理水平的发展趋势,以期为其他大学的建设提供一点启示。

一、大学治理指标体系来源

本研究认为,我国大学治理的核心是充分协调大学的内外部关系,平衡利益相关者的利益,以最终确保大学理念的实现,而利益相关者之间决策权的制度安排,就是大学的治理结构,因此,本研究将大学治理分为内部治理和外部治理两大部分。内部治理旨在合理界定党委形成的政治权力、校长形成的行政权力和教授形成的学术权力以及工会、学生等的权力,外部治理旨在解决政府、市场以及社会与大学之间的关系。因此,大学治理的指标可以分为内部治理指标和外部治理指标两大部分。

本研究认为,大学内部治理的核心是行政权力和学术权力的制衡,二者具有相辅相成、既矛盾又统一的特点。基于此,大学内部治理形成三种权力导向的运行模式:行政权力导向、学术权力导向、混合权力导向。为提升大学内部治理效率,大学应强化学术权力,并最终形成"学术权力、行政权力适当分离,学术权力为主导的权力制衡"的运行模式。在对大学内部治理指标梳理过程中,我们发现:(1)大学章程反映了大学和社会特别是和政府间的关系,彰显着大学的使命要求。内部治理是大学章程阐述的重点,主要体现在决策机构、行政机构、学术机构的划定上。本研究认为,制定大学章程并已通过教育部审核的大学其大学治理更加有效。(2)强化学术委员会的决策职能有利于解决学术权力与行政权力的关系问题,完善公办大学法人治理结构,提高内部治理效率。各大学章程中体现的其学术委员会是否为该学校的最高学术权力机构是能够反映学术权力地位与大学内部治理水平的重要因素。本研究认为,当学术委员会主任不是由校长担任,学术委员会中行政领导委员的比重小于等于 1/4,学术委员会中教授委员的比例超过 1/2 时,大学内部治理更加有效。并且,如果学术委员会章程中体现学术事务由教授做主而非校级领导决定的话,学术委员会或大学的内部治理更为有效。(3)董事会(理事会)有利于纠正大学行政化倾向,可协调大学内部行政、学术等各种权力的管理模式。本研究认为,大学是否设置了董事会(理事会)是反映大学内部治理效率的一个重要因素,设置董事会或理事会的大学能够更好地突出学术权力,达到与行政权力互相制衡的目标。基于对大学内外部治理相关理论的全面分析,本研究认为,大学内部治理主要涉及行政权力和学术权力的利益整合与协调,因此梳理出三大指标——大学章程、学术委员会、董事会

（理事会）。由于学术委员会体现学术权力导向，因此对学术委员会指标进行细分则为如下五个指标：学术委员会主任、学术委员会地位、学术事务决定、学术委员会中行政领导委员的比重、学术委员会中教授委员的比例。

在大学外部治理结构中，治理的主体主要是政府和社会，治理体系由政府主导，同时适当分权，鼓励社会力量更多地介入到大学治理中。政府和社会参与大学治理，主要方式是通过监督机制，如委任总会计师以加强事中监管和进行大学外部审计检查，通过外部审计检查发现问题和掌握相关制度整改落实情况，最终形成系统有效的外部治理体系。在对大学外部治理指标梳理过程中发现：（1）外部审计，即大学聘请、有关部门委派社会上专职的中介机构——审计师事务所，或国家审计署直接出面，对大学进行定期或不定期的专业审计和监督检查。这是一种具有极大威慑力的外部监督机制，有利于防范"内部人控制"和自我袒护，对于强化大学财务监督、提高监管效率具有不可替代的作用。为反映外部审计检查发现问题和相关制度整改落实情况，我们选取外部审计检查的综合整改率来衡量，综合整改率用已整改问题个数与审计检查发现问题总数之比来表示。（2）高等学校设置总会计师岗位能够加强高等学校财经管理，完善高等学校治理结构，强化经济责任，规范财经行为，防范财务风险，提高财务管理水平。本研究认为，大学是否设置总会计师是反映大学外部治理的一个重要因素，也是完善政府监督机制的重要体现。当大学设置总会计师时，我们认为该校的外部监督更有效，即政府可以对大学进行更有效的监督和管理。大学外部治理主要涉及政府和社会两大主体的监督机制，因此梳理出两大指标：总会计师和外部审计意见。

二、上海交通大学大学治理具体评价指标变化

上海交通大学的大学治理中外部审计检查变量的相关数据来源于本团队之前承担过的教育部项目"大学财务管理状况评价指标体系研究"，其他变量的数据来源于上海交通大学的官方网站，通过在官方网站上检索"大学章程"等相关信息对变量的数据来源进行查找。因此，通过对上海交通大学

大学治理各个指标得分情况的分析,可以具体了解近年来上海交通大学的大学治理水平。

表8-1和图8-2反映了上海交通大学2012—2016年大学治理的总分及其变化趋势。2012—2016年,上海交通大学的大学治理总得分分别为4分、4分、4分、5分和6分。显然,最近5年来,上海交通大学的大学治理得分总体呈现上升的趋势。结合指标含义可知,近年来,上海交通大学从内部着手,辅以外部监督,开展了一系列有效的治理活动。

表8-1 上海交通大学2012—2016年大学治理总得分

年份	2012	2013	2014	2015	2016
得分	4	4	4	5	6

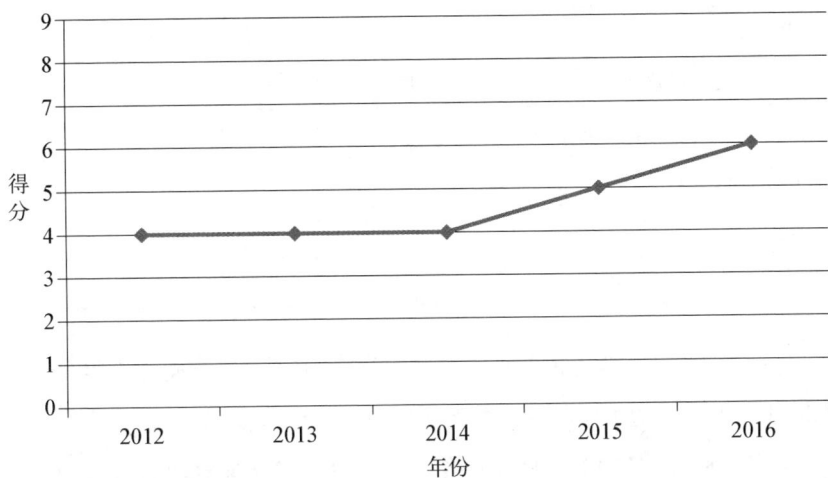

图8-2 上海交通大学2012—2016年大学治理指标得分变化图

表8-2显示的是上海交通大学2012—2016年大学治理的9项指标的具体得分。2012年、2013年和2014年上海交通大学在大学治理方面均得4分,其中,2012年与2013年上海交通大学的具体指标得分一致,在学术委员会地位、学术委员会中行政领导委员的比重、学术委员会中教授委员的比例和外部审计检查四个方面各得1分。这意味着2012年学校就已注重均衡学术权

力和行政权力,促进学校向好发展。虽然2014年的总分与2012年和2013年的总分相同,但具体指标得分却存在不同,其中,2014年学校在"大学章程"一项得1分。这表明自2014年起,上海交通大学制定并通过教育部核准的大学章程正式在学校实施,为学校管理和发展提供最强有力的制度保障。这也是上海交通大学大学治理过程中实施的一项有效举措。

表8-2 上海交通大学2012—2016年大学治理各项指标得分

年　　份	2012	2013	2014	2015	2016
大学章程	0	0	1	1	1
学术委员会主任	0	0	0	0	0
学术委员会地位	1	1	1	1	1
董事会或理事会机构	0	0	0	0	0
学术事务决定	0	0	0	0	1
学术委员会中行政领导委员的比重	1	1	1	1	1
学术委员会中教授委员的比例	1	1	1	1	1
外部审计检查	1	1	0	1	1
总会计师	0	0	0	0	0
合计	4	4	4	5	6

另一方面,2014年上海交通大学在"外部审计检查"方面并未得分,这表明2014年上海交通大学的综合整改率没有处在中位值以上,进一步地,这意味着上海交通大学2014年的财务管理中可能存在较难短期内整改的问题。同2014年相比,上海交通大学2015年在外部审计检查方面有所提高,这可能是因为短期内难以整改的问题已经整改完毕,同时当年的财务管理存在问题较少。2016年上海交通大学成立了董事会,而董事会的主要职责是纠正学校的行政倾向,制衡行政权力和学术权力,起到外部监督的作用。得益于董事会的成立,上海交通大学的大学治理水平再次提升。

对具体指标的分析,进一步验证了上海交通大学大学治理的有效性及其大学治理水平稳步提升的现状。

通过对2012—2016年上海交通大学大学治理数据分析可知,上海交通大学的大学治理水平不断提高,并给学校发展带来了巨大帮助。这也意味着上海交通大学近年来进行的一系列大学治理卓有成效。

上海交通大学以大学章程的制定为契机,更加强调学术委员会在处理学校学术事务中的最高地位,设立董事会纠正学校行政化倾向,制衡行政权力和学术权力,在发展模式上努力实现由"行政主导"向"学术主导"转变。同时,学校在总经济师的指导下,以外部审计结果为财务管理的改革基础,不断规范财经行为,防范财务风险,在财务预算管理模式上努力实现由"校办院"向"院办校"转变。总体而言,学校的治理能力逐年提升。

当前,我国已进入创新驱动发展的时代,作为我国高等学府之一的上海交通大学有责任"引领创新"。上海交通大学也正通过主动改革即进行学校治理,不断深入推进综合改革实践,努力探索出一条既符合中国国情和学校实际,又满足其建设世界一流大学需要的中国特色大学治理之路。

第二节　上海交通大学的财务管理

教育经费的有效使用是确保学校正常运转的前提,也是保障学校不断进步的基本要求,然而当前我国教育经费"高投入低产出"现象普遍存在。为了解决这一问题并对大学教育经费使用进行监督,政府不仅建立了有关大学资金使用的相关制度,而且在大学中任命总会计师,定期对大学进行财务审计,以实现事中和事后监督。

制度的保障和措施的实施有效促进了大学教育经费绩效的提升,但是上部分研究中提及的学校是否设置总会计师岗位和外部审计后学校的综合整改率两个指标并不能帮助我们详细了解大学的财务管理水平。因此,在本节中,首先整体描述 2012—2015 年上海交通大学财务管理水平发展趋势。在此基础上,进一步从体制因素、技术因素和环境因素三个方面具体评价 2012—2015 年上海交通大学财务管理水平。

一、财务管理水平整体变化

上海交通大学的财务管理水平整体变化趋势良好(如图 8-3 所示)。2012—2014 年大学排名和财务管理得分均呈正增长,得分分别为 85.45 分、87.10 分、89.58 分,排名分别为第 2 名、第 5 名、第 2 名,在 75 所部属高校中处于较高水平。2015 年上海交通大学财务管理状况评价得分为 86.47 分,评档为 A,排名为第 11 名。虽然相对于 2014 年排名降低了,但从整体得分来看,上海交通大学的财务管理水平仍处于较高水平,且 2012—2015 年上海交通大学财务管理水平得分均为 85 分以上,财务管理水平在 75 所部属高校中属于前 15%,为优秀。在财务管理状况评价的 5 个一级指标中,该校 4 个一级指标得分高于 75 所直属高校的中位值,由此可知,2015 年上海交通大学财务管理水平在大学中仍然处于领先地位。

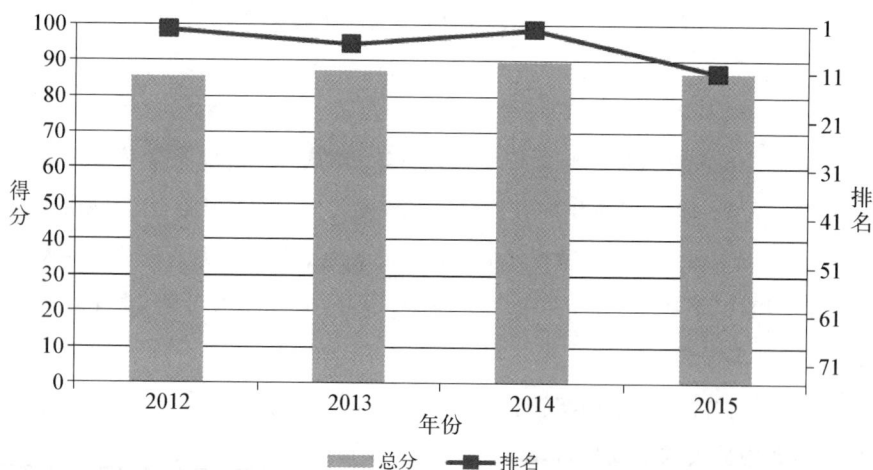

图 8-3 上海交通大学 2012—2015 年财务管理水平总分变化

由前文论述可知,研究影响大学财务管理水平的因素,应从体制因素入手提高大学财务管理水平。《国家中长期教育改革和发展纲要(2010—2020年)》明确提出,进一步深化高等教育办学体制与管理体制改革。《高等学校财务制度》第四条提出,高等学校财务管理的主要任务是:合理编制学校预算,有效控制预算执行,完整、准确编制学校决算,真实反映学校财务状况;建立健全学校财务制度,加强经济核算。2010年5月,教育部颁布了《高等学校信息公开办法》,全国大学开始正式实施信息公开工作。

从以上研究可以看出,预算管理、核算管理、决算管理、财务管理组织框架及职责、内部审计和财务信息公开是决定大学财务管理水平的主要因素。本研究将财务管理水平的影响因素分为体制因素、技术因素、环境因素,其中,预算管理、核算管理、决算管理在本研究中合并称为财务管理技术因素。

从教育部75所部属高校财务管理状况评价指标体系可以看出:

2012年直属高校财务管理评价指标体系由10个一级指标构成,分别为财务管理制度与组织、预算管理、决算管理、专用基金管理、收入管理、支出管理、资产管理、负债管理、成本费用管理、偿债和发展能力。

2013年直属高校财务管理评价指标体系由6个一级指标构成,分别为财务管理体系、预决算管理、资产管理、财务风险防控、重大政策落实、审计检查发现问题。

2014年在前两年的基础上对指标体系分类进行整理和合并,2014年和2015年直属高校财务管理评价指标体系由5个相同的一级指标构成,评价总分共计100分,分别为财务管理体制、预决算管理、资产管理、财务风险管理、重点工作落实。

为了使2012—2015年的数据具有可比性,本研究对上述指标体系下的三级指标进行重新归类,分别划归为体制因素、技术因素和环境因素三大一级指标。其中,技术因素又分为预算管理、决算管理、核算管理三个二级指标。

如表8-3和图8-4所示:在体制因素方面,上海交通大学2012—2014年得分总体水平较高,为前25名,但在2015年得分下降幅度较大,下降到72

名。查阅相关数据发现,2015年上海交通大学财务管理组织与职责指标和外部审计指标得分较低。

表8-3 上海交通大学2012—2015年财务管理水平整体变化

	2012年		2013年		2014年		2015年	
	得分	排名	得分	排名	得分	排名	得分	排名
体制因素	10.95	22	30.22	8	33.08	21	28.33	72
技术因素	58.5	6	45.61	21	54.54	1	53.62	1
环境因素	2	1	3	1	1.96	6	1.96	23

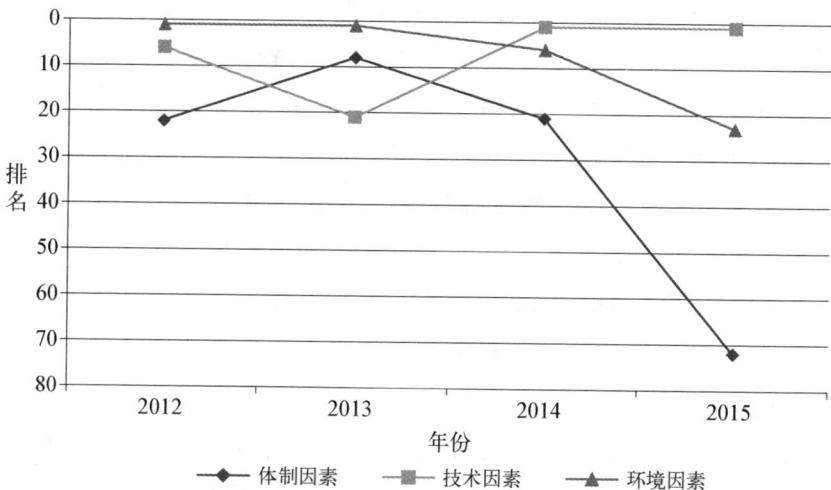

图8-4 上海交通大学2012—2015年财务
管理水平三大因素排名变化

在技术因素方面,上海交通大学2012—2015年得分呈现波动趋势,但总体呈现上升趋势,即从2012年的第6名上升至2014年的第1名,2015年仍保持第1名。由此可以看出,上海交通大学在技术层面财务管理水平较高,处于75所部属高校中的顶尖水平。

在环境因素方面,上海交通大学2012—2014年得分一直处于较高水平,且排名处于顶尖位置,2012年、2013年均排名第1位,2014年有所下滑,至

2015年下降为第23名,但仍然高于75所部属高校环境因素得分中位值。

总体来看,上海交通大学三大指标虽有波动,但总体处于75所部属高校中的较高水平。下文将分别从这几部分来分析上海交通大学财务管理水平的具体变化。

二、财务管理水平具体指标变化

(一)体制因素:财务管理组织与制度

本研究对上海交通大学财务管理组织、内部控制制度、财务监督、财务管理队伍、财务管理特色这五个二级指标进行了趋势分析(如图8-5所示)。

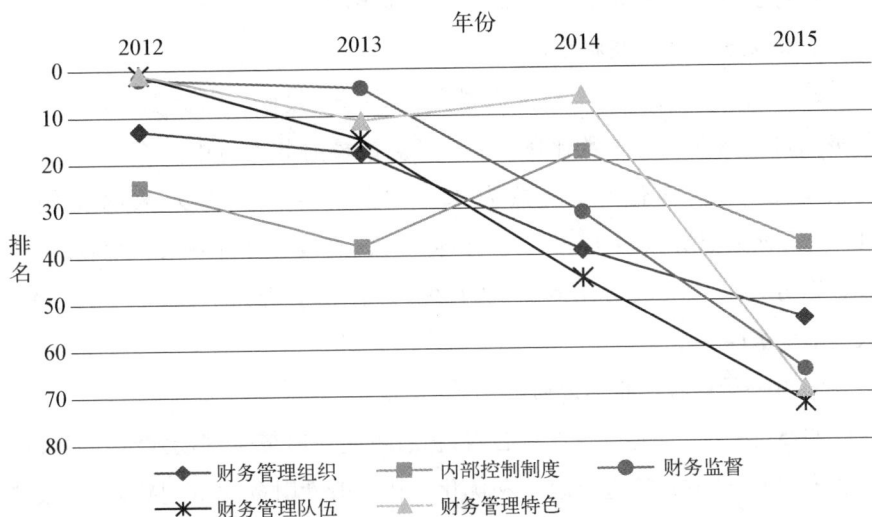

图8-5 体制因素具体指标排名趋势图

由图8-5可见,总体来看,上海交通大学体制因素各具体指标呈现平稳波动趋势,2012—2014年均处于较高水平,可见上海交通大学对体制因素指标的非常重视,2015年指标得分虽有回落,但依旧处于较高水平。具体来看:

1. 财务管理组织指标方面

2014年,该校在《上海交通大学章程》中明确规定了学校实行党委领导下的校长负责制,党委常委会是学校财经工作的最高决策机构,负责学校财经工作中重大事项的决策和审批,党委常委会授权财经工作组实施对学校财经工作的领导和管理。

2. 内部控制制度指标方面

2015年,上海交通大学在在内部控制制度完整性方面进行了一系列制度性改革。该校根据《行政事业单位内部控制规范(试行)》要求,形成了"领导重视、部门协作、全员参与"的内控制度建设环境,且内部控制制度体系完整性良好,具有较强的科学性。

3. 财务监督指标方面

2014年,上海交通大学开展了5种类型的内部审计,2015年,上海交通大学进行了3次外部审计,综合整改率为66.67%。

4. 财务管理队伍指标方面

2015年上海交通大学财务人员共计57人,教职工总人数10 103人,财务人员占教职工总人数比例为0.56%。该校财务人员中具有财经、管理和信息类学历(学位)人员数为45人,占财务人员总人数的比例为78.95%;该校财务人员中,中级会计师20人,高级会计师4人,中高级会计师占财务人员总人数的比例为42.11%;具有硕士研究生以上学历人员8人,比例为14.04%。

5. 财务管理特色指标方面

2015年,上海交通大学结合自身特点,不断对财务管理模式、体制机制、服务模式、管理方式等进行改革和优化。从一般性财务改革创新来看,该校在细化会计核算中心业务模块、构建"一门式"服务体系、打造"微信"服务平台等方面采取了诸多积极有效的措施,取得了良好的效果。

(二) 技术因素:预决算与核算管理

1. 预算管理

预算管理二级指标下共有两个二级指标,分别为预算编制与调整、预算执行。如图8-6所示,2012—2015年上海交通大学在预算编制与调整方面

呈现先下降后上升的趋势。预算执行总体呈现波动上升趋势,相对于 2013
年,2015 年上海交通大学预算执行指标排名由第 46 位提高为第 41 位。

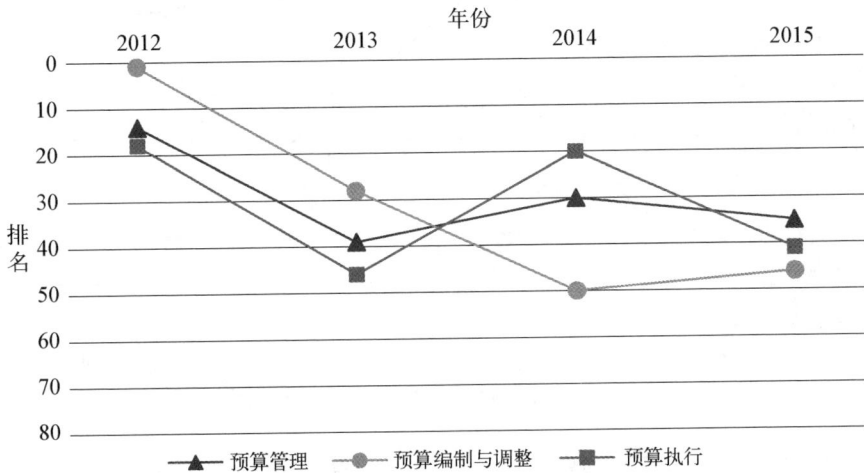

图 8-6　预算管理指标排名变化趋势图

在预算编制与调整方面:2015 年,上海交通大学预算编制采用"二上二
下"的流程。预算内调整由财务部门汇总并按规定原则和程序执行;严格控
制预算外开支,原则上不受理预算外立项申请,确因特殊原因需在预算外立
项支出的,按规定原则和程序执行。

在预算执行方面:2015 年该校决算收入为 918 270.96 万元,预算收入为
905 659.00 万元,比值为 101.39%。决算支出为 821 995.04 万元,预算支出为
921 409.00 万元,比值为 89.21%。财政拨款项目经费支出执行率为 94.27%,
政府采购执行率为 85.70%。

2. 决算管理

如图 8-7 所示,上海交通大学 2013—2015 年发展能力指标、偿债能力指
标、决算报告质量指标均处于较高水平,特别是发展能力,一直处于大学顶尖
水平。

发展能力:2015 年年末,上海交通大学事业基金 757 914.01 万元,为非
限定性总支出的 1.68 倍,说明该校运用自有资金维持日常运转的能力较好。

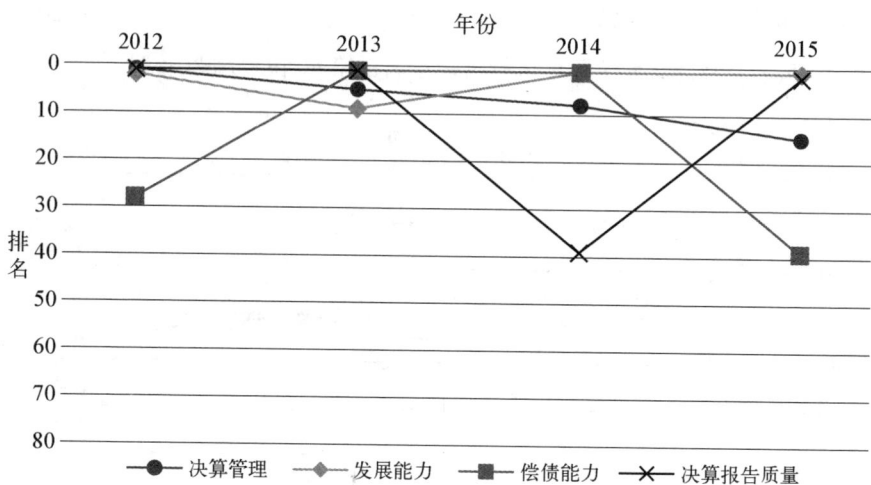

图 8-7 预算管理指标排名变化趋势图

2011—2013 年三年平均净资产增长率为 17.47%。2011—2013 年,75 所大学三年平均资产增长率为均为正,该校在 75 所大学中排名第 29 位。

偿债能力:2015 年上海交通大学速动比率(即经过调整的流动资产和流动负债之比)为 2.23,说明该校偿还债务的能力较强。

决算报告质量:上海交通大学决算报告编制符合会计法律法规要求,全口径反映各项收入、支出,反映信息全面,无遗漏,决算文字说明内容完整,报送资料及时、齐备。学校决算报告编制质量较高。

3. 核算管理

如图 8-8 所示,上海交通大学决算管理各指标排名均处于较高水平,且总体呈现上升趋势,其中资产管理指标除在 2013 年排名较低外,2014 年、2015 年在 75 所部属高校中均处于领先地位。

在资产管理方面,上海交通大学制定了资产管理办法、招标采购办法及其实施细则,对资产配置进行规范,并在评估论证、预算执行、购置程序各环节,能有效实施;资产验收、入账程序健全,符合国有资产管理要求。截至 2015 年年末,固定资产为 1 146 016.60 万元,该校建立了资产管理系统,基本上满足了上级部门与学校资产管理要求,并具备了网络化功能且基本实现资源共享。

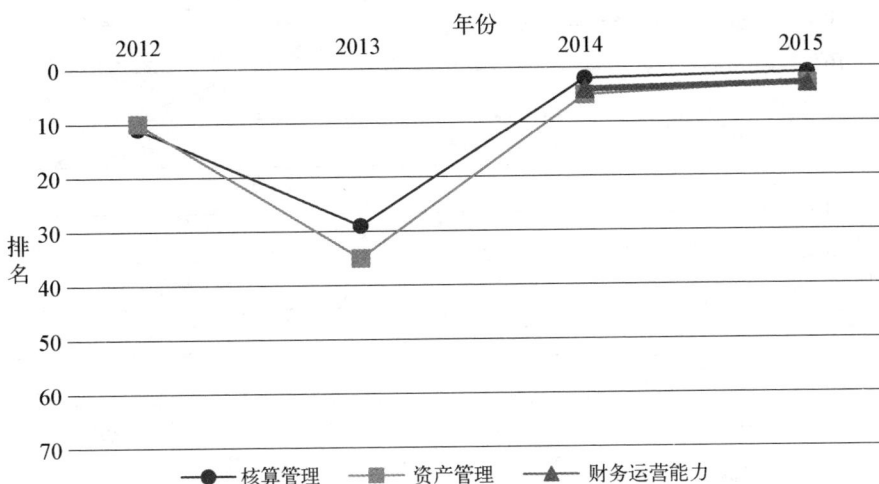

图 8-8　决算管理指标排名变化趋势图

运营能力：2015 年上海交通大学非限定性收入 554 512.34 万元，占总收入比重为 60.39%，说明该校对财力资源统筹安排较为灵活。非限定性总收入共 554 512.34 万元，非限定性总支出共 451 994.67 万元，非限定性净收入为 102 517.67 万元，非限定性净收入率为 18.49%，说明该校当年储备资金防范未来资金短缺风险的能力较强。

2015 年该校总收入 918 270.96 万元。其中，中央财政补助收入 243 658.25 万元，比重为 26.53%，说明该校对中央财政拨款的依赖程度较低。

（三）环境因素：信息公开

环境因素指标主要以财务管理信息公开的程度来表示。上海交通大学 2012—2015 年财务管理信息公开评分一直处于较高水平，2015 年略有下降，但仍处于中位值以上，如图 8-9 所示。

在财务信息公开制度建立方面，上海交通大学结合自身实际情况制定了《上海交通大学信息公开实施细则》《上海交通大学信息公开指南》《上海交通大学信息公开目录》等一系列包含财务信息公开内容的制度办法。该校财务信息公开内容全面、完整、规范，包括公开学校年度财务预决算相关报表及

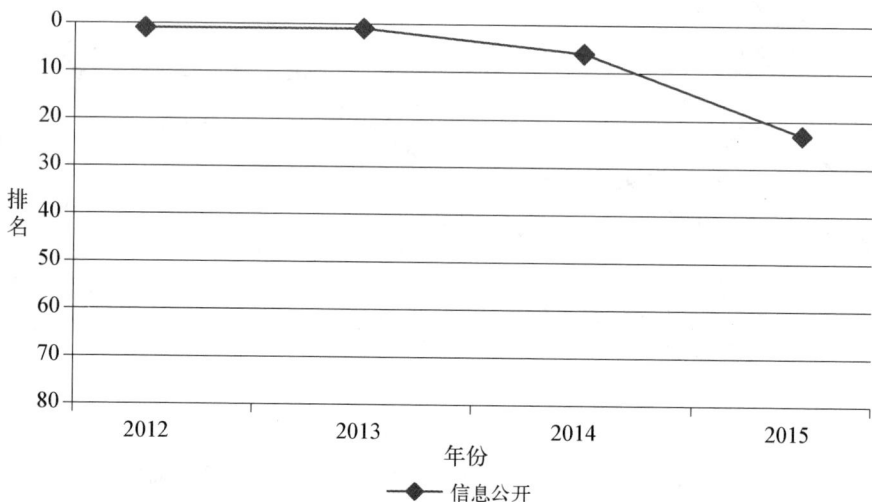

图 8-9　信息公开排名变化趋势图

文字说明,学校政府采购情况,更新收费项目、收费依据、收费标准及投诉方式,各项财务管理制度、政策等。在财务信息公开的时间方面,该校严格按照相关信息公开文件规定的时间,在学校信息公开网站及时公开和更新收费标准、部门预算、部门决算等财务信息。

　　综合上述分析,上海交通大学在财务管理体制因素、技术因素(预算管理、决算管理、核算管理)、环境因素(信息公开)三大层面均处于 75 所部属高校中的较高水平,虽然个别年份略有波动或下降,但仍然处于 75 所部属高校中前 15% 的水平。本研究中,财务管理作为大学治理对价值增值影响的重要中间变量,而上海交通大学的财务管理处于较高水平,将对促进上海交通大学的价值增值具有重要的作用。

第三节　上海交通大学的价值增值

　　在扎根中国建设"一流创新型大学"的进程中,上海交通大学不断努力创新,建立、完善并有效实施了服务于自身发展的各项体系,有效履行了大学培养人才、科学研究和服务社会的三大职责,实现了教学价值、科研价值和社会服务价值三大价值的增值,其努力和成果获得了国内外的广泛认可。

在本节,首先从2012—2016年上海交通大学人才培养责任、科学研究责任和社会服务责任的履行情况,初步判断上海交大在研究期间内创造的各种价值总体变化趋势。接下来结合QS世界大学排行榜、泰晤士高等教育排行榜、武书连中国大学排行榜和ARWU世界大学学术排行榜,对上海交通大学价值创造表现进行具体分析。

一、价值增值概况

(一)人才培养——教学价值增值

上海交通大学提出"能力建设""知识探究"和"人格养成"三位一体的育人理念并实施相应的教学改革,以实现提升在校学生提出问题、系统解决问题、知识整合和交流及沟通能力的培养目标。经过多年努力培养,在校学生不仅在学术方面取得了显著进步,而且在国内外大赛上屡获嘉奖。如2014年教育部公布的第七届国家级教学成果奖(2009—2014年)获奖成果名单显示,上海交通大学共有12项成果获高等教育国家级教学成果奖。2014年学校博士生创作的49篇博士学位论文入选上海市研究生优秀成果。2015年上海交大学子在美国数学和交叉学科建模竞赛和"挑战杯"大赛中均拔得头筹。2016年上海交大学子夺得了ACM国际大学生程序设计世界总决赛金牌。

显然,上海交通大学培养的学生学术能力和创新创业能力显著提升,并获得国内外的广泛认可,表明学校的人才培养水平越来越接近世界一流大学。因此结合本研究提出的大学教学价值实现路径可知,上海交通大学不断完善的人才培养体系是其教学价值实现的重要保证。

(二)科学研究——科研价值增值

上海交通大学通过改革绩效考核制度,建立各项激励和保障制度,营造了鼓励原始创新的宽容、宽厚、宽松的学术氛围。受益于一系列制度的激励和保障，全校上下的原始创新活力得以大大激发，创新体系建设成效显著，科学研究能力大幅度增强。经过全校师生的努力，上海交通大学的科研竞争能力显著增强，每年获得的国家社会科学基金支持和国家自然科学基金支持项目数量均位居全国大学首列。同时，上海交通大学的科研成果质量也有显著提升，2012—2015年上海交通大学科技成果共获国家奖26项，省部级奖263项。2014年，有24项科研成果获上海市哲学社会科学优秀成果奖，其中一等奖3项，为历届最多。

科研创新能力和竞争能力两项能力的提升使得上海交通大学产出了一批有重大影响力的科技创新成果。因此，结合本研究提出的大学科研价值实现路径可知，上海交通大学正通过其努力不断创造科研价值。

（三）社会服务——社会服务价值增值

上海交通大学在建设中华民族共有的精神家园、形成核心价值观的过程中，努力将前沿的科技成果转化为先进的生产力，将丰富的学术资源转化为不竭的创新源泉，持续地为社会发展提供了强大的精神动力和智力支持，为社会进步做出了巨大贡献。同时，为保证思想文化的创新成果得到有效传承，上海交通大学进一步建立了卓越的文化传承体系，努力让广泛的学术交流转变为有效的文化传承途径，让成功的发展经验提升为全球认同的模式典范。学校层面，2014—2016年上海交通大学先后与奉贤区政府、闵行区政府、上海市规划和国土资源管理局、徐汇区政府、浦东新区人民政府、上海市质监局、浙江舟山群岛新区人民政府、云南省人民政府和四川省人民政府签订全面战略合作框架协议，做政府部门的智囊团。学生层面，上海交通大学的学子不仅在国际大会、大赛，如亚信峰会和上海国际马拉松比赛中做志愿服务，而且积极参与国内志愿活动，如关爱孤寡老人晚年生活等。

不断完善的社会服务体系和文化创新传承体系，一方面，有效促进上海交通大学的科研成果转化，为我国医疗发展、科技发展、经济发展和文化发展提供技术支持；另一方面，将中华民族的优良传统根植于学生培养过程中，有利于中华民族优良传统和文化的传承。因此，结合本研究提出的大学社会服务价值实现路径可知,上海交通大学的社会服务体系和文化创新传承体系的建设和落地能够有效创造社会服务价值。

二、价值增值具体分析

上海交通大学不断努力创新,实现了教学价值、科研价值和社会服务价值三大价值的增值,其努力和成果获得国内外的广泛认可,国际排名和国内排名、国际评分和国内评分均显著提升。

(一)基于 QS 世界大学排行榜的价值增值分析

表 8-4 列示了研究人员运用 QS 世界大学排名评价体系对 2014—2016 年上海交通大学的表现做出的具体评价。三年间上海交通大学在世界大学中的排名不断提升,从 2014 年的第 104 名升至 2015 年的第 70 名,再升至 2016 年的第 61 名;在国内大学中的排名则稳定在第 4 名。

表 8-4 2014—2016 年上海交通大学在 QS 世界大学排行榜中的排名

年度	一级指标	分数	价值创造	价值得分	总分	国内排名	国际排名
2014	学术互评	87.6	科研价值	72.69	69.1	4	104
	教职员引文量	59.6	科研价值				
	艺术与人文学科	59.4	科研价值				
	工程技术	85.6	科研价值				
	生命科学与医学	68.1	科研价值				
	自然科学	75.3	科研价值				
	社会科学	73.2	科研价值				
	雇主评价	95	社会服务价值	50.03			
	国际教职员比例	42.5	社会服务价值				
	国际学生比例	12.6	社会服务价值				
	师生比	48.5	教学价值	48.5			

年度	一级指标	分数	价值创造	价值得分	总分	国内排名	国际排名
2015	学术互评	88.8	科研价值	77.06	75.4	4	70
	教职员引文量	83.8	科研价值				
	艺术与人文学科	61.5	科研价值				
	工程技术	82.2	科研价值				
	生命科学与医学	70.7	科研价值				
	自然科学	77.8	科研价值				
	社会科学	74.8	科研价值				
	雇主评价	95.9	社会服务价值	78.35			
	国际教职员比例	60.8	社会服务价值				
	国际学生比例	—	社会服务价值				
	师生比	47.3	教学价值	47.3			
2016	学术互评	87.1	科研价值	83.6	72.2	4	61
	教职员引文量	80.1	科研价值				
	雇主评价	95.7	社会服务价值	83.35			
	国际教职员比例	71	社会服务价值				
	国际学生比例	—	社会服务价值				
	师生比	37.3	教学价值	37.3			

数据来源：https：//www.topuniversities.com/university-rankings。

　　结合评价指标的衡量方法及本研究对教学价值、科研价值和社会服务价值的定义，本研究对评价指标进行了划分，确定了它们所代表的价值创造，结果如表8-4第四列所示。

　　就教学价值而言，QS世界大学排名评价体系中仅使用"师生比"这一指标进行衡量，但是该指标的统计结果显示，上海交通大学的师生比从原来的48.5分一路下降至37.3分。这一方面可能是因为在国家的政策导向下，中国高等教育扩招，上海交通大学为学生提供的学位越来越多；另一方面可能是由于师资队伍改革过程中，上海交通大学与一些教师解除了劳动合同，精简了学校教师队伍。

就科研价值创造而言,上海交通大学在 2014 年创造的科研价值得分为 72.69 分,到 2015 年该评分增长了 4.37 分,达到 77.06 分,2016 年则持续增长至 83.6 分。这表明上海交通大学的科学技术创新体系得到了有效实施,其创造的科研成果不断增多,且越来越受到国际认可。

就社会服务价值而言,三年间上海交通大学一方面提供的社会服务不断增多,另一方面,雇主也越来越肯定上海交通大学人才培养质量,具体表现为其创造的社会服务价值得分由 2014 年的 50.03 分不断攀升至 2016 的 83.35 分。

整体而言,QS 世界大学排行榜显示,2014—2016 年上海交通大学通过人才培养、科学研究和社会服务,有效地实现了价值增值。

(二)基于泰晤士世界高等教育排行榜的价值增值分析

表 8-5 汇总了 2014—2016 年上海交通大学在泰晤士世界高等教育排名评价体系中的得分情况。虽然三年间上海交通大学在泰晤士世界高等教育排行榜中的位置先降后升,但是就总体得分结果而言,上海交通大学通过不断努力,取得了长足进步。

表 8-5 2014—2016 年上海交通大学在泰晤士
世界高等教育排行榜中的排名

年度	一级指标	分数	价值创造	价值得分	总分	国内排名	国际排名
2014	教学	37.9	教学价值	37.9	40.51	5	276~300
	研究	37.9	科研价值	38.4			
	引文量	38.9	科研价值				
	国际视野	88.4	社会服务价值	56.15			
	行业收入	23.9	社会服务价值				
2015	教学	37.8	教学价值	37.8	42.92	6	301~350
	研究	45.2	科研价值	39.6			
	引文量	34	科研价值				
	国际视野	92.9	社会服务价值	60.2			
	行业收入	27.5	社会服务价值				

年度	一级指标	分数	价值创造	价值得分	总分	国内排名	国际排名
2016	教学	51.9	教学价值	51.9	52.59	5	201~250
	研究	56.5	科研价值	49			
	引文量	41.5	科研价值				
	国际视野	90.5	社会服务价值	59.9			
	行业收入	29.3	社会服务价值				

数据来源：https://www.timeshighereducation.com/。

如上部分的分析方法一致,本部分也对评价指标进行了分类,分类结果如表8-5第4列所示。

如表8-5第5列所示,上海交通大学创造的教学价值在2014年得分为37.9分;2015年,其教学价值创造与2014年的表现基本一致,得分为37.8分;2016年,其实现的教学价值有显著提升,评分增至51.9分。这表明泰晤士世界高等教育排名评价体系认为最近几年上海交通大学培养的人才质量有效提高。

科研价值创造表现强劲,其得分逐年快速增长,由2014年的38.4分一路上升至2016年的49分,反映了上海交通大学全校师生科研创新能力的提升。

同时,在这三年间,其输出的社会服务价值总体呈增长趋势,表现为2014年的56.15分,到2015年的60.2分,再到2016年的59.9分,直接反映社会服务创新体系及文化传承创新体系在上海交通大学的有效落地。

综合上述分析,按照泰晤士世界高等教育排名评分体系的评价结果,上海交通大学创造的教学价值、科研价值和社会服务价值不断增大。

（三）基于武书连中国大学排行榜的价值增值分析

上海交通大学的努力和成果获得国内研究人员的认可。虽然在武书连中国大学排行榜中,2014—2016年上海交通大学的排名一直处于第4位,但是其始终位居上海地区大学首位,且武书连中国大学排行榜表明,上海交通大学各项评分均呈逐年增长趋势。表8-6具体展示了2014—2016年上海交通大学的得分情况。

表8-6　2014—2016年上海交通大学在武书连
中国大学排行榜中的排名

年度	一级指标	分数	价值创造	价值得分	总分	国内排名
2014	人才培养	64.62	教学价值	64.62	149.19	4
	科学研究	84.57	科研价值	84.57		
2015	人才培养	67.41	教学价值	67.41	151.82	4
	科学研究	84.24	科研价值	84.24		
2016	人才培养	75.49	教学价值	75.49	168.81	4
	科学研究	93.31	科研价值	93.31		

数据来源:武书连中国大学排行榜(2014—2016年)。

武书连中国大学排行榜的研究人员认为,我国高等教育主要发挥人才培养和科学研究两大职能,因此建立了"人才培养"和"科学研究"两个一级指标。这两个指标分别对应本文提及的教学价值和科研价值,因此表8-6第5列揭示出,上海交通大学教学价值创造实现了逐年增长,由2014年的64.62分跃升至2016年的75.49分。虽与2014年的科研价值得分84.57分相比,2015年其科研价值得分下降了0.33分,但是其于2016年创造的科研价值与2014年相比有大幅提高,评分高达93.31分。显然,在这三年间,上海交通大学的各项体制创新和落地有效地促进了人才培养和科学研究两项职能的发挥,实现了相应的价值增值。然而,该指标体系仍存在一定的局限性,即其缺乏对大学社会服务职能的认识,这也使得本文无法从武书连中国大学排行榜中得知国内专家如何评价上海交通大学的社会服务价值。

(四)基于ARWU世界大学学术排名的价值增值分析

ARWU世界大学学术排名是中国国家级研究项目,由中国政府授权上海交通大学世界一流大学研究中心研究发布。上海交通大学在世界大学学术排名中的各项评分总体呈逐年上升趋势。

表 8-7 2014—2016 年上海交通大学在世界大学学术排名中的情况

年度	一级指标	分数	价值创造	价值得分	总分	国内排名	国际排名
2014	校友	0.0	教学价值	0.0	20.64	2	101~150
	获奖	0.0	科研价值	22.94			
	高引用研究人员	12.6	科研价值				
	论文发表数	10.6	科研价值				
	论文收录数	68.5	科研价值				
	师均表现	23.0	科研价值				
2015	校友	0.0	教学价值	0.0	22.09	4	101~150
	获奖	0.0	科研价值	24.64			
	高引用研究人员	14.5	科研价值				
	论文发表数	10.9	科研价值				
	论文收录数	72.3	科研价值				
	师均表现	25.5	科研价值				
2016	校友	0.0	教学价值	0.0	22.86	4	101~150
	获奖	0.0	科研价值	25.5			
	高引用研究人员	15.4	科研价值				
	论文发表数	11.3	科研价值				
	论文收录数	74.4	科研价值				
	师均表现	26.4	科研价值				

数据来源：http://www.shanghairanking.com/。

表 8-7 展示了 2014—2016 年 ARWU 世界大学学术排名对上海交通大学学术情况的评价。虽然就国际排名而言，上海交通大学的排名未发生显著变化，但是就国内排名而言，其排名由 2014 年的第 2 名下降至 2015 年的第 4 名，此后在 2016 年保持了第 4 名。从"总分"一列来看，上海交通大学最近三年价值创造不断增多。从该排名对教学价值判断的角度出发，上海交通大学

未实现有效教学价值创造,然而其每年创造的科研价值不断增多,由 2014 年总分 20.64 分到 2015 年的 22.09 分再到 2016 年的 22.86 分。这一递增结果与上述评价体系的评价结果一致,再次证实上海交通大学的科学技术创新体系有效建立并实施。

由于世界大学学术排名榜侧重于评价大学的学术能力,因此和武书连中国大学排名评价体系一样,世界大学学术排名榜也没有对大学社会价值创造的评价。

第四节　上海交通大学的大学治理、财务管理与价值增值关系

虽然本章前部分内容单独讨论了上海交通大学的大学治理成果、财务管理水平和价值增值表现,但如前所述,三者间实际上存在一定的关联。本文余下部分将结合上海交通大学实际情况,具体分析上海交通大学的大学治理、财务管理与价值增值之间的关系,再次验证本研究的结论。

一、上海交通大学的大学治理提升价值增值

上海交通大学的大学治理水平和价值增值均在我国处于领先水平,而大学治理对价值增值具有重要影响。我国高等院校普遍存在的高度行政化运行问题使得行政力量在学校的决策、管理和实际运行中处于"一股独大"的地位,进而导致学校的学术权力遭受行政权力的侵蚀,严重损害了学校的教学质量、科研质量及其带来的社会效益。为了解决这一系列问题,上海交通大学从内部治理和外部治理入手,采取了一系列行之有效的措施。

一方面,通过实施积极的内部治理,制衡学术权力和行政权力。通过实施学术权力与行政权力相互制衡的大学内部治理改革,加强内部支持活动、

基础活动和社会活动的有效性,从而作用于教学、科研与社会服务的价值增值。

在人才培养模式改革方面,建立学术权力主导的运行机制,有利于推动大学内部支持活动的人力资源管理的实质有效性,不断改革激发创造活力。同时,上海交通大学努力培养一流的学生,着手建立层次清晰、覆盖全面的"人才金字塔",形成了随时发现、随时跟踪、随时引进的揽才机制;开通高层次人才引进绿色通道,构建吸纳人才的快速响应机制,使高层次、高水平人才迅速积聚。发掘和培养最具有创新精神的人才,同时,将"育人"和"求知"的学术价值导向牢牢根植于学校的办学理念和科学创新中,提升学校的人才培养质量,从而促进教学价值的增值。在科学研究方面,上海交通大学注重师资队伍建设,组建专职科研队伍,打造一流的创新平台。充分发挥教师"传道""授业"和"解惑"的角色功能,鼓励学生批评与否定的学术探索与学术创新精神,营造宽容、宽松、宽厚的氛围,引导教师开展问题导向的科研活动。同时,上海交通大学在科研创新机制方面不断改进,取消了论文现金奖励政策,倡导并推进科学研究从"论文导向"向"问题导向"的转变,将科研的目标聚焦在解决世界科技前沿问题、国家重大需求问题以及重大人文社会科学问题。卓越的师资队伍和科研创新机制有利于大学的科研创新,从而实现价值增值。在社会服务方面,上海交通大学充分发挥学术上的优势,确立了打造"精品文科"和"国家智库"的目标和定位,依托综合型和研究型大学的学科交叉优势,制定了符合国家和地方战略需求的一系列制度,服务社会发展的需求,以重大现实问题为主攻方向,加强对全局性、战略性、前瞻性问题的研究。上海交通大学努力将前沿的科技成果转化为先进的生产力,将丰富的学术资源转化为不竭的创新源泉,持续地为社会发展提供强大的精神动力和智力支持,为社会进步做出了巨大贡献,从而提升学校的社会服务效益,促进社会服务的价值增值。

另一方面,从外部治理的角度,学校借助外部监督和信息公开了解学校当前治理中存在的问题,开展更加深入的治理,最终促进价值增值。首先,上海交通大学加强民主管理,接受社会监督,形成具有社会公信力的自律办学机制。学校将民众与舆论的作用贯穿于权力授予、运行及结果,进行全过程、全方位的监督。在促进监督的过程中,加强了培植教师主体的权力,尤其是教授集体或个人的权力。在加强大学权力分权与制衡的同时,关注学生主体的权力,以使大学这个组织具有创新精神,增强人才竞争力,提升大学的人才培养质量,实现教学价值的增值。其次,学校落实各项章程规定,保障广大师生对学校发展情况和综合改革推进情况的知情权和参与度。外部监督和信息公开的开展,促进上海交通大学高等教育发展方向与国家科学研究需求紧密结合,促进其主动适应国家科学研究需求,提高学校运行效率,使其更好地适应科学研究需求的变化,提升科研创新能力,最终促进科研价值的增值。最后,学校实行党务公开、校务公开和信息公开制度,按照国务院和教育部关于校务公开的要求公开校务,建立校务政务公开网,促进实质性公开和依法申请公开,学校每年通过《年鉴》《年度发展报告》《本科教学白皮书》《研究生教育白皮书》等系列报告,主动公开学校的主要工作与发展情况,使学校了解当前治理中存在的问题,提升学校的高等教育与国家需要、社会需要和个人需要的紧密结合程度,促进大学主动适应社会需求,服务社会发展,提升社会服务效益,最终实现社会服务价值的增值。

二、上海交通大学通过财务管理促进大学治理提升价值增值

上海交通大学的大学治理水平、财务管理水平和价值增值在我国高等院校中处于领先水平,财务管理作为有效路径,能够促进上海交通大学的大学治理提升价值增值。具体而言,上海交通大学财务管理水平优越,在行业中处于稳定的领先位置。上海交通大学在财务管理体制因素、技术因素(预算管理、决算管理、核算管理)、环境因素(信息公开)三大层面在 75 所部属高校中均处于领先水平,虽然个别年份略有波动,但仍然处于较高水平。

同时,上海交通大学对财务管理也采取了众多改革措施。首先,2014 年起将经费直接下发到院系,机关部处服务的对象自动与院系紧密地绑在一起,这对于上海交通大学的大学治理具有重要意义。其次,计划财务处提高

优质高效的财会服务以及进行规范有序的业务管理。在此基础上,上海交通大学财务管理支撑不同管理要求,将信息化建设贯穿工作始终。再次,改进招标采购办法及其实施细则,并在评估论证、预算执行、购置程序各环节有效进行实施,同时资产验收、入账程序健全,符合国有资产管理要求。

　　资金对大学的重要性不言而喻,如同企业的经营活动不能缺少资金支持一样,大学的人才培养活动、科学研究活动和社会服务活动也无法脱离资金支持而展开。然而,目前我国大学教育经费分配由行政权力主导,教育经费使用效率不高,腐败现象屡禁不止,从而使得学校的学术权力逐渐被架空。有鉴于此,上海交通大学通过加强财务管理,实施综合预算管理改革,推进可持续的财务保障机制和资产调配机制,能够为学术权力提供足够的资金支持,进而调节学校的学术权力和行政权力,提高大学治理水平。上海交通大学在权力结构调整的过程中,充分发挥财务资源配置作为载体所具备的关键和核心性的作用。其次,着力实现大学治理中人、财、物的高效配置。上海交通大学注重财务管理转型发展,不断创新服务和业务手段,满足内部管理需要,将“为决策服务、为发展服务、为战略服务”作为自我定位,促进学校履行人才培养、科学研究和服务社会的职责。上海交通大学财务管理工作成为提高教学质量、改善教学环境的重要内容,财务管理成为其大学治理水平提升的关键要素,最终创造出教学价值、科研价值和社会服务价值。最后,制定资产管理办法,对资产配置进行规范,使资产使用方面具有较高的规范性,保障了人才培养、科学研究和社会服务的资产配置水平,从而影响其价值增值。上海交通大学正是基于大学内部治理和外部治理的需要,将财务管理建设贯穿大学治理工作始终,最终实现了上海交通大学的价值增值。

第九章　结论与建议

第一节　结论

一、大学治理对价值增值具有显著正相关的影响

大学的有效治理表现在形式有效性和实质有效性两个维度上：形式有效性是指以参与原则判断大学权力配置是否满足利益相关者的民主诉求，实质有效性是指以效率原则鉴别大学内外部治理结构和议事决策程序是否有利于大学达成其使命——追求学术真理和公共利益。

在内部治理方面，大学通过构建学术权力与行政权力相互制衡的大学内部治理模式，加强内部支持活动、基本活动和社会的有效性，从而作用于教学、科研与社会服务的价值增值。

在外部治理方面，其主要途径是外部监督，包括政府监督、社会监督等，外部监督的结果是大学向社会进行信息公开。大学外部治理以外部监督机制为依托，通过支持活动、基本活动以及社会三条路径，作用于教学、科研、社会服务三方面，从而提高大学价值增值。外部治理既通过对教学质量的监督评估机制提升大学教学的价值，也通过对大学科研经费的监督以及科研过程和成果的检验，从不同方面提高大学科研的效率和大学科研成果的质量，提高科研价值，并通过教学价值和科研价值的辐射作用最终实现社会服务的价值增值。

在理论研究的基础上，课题组选取 2012—2015 年 75 所教育部直属高校为研究样本，运用回归分析的实证方法，发现大学治理水平与大学价值增值

显著正相关,即大学治理水平的提高能有效促进大学的价值增值。

另一方面,借助关联度分析方法,研究了大学治理对大学价值增值的内在关系。通过分析可知,在大学治理中,相对于内部治理,外部治理对大学价值增值的贡献度较大。其中,外部治理中,外部审计检查对大学价值的贡献度更大;内部治理中,学术权力的行使对大学价值增值贡献较大。

二、财务管理对价值增值具有显著正相关的影响

大学财务管理活动在大学日常运行中的地位也在不断加深,具体从对教学、科研和社会服务的支持作用上得以体现。财务管理作为支持活动,一方面直接支持教学、科研、社会服务等基本活动;另一方面,通过对其他支持活动,如人力资源管理、后勤保障等的支持,能够间接服务于基本活动。财务管理活动形成的资金流和信息流贯穿大学所有活动的全过程,真实反映了一定时期大学价值的形成与增值。具体而言:

在教学支持方面,首先,财务管理活动为教学活动的运行提供资金保障;其次,教学质量的提升离不开财务管理的支持。在科研支持方面,首先大学财务管理为大学科研活动提供了资金支持,科研价值的获得离不开财务管理活动;其次,高效的财务管理活动能够使得大学将资源投向更具效益的地方,合理地利用科研经费,支持科研活动更好地发展。在社会服务支持方面,大学的社会服务体现于将教学和科研的成果应用于社会,高效的财务管理能够为加速相应的成果转化提供支持,主要体现在为大学开展社会服务提供资金方面的支持。

在理论研究的基础上,本研究选取 2012—2015 年 75 所教育部直属高校为研究样本,运用回归分析的实证方法,发现大学财务管理水平与大学价值增值具有正相关关系,即财务管理水平越高,则大学价值增值幅度越大。

三、通过财务管理途径,大学治理对价值增值具有正相关影响

大学治理作用于价值增值的路径较多,但有效的财务管理无疑是非常重

要、非常独特、无可替代的路径。大学财务活动贯穿大学教育、科研、社会服务等活动始终。

大学治理能够通过财务管理进一步促进大学价值增值。大学财务管理为执行大学治理意志形成的大学战略决策，以资金、资产管理为对象，以提高服务和管理水平为目标，立足于资源优化配置，保证大学基本活动和其他支持活动合法合规以及资金资产的安全真实完整。可见，大学财务管理效率的提高是大学价值增值的条件。大学财务管理也为科研活动提供运作上的支持，使得科研活动有章可循；教学价值和科研价值的提升最终会转化为大学社会价值的提升。因此，财务管理作为大学治理中的关键要素，通过支持大学基本活动和其他支持活动，能够进一步提升大学在教学、科研与社会服务三方面的价值。

在理论研究的基础上，选取 2012—2015 年 75 所教育部直属高校为研究样本，运用回归分析的实证方法，通过加入大学治理和财务管理交互项，并控制学校所在地区、学校是否为 985 大学、年份等因素的影响，我们进一步进行检验发现，大学治理变量、交互项的系数显著为正，即较高的财务管理水平会加强大学治理对大学价值增值的影响。总体来讲，通过财务管理核心路径，会更加促进大学治理对大学价值增值的正影响。

第二节　建议

一、加强财务管理

大学财务管理是大学正常运行的基础，是大学管理制度和体系中核心的组成部分。一方面，大学治理提升价值增值的过程中，财务管理起到重要的支持作用；另一方面，财务管理本身也能促进价值增值。因此，要重视财务管理工作。

（一）转变财务管理观念

要切实转变观念,确立财务管理在大学发展建设中的基础地位。学校领导一定要确立财务管理的中心地位,特别是在市场经济条件下,各种活动都以资金为中心的今天,在大学经济工作中确立财务管理的中心地位是必然的选择。首先,明确大学事业发展与财务管理的关系,把大学事业发展与财务管理统一起来。既要量力而行,发挥财务在实现事业发展规划中的保障作用,又要开拓创新,发挥事业发展规划的指导作用,以合理配置大学人、财、物资源,使财务管理在大学发展中的基础地位落到实处;其次,要创新财务管理的基本理念,财务管理不能单纯地集中在记账、报账等方面,应从大学长远发展的角度,使财务管理工作建立在科学的理财基础之上;再次,在知识经济时代,要强化知识资本化观念,注重知识资本的开发和管理,提高知识资本的使用效益,使知识资本的管理成为未来大学财务管理的重要理财内容;最后,突破原有观念,拓宽理财视野,立足实际探索筹资渠道。金融全球化虽然给大学带来了筹资渠道多的便利,但同时也因为筹资渠道的选择问题而产生了风险,大学要寻求机遇,选择风险性小的筹资方式,规避筹资过程产生的风险,缓解大学办学的资金压力。

（二）完善财务内部控制制度

《国家中长期教育改革和发展规划纲要(2010—2020年)》提出,在加强经费管理时,要完善经费使用内部控制制度。因此,应不断完善大学内部控制和财务内控制度建设,对现有财务制度进行梳理,进一步修订完善,加强内控管理,全面梳理岗位风险点,提高财务风险防范能力。建立科学、合理的风险防控系统,采取风险预警、风险识别、风险评估、风险分析、风险报告等切实有效的风险防控措施,强化对资金安全、投资筹资、债务、经济合同等风险的防控,确保大学资产与资金安全;通过日常内部稽核检查财务管理状况,外聘专家进行定期检查;细化委派会计职责,加强对二级财务单位的指导、检查与监督;加强财务廉政风险防控,构建财务内部稽核、大学内部审计、师生民主监督等多层级监督体系和事前监督、事中监督、事后监督相结合的全过程监督机制。

（三）强化预算绩效管理

在党的十九大上，习近平总书记强调，要加快建立现代财政制度，建立全面规范透明、标准科学、约束有力的预算制度，全面实施绩效管理。为落实党的十九大精神，解决预算绩效管理存在的突出问题，2018 年 9 月，中共中央、国务院印发了《全面实施预算绩效管理的意见》，将绩效管理覆盖所有财政资金，贯穿预算编制、执行全过程，做到花钱必问效、无效必问责。高校积极推进"业财融合"或"事财结合"，按照"事前——事中——事后"的基本思路建立由"预算决策以绩效目标为导向"，"预算编制和预算执行受绩效目标管理监督"以及"预算完成由绩效评估机制评价"组成的预算绩效管理体系。具体地，高校应当落实以下内容：一是健全事前绩效评估机制。针对预算决策环节，建立完善的事前绩效评估机制，以实现将评估结果作为预算决策的必要条件，未按要求设定绩效目标或审核未通过的，不予安排预算，推动政府及各个高校理性决策，从源头上防控低效无效问题的发生，提高预算编制的科学性和精准性的目标。二是健全事中绩效目标管理。针对预算编制环节，开展强化绩效目标管理，以促进高校整体及其二级机构花钱与办事、绩效与责任深度融合；针对预算执行环节，开展强化绩效目标管理，以实现监督高校整体及其二级机构预算执行进度和绩效目标实现程度，及时纠正偏差，防止资金闲置沉淀和损失浪费的目标。三是健全事后绩效评估机制。针对决算环节，建立完善的事后绩效评估机制，使自评和外部评价相结合，如实反映高校整体及其二级机构绩效目标完成情况。对绩效目标为未达成的高校或二级机构，要求做出说明并提出改进措施。同时，实现绩效评估的结果与下一年度预算安排相挂钩。

（四）提高财务管理人员素质

大学办学竞争日趋激烈，也要求大学财务人员有较高的业务素质，因此，大学必须加强对财务人员业务知识和基本技能的培养，全面提升大学的财务管理水平。首先,财务人员要加强法治观念和职业道德观念,认真学习党和国家的有关方针政策和财经法规,全面提高财务人员素质和财务工作水平,发挥财务人员在大学管理中的参谋与决策作用;其次,要加大引进高素质的财务管理人才的力度,促使会计工作尽快由核算型向管理型转变;再次,将理论与实践结合起来,鼓励创新,塑造一支业务扎实、灵活性强、观念新的大学财务管理队伍,促进大学财务管理事业的发展;最后,要抓好财务人员的岗位培训和继续教育。要有计划地组织财务人员学习专业知识,不断更新知识,学习必备的现代化管理手段。基层的大学财务人员应当不断提高自身素质,掌握新的财务信息和知识,加强服务意识,只有提高财务人员综合能力,才能保证财务工作有序展开。

(五) 加强信息化建设

在新形势下,大学财务管理变得越来越复杂,要提高大学财务管理水平,必须突破传统的管理模式,实现大学财务管理的信息化。大学财务管理信息化不仅是大学财务信息集成化的主要手段,也是大学财务管理动态化的主要渠道,还是大学财务管理高效化的主要途径。首先,由于大学财务管理信息系统由大学各种具体业务经过优化重组而成,在构建大学财务管理信息化体系前,要进行全面的调研,定位好系统需求,统筹规划,全面部署,制定和大学实际相适应的业务框架。其次,基于财务管理涉及环节较多的情况,在信息化构建中容易产生各种复杂的关系,这就需要建立自上而下的标准化管理流程,以保持大学内部各相关部门的信息畅通,使财务管理工作有序协调;再次,信息化技术日新月异,大学财务管理信息化也应该不断更新,开发资产信息管理系统,整合学校分类资产管理,实现数据信息动态管理和监管;最后,通过信息公开机制,实现资产有效整合和共享共用,尽可能提高资产使用频率。

二、完善大学治理

大学治理是对大学运行的顶层设计,规定着大学的基本架构,对大学的运行和发展具有战略导向作用。大学治理对大学价值增值具有显著正向影响,并且会通过财务管理间接影响大学价值增值。因此,从内部构建学术权力与行政权力相互制衡的大学内部治理模式,从外部加强政府监督和社会监督力度,是完善大学治理体系、促进大学价值增值的必然选择。

(一)完善中国特色现代大学制度

2017 年 9 月,中办国办印发《关于深化教育体制机制改革的意见》,提出要完善中国特色现代大学制度。现代大学制度主要包括宏观的现代大学制度与微观的现代大学制度。宏观的现代大学制度主要指国家层面的现代大学制度,即大学与政府、大学与社会、大学与国家以及大学与大学之间的关系构架;微观的现代大学制度则是大学自身层面的现代大学制度,指大学制度内部各种权力之间的关系构架,包括大学的政治权力、行政权力、学术权力、民主权力、学生权力等之间的关系架构。现代大学制度的根本在于学术自由(Academic Freedom)、学术自治(Academic Autonomy)和学术责任(Academic Responsibility),即"3A"原则,这是建设现代大学制度的根本。首先,摒弃"官本位"意识,营造宽松的学术自由环境。只有摒弃"官本位"意识,行政人员用行政服务学术的理念来为学术人员的学术研究工作营造自由宽松的学术环境,才能让大学的学术得以繁荣与发展。其次,建立健全学术自由的法律保障体系。学术自由需要有法律制度体系来保障,否则学术自由将会无边无界而丧失其合理性、合法性。最后,完善教授治学的保障机制。从管理参与机制、行政服务机制、资源配置机制和工作评价机制等入手。

(二)推进大学章程建设

《国家中长期教育改革和发展规划纲要(2010—2020 年)》明确指出要加强章程建设。即各类大学应依法制定章程,依照章程规定管理学校。大学章程作为大学的"宪法",也作为大学内部治理的宪章,是现代大学制度建设的具体化,也是现代大学制度建设的重要内容。加强大学章程建设,有利于处理好大学与政府、大学与国家、大学与社会之间的关系,有利于处理好大学内部治理结构的关系。大学章程是大学组织文化的制度性保障,对大学组织政治权力、行政权力、学术权力、民主权力四大权力系统具有规范和制约性作用,可以说大学章程是大学的纲领性与规范性文件。《国家中长期教育改革和发展规划纲要(2010—2020 年)》明确指出要完善大学内部治理结构,而大学内部治理结构就是要形成"党委领导,校长负责,教授治学,民主管理"的体制机制,大学章程则为大学内部治理结构的完善与优化提供了法律保障。因此,在建设世界一流大学与一流学科的进程中,我国需要推进大学章程的建设工作。制定、完善大学章程的根本在于实施大学章程,不能让大学章程仅仅成为一个文本,将其束之高阁,作为大学办学的摆设品,而应将大学章程付诸实施,这样大学办学才真正有章可循、有法可依,才能为大学"去行政化"寻求最佳的路径依赖,为实现"党委领导,校长负责,教授治学,民主管理"的大学内部治理结构提供法律基础与法律保障。

(三)完善学术委员会制度

《国家中长期教育改革和发展规划纲要(2010—2020 年)》提出,在现代大学制度改革试点中要探索学术委员会发挥积极作用的机制。学术委员会制度建设是当前高等教育领域全面深化综合改革的重要举措之一,对构建现代大学治理体系、提升大学治理能力具有重要意义。修改后的《高等教育法》第 42 条正式确立了学术委员会的五项职能,即审议学科建设、专业设置,教学、科学研究计划方案,评定教学、科学研究成果,调查、处理学术纠纷,调查、认定学术不端行为以及按照章程审议、决定有关学术发展、学术评价、学术规范的其他事项。2014 年 3 月 5 日,《高等学校学术委员会规程》开始施行,这是第一部旨在推进学术委员会制度建设的规章。《高等学校学术委员会规程》首次明确了学术委员会在大学学术事务中的决策地位,这无疑是显著的进步。诚然,学术权力与行政权力的清晰界分实属不易,且区分两种权力本身的必要性也值得怀疑,但是,只要在学术委员会制度的构建过程中真正建立起一个以学术人员为主体、实行科学民主决策机制、对于审议事项有最终决策权的合议制机构,那么学术委员会就可以打破原有的"附属性"状态,建立大学新的权力格局。只有建立起一种能够保证学术人员切实有效行使学术权力的制度,才能改变当前的大学权力格局,维护大学的学术本质,真正维护学术自由,促进学术繁荣。因此,大学制定出一部符合本校实际、彰显学术权力的学术委员会章程是提高大学内部治理能力的必然选择。

(四)构建专业中介评估组织

《国家教育事业发展"十三五"规划》提出,在大学建设过程中,要坚持公开透明,实施动态监测,制定科学合理的绩效评价办法,开展中期评价和第三方评估,强化社会监督。完善的教育评估制度是由政府评估、社会中介评估和学校自我评估三方共同组成的,彼此不可替代。我国目前成立的省级教育评估组织都属于全额事业拨款单位,一般承担着评估、协调、指导、研究、咨询等主要职能。这些教育评估组织具有很强的"半官方"色彩,所以中介评估组织的公平性和专业性受到很强的质疑,因此积极发展和培育具有中国特色的专业评估机构是我国教育改革和发展的需要。这类机构的起步阶段,政府有责任在"人、财、事"等方面给一些优惠政策并大力支持,保证新生的评估专业机构"起好步"。此外,中介组织只有依靠自身的专业水准和科学定位,才能够突出评估组织的"中介性"特征。中介评估质量要真正体现基于人才培养为本的科学化评估,特别是在课程水平、教学水平、以学生成长为导向的科学化评估指标体系的发布方面。在教育组织是"事业性"的前提下,只有依靠科学的、权威的、高质量的评估工作,才能提供专业性科学决策服务,建立科学规范的评估制度,探索与国际高水平教育评价机构合作的途径,形成中国特色学校评价模式。

三、提升大学价值增值

党的十九大报告指出,要把教育事业放在优先位置,加快教育现代化,办好人民满意的教育。报告针对高等教育提出了具体要求,即要加快一流大学和一流学科建设,实现高等教育内涵式发展。《国家教育事业发展"十三五"规划》提出,要引导大学教师潜心教书育人,围绕国家战略需求开展科学研究。十九大报告和《国家教育事业发展"十三五"规划》无不体现出我国政府对大学价值的高标准要求,即要提高人才培养质量,提升科学研究水平,增强社会服务能力,以增强大学价值增值。

(一)深化教育评价改革

《国家中长期教育改革和发展规划纲要(2010—2020年)》在提升科学研究水平时指出,要促进科研与教学互动、与创新人才培养相结合。《关于深化教育体制机制改革的意见》则提出要建立健全教育评价制度。因此,大学一定要扭转"重科研、轻教学"局面,完善立德树人体制机制,扭转不科学的教育评价导向,这是提高教学价值增值的必然选择。现阶段我国大学出现"重科研、轻教学"现象的根本原因在于:一方面,针对大学的各种评价指标体系都把大学的科研产出指标放在首位,以论文和项目的多寡为依据,而教学产出指标在这些指标体系中所占的权重很低;另一方面,对大学教师的考核与晋升主要将科研和论文作为考量标准,忽视了教学业绩,造成教师科研任务过重,不得不减少教学工作的投入。应着力改进高校教师科研评价,突出质量导向,重点评价学术贡献、社会贡献以及支撑人才培养情况。根据不同学科、不同岗位特点,坚持分类评价,推行代表性成果评价,探索长周期评价,完善同行专家评议机制,注重个人评价与团队评价相结合,保证大学育人功能效率的充分发挥。

(二)有效配置学校办学资源

有效配置学校办学资源才能调动教师教学积极性。传统的、割裂的教学、科研观必然会带来学校资源分配的割裂和不统一,表现在实际办学过程中就是重科研,轻教学、社会服务和文化传承与创新——学校把大量的资源投入到科学研究工作中,而对于教学工作、社会服务工作和文化传承与创新工作,则是投入能少则少,不断压缩教学、社会服务和文化传承与创新工作的资源共享空间。这种状况当然不能调动师生的积极性,甚至出现对教学的敷衍、消极甚至厌教厌学的现象。现在要做的工作就是尽快制定校内资源分配制度,在人才培养的视野下,重新分配各自领域的资源投入,确保各方协调发展,共同促进人才培养水平的提高。

(三) 加强科研团队建设

《关于深化教育体制机制改革的意见》指出,要健全促进高等教育内涵发展的体制机制,建设相对稳定的高等学校基本科研队伍。学校没有高质量的科研团队,就不可能建立起高水平的师资队伍。大学要发挥自己的优势,围绕国家特别是地方经济的需要,立足时代前沿,搭建学科梯队和科研团队,同时要积极鼓励青年教师加入团队。学校管理部门要建立健全合理的教师考核制度及科研奖励制度,让教师从被动搞科研转化到主动从事科学研究上来,调动他们的科研主动性。对于有科研能力的教师,要减少额定教学工作量,使他们有精力开展科研工作;对于承担省级以上科研项目教师,如不满额定教学工作量,可适当减免部分教学工作量。

(四) 加快科研成果的转化

《关于深化教育体制机制改革的意见》指出,要健全促进高等教育内涵发展的体制机制,深化技术转移和成果转化机制改革。首先,科研成果转化的重要方式之一是产学研合作,企业与大学(或科研机构)为实现自身利益,以实现技术创新和科技成果转化为目标进行合作,大学可以承担一些企业的技术难点作为科研项目,重点发展那些具有未来发展空间的重大科研项目,加强科研成果转化。其次,大学要紧紧围绕经济建设中的难点热点,围绕人民关注的生产生活问题,围绕企业发展的"瓶颈"难题,加大应用技术研究,加快实现科研成果转化,切实为经济社会发展提供科技支撑。再次,大学需要充分认识科研成果转化的重要意义,高度重视科研成果转化工作,深化科研体制改革,建立科学的大学科研评价指标体系,建立和完善风险投资机制,积极组织社会资金参与大学科研成果转化工作,加快建立技术市场体系建设,搭建科研信息交流平台,充分发挥政府的作用,建立大学、企业、政府三位一体的合作机制。最后,大学应打破其内部以及外部的体制机制壁垒,促进人才、资源、信息、技术等创新要素在创新主体间的自由流动和在创新链上的有效聚集,努力实现大学科学研究、人才培养等工作由学科导向逐步向需求导向转变,将科学研究与社会经济的需求结合起来,促进科研成果的转化。

参考文献

一、中文参考文献

(一) 论文

毕宪顺,张峰. 改革开放以来中国高等教育的跨越式发展及其战略意义[J]. 教育研究,
　　2014,35(11):62-71.

薄建国,王嘉毅. 美国公立高校的法人治理结构及其特征[J]. 国家教育行政学院学报,
　　2010(12):87-90.

曹洪军,邹放鸣. 对中国大学社会服务功能的反思[J]. 现代教育管理,2010(02):16-18.

程广文,赵捷. 高等教育质量:内涵、外延及其意义[J]. 湖北社会科学,2012(11):
　　174-178.

陈立鹏,梁莹莹.日本的大学章程建设[J].中国高等教育研究,2010(17):61-62.

迟艳杰. 在社会历史进程中理解杜威的教学价值思想[J].华东师范大学学报(教育科学
　　版),2010,28(02):17-23.

崔国平,林馈悟. 从财务管理的角度谈高校的可持续发展[J]. 东岳论丛,2007(06):
　　178-180.

董晋曦. 关于国家创新体系的若干思考——兼论高校应成为知识创新系统的第一执行主体
　　[J]. 研究与发展管理,1999(06):6-10.

董泽芳,岳奎. 完善大学治理结构的思考与建议[J]. 高等教育研究,2012,33(01):44-50.

范明. 构建中国现代大学制度:普遍共识与中国特色[J]. 国家教育行政学院学报,2011
　　(02):12-16.

冯宝军,李延喜,李建明. 基于多属性分析的高校科研经费全成本核算研究[J]. 会计研究,
　　2012(05):10-15+93.

冯刚. 加强高校文化建设 提升国家文化软实力[J]. 湖南社会科学,2011(05):192-194.

冯海燕. 高校与企业产学研合作机制创新研究[J]. 中国高教研究,2014(08):74-78.

冯用军. 扩招十年来高等教育规模发展波动与经济波动的关系研究——以高等教育毛入学

率和人均国内生产总值为分析单元[J]. 中国高教研究,2010(09)：11 - 14.

甘晖. 基于大学治理能力现代化的大学治理体系构建[J]. 高等教育研究,2015,36(07)：36 - 41.

甘永涛. 从新公共管理到多中心治理：兼容与超越——西方国家高等教育管理改革的路径、模式与启示[J]. 中国高教研究,2007(05)：34 - 36.

高云庆. 加强高校财务管理的再思考[J]. 兰州交通大学学报,2014,33(05)：133 - 136.

高振强. 社会服务导向下的现代大学组织变革——基于美国威斯康星大学的实践[J]. 教育发展研究,2014,34(05)：80 - 84.

管培俊. 关于新时期高校人事制度改革的思考[J]. 教育研究,2014,35(12)：72 - 80.

顾建民,刘爱生. 世界一流大学的价值追求[J]. 教育发展研究,2011,31(17)：54 - 57.

郭秋平. 大学精神与大学责任[J]. 国家教育行政学院学报,2014(09)：47 - 51.

郝永林. 大学治理的社会参与：中国情境及其实现[J]. 大学教育科学,2014(03)：29 - 36.

何淳宽,曹威麟,梁樑. 中国大学正式组织与学术性准正式组织的机能优化——兼论我国大学三元权力治理结构模式的构建[J]. 经济社会体制比较,2009(03)：128 - 133.

贺佩蓉. 政府·市场·社会：大学外部治理的权力要素与模式创新[J]. 江苏高教,2015(03)：45 - 47.

黄彬. 大学外部治理的法权逻辑与重构路径——基于"管办评分离"的政策视角[J]. 中国高教研究,2016(11)：41 - 45.

黄韬. 高校若干财务管理制度问题探讨[J]. 财经问题研究,2013(S1)：113 - 115.

黄欣,吴志功. 美国大学排行的产生与发展[J]. 比较教育研究,2006(04)：26 - 29.

黄兴胜,舒刚波,翟刚学. 大学章程与大学内部治理——基于英国、意大利大学章程建设的考察报告[J]. 中国高教研究,2014(01)：34 - 38.

胡建华. 由"国家控制的模式"向"国家监督的模式"转变——大学与政府关系发展的基本走向[J]. 复旦教育论坛,2003(06)：3 - 5+17.

胡敏,卢振家. 预算对大学治理的建构[J]. 教育财会研究,2015,26(02)：40 - 43.

胡钦晓. 高校学术资本：特征、功用及其积累[J]. 教育研究,2015,36(01)：59 - 65.

胡勇军,赵文华. 美国公立研究型大学经费监管机制研究——基于美国密西根大学的案例分析[J]. 中国高教研究,2015(10)：49 - 53.

贾德永,王晓燕.日本国立大学法人化改革后的大学治理结构[J]. 高等教育研究,2011,32(05)：97 - 103.

姜华,黄帅,杨玉凤. 大学内部权力结构与绩效的关系研究——社会网络分析的视角[J]. 复旦教育论坛,2017,15(04)：84 - 91.

姜晶. 美国大学治理的结构、特点及其启示[J]. 当代教育科学,2010(01)：43 - 45.

蒋洪池. 欧美大学与政府权能关系的演变及其对中国的启示[J]. 清华大学教育研究,2004

（04）：26－33.

金素文. 浅论高校财务管理面临的问题及应对措施[J]. 山西财经大学学报,2010,32(S1)：152－153.

李成刚,许为民,张国昌. 大学治理结构中学术力量和行政力量的配置与定位研究——基于四所国外高校的分析[J]. 中国高教研究,2014(08)：11－16.

李红伟,石卫林. 大学章程关于学术权力制约机制的规定——基于美、英、德三国大学章程的文本比较[J]. 高等教育研究,2013,34(07)：35－38+82.

李建奇. 我国大学治理结构变迁的路径选择[J]. 高等教育研究,2009,30(05)：39－44.

李俊杰. 科研反哺教学的合理性及地方高校因应策略[J]. 教育研究,2012,33(03)：53－56+70.

李立国. 大学治理的转型与现代化[J]. 大学教育科学,2016(01)：24－40+124.

李丽芳. 基于创造力价值链的大学创新创业教育平台构建[J]. 现代教育管理,2010(11)：126－128.

李梦苏,贺强. 高校财务绩效评价指标体系构建研究[J]. 东北财经大学学报,2013(06)：108－111.

李奇. 美国大学治理的边界[J]. 高等教育研究,2011,32(07)：96－101.

李千目,戚湧,侯君. 高校科研创新的竞争力评估策略[J]. 中国软科学,2007(03)：147－152.

李强. 我国大学章程的历程与现状[J]. 国家教育行政学院学报,2012(02)：34－38.

李素敏,王子悦. 建国以来中国高等教育发展的历史回溯与思考[J]. 天津师范大学学报(社会科学版),2012(02)：72－75.

李霞,冯景雯. 试论高校教育成本核算的可行性和内容[J]. 经济问题探索,2012(06)：126－130.

李瀍. 论高校资产管理与预算管理的有效结合[J]. 西南师范大学学报(自然科学版),2013,38(04)：49－52.

李英利. 浅议高校内部控制与管理绩效间的关系研究[J]. 经济研究参考,2015(35)：91－92.

梁小红. 基于价值链的高校财务管理研究[J]. 东岳论丛,2011,32(01)：143－145.

梁勇,干胜道. 论高校"大财务观"[J]. 四川师范大学学报(社会科学版),2013,40(03)：83－88.

刘爱生. 美国大学治理结构的主要特征及其文化基础[J]. 外国教育研究,2014,41(08)：62－70.

刘海蓉. 高校学术权力与行政权力关系的再认识[J]. 学术论坛,2014,37(09)：171－174.

刘礼明. 加拿大大学资源增值之道[J]. 教育研究,2015,36(04)：149－157.

刘献君. 经济社会发展转型与教学服务型大学建设[J]. 高等教育研究,2013,34(08)：1-9.

刘正兵. 基于财务风险管控视角的高校内部控制框架体系构建研究[J]. 苏州大学学报(哲学社会科学版),2013,34(02)：120-124.

卢翔. 我国高校资产管理制度研究[J]. 教育研究,2010,31(10)：70-72.

卢晓梅,董泽芳. 我国现代大学制度建设研究现状及反思[J]. 国家教育行政学院学报,2011(02)：21-25.

陆一. 世界知名大学使命宣言的文本解析[J]. 比较教育研究,2012,34(09)：23-28.

罗红艳. 我国公立大学治理政策变迁的制度逻辑——基于历史制度主义的分析[J]. 中国高教研究,2014(03)：16-21+41.

马海群. 高校财务信息公开的范围界定与工作体系构建[J]. 情报资料工作,2015(01)：93-96.

马彦利,胡寿平. 高校共同治理及其对完善中国特色现代大学制度的启示[J]. 复旦教育论坛,2010,8(03)：18-22.

孟亚歌,李化树. 关于大学治理现代化的思考与建议[J]. 四川文理学院学报,2015,25(03)：121-124.

钱丽霞. 联合国可持续发展教育十年的推进战略与实施建议[J]. 全球教育展望,2005,34(11)：11-16.

乔春华. 高校价值链会计的研究[J]. 会计之友,2015(09)：124-127.

商兰芳. 高职教育财政管理：问题与对策[J]. 教育发展研究,2014,34(17)：12-18.

盛冰. 高等教育的治理：重构政府、大学、社会之间的关系[J]. 高等教育研究,2003(02)：47-51.

盛国军. 高校社会服务职能评价体系研究[J]. 黑龙江高教研究,2012,30(02)：49-52.

石丽,陈万明. 高等教育层次结构与就业结构关系的实证研究——基于1998-2007年的数据分析[J]. 中国高教研究,2011(11)：26-28.

石玉亭. 论大学经济价值的实现途径[J]. 经济师,2002(04)：8-9.

史静寰. 现代大学制度建设需要"根""魂"及"骨架"[J]. 中国高教研究,2014(04)：1-6.

司群英. 追寻大学精神：学术权力视域下的高校管理反思[J]. 扬州大学学报(高教研究版),2010,14(05)：17-19.

眭依凡,汤谦凡. 我国高校社会服务30年发展实践研究[J]. 中国高教研究,2008(11)：18-22.

眭依凡. 论大学的善治[J]. 江苏高教,2014(06)：15-21+26.

唐汉琦. 大学治理结构下学术自治与科层制的矛盾冲突及其消解[J]. 现代大学教育,2014(02)：73-76+84.

滕珺. 多元、公平、合作、创新：世界高等教育发展的新趋势——解读 2009 年 UNESCO 世界
　　高等教育大会公报[J]. 比较教育研究,2009,31(12)：51－55.

田华静. 大学治理视野下的高校预算导向作用[J]. 苏州大学学报(哲学社会科学版),
　　2014,35(06)：127－131.

王丰. 高校财务绩效考核体系构建研究[J]. 山西财经大学学报,2011,33(S3)：247+249.

王江丽,张建初. 高校财务绩效评价的效能分析[J]. 苏州大学学报(哲学社会科学版),
　　2010,31(03)：121－124.

王敬波. 现代大学制度与高校信息公开的三维透视[J]. 中国高等教育,2015(24)：24－27.

王良驹. 树立财务经营理念 整体协同大学管理[J]. 中国高等教育,2011(08)：20－22.

王为正. 文化价值：大学教育的核心价值取向[J]. 中国高等教育,2012(Z3)：26－28.

王务均,龚怡祖. 大学学术权力与行政权力的包容机制研究[J]. 教育发展究,2012,
　　32(Z1)：54－59.

王旭东,李玉珠. 大学社会服务职能分析[J]. 国家教育行政学院学报,2014(11)：33－36.

王瑛滔,李家铭. 大学法人化与大学治理结构变革——东京大学的经验和启示[J]. 全球教
　　育展望,2012,41(11)：53－56+62.

王岳森. 加强高校无形资产管理 提升国家软实力[J]. 中国高等教育,2014(21)：16－18.

魏小琳. 论高等教育多样化发展的文化价值[J]. 江苏高教,2012(02)：16－18.

吴安新,邓江凌. 政府和社会力量参与大学治理问题研究——基于"外部利益相关者"视角
　　[J]. 现代教育管理,2012(03)：54－58.

吴杰,张自伟. 大学治理结构的国际比较与借鉴[J]. 山西财经大学学报(高等教育版),
　　2007(02)：19－22.

肖瑞峰. 大学使命引领的教学团队建设[J]. 中国高教研究,2010(05)：89－91.

徐国强. 我国高校财务管理现状及应对措施[J]. 财会研究,2010(24)：47－48.

徐敏. 高校信息公开与现代大学制度建设[J]. 江苏高教,2011(01)：43－45.

徐元俊.协同创新：提高地方高校社会服务能力[J]. 科学管理研究,2013,31(03)：30－33.

荀渊. 治理的缘起与大学治理的历史逻辑[J]. 全球教育展望,2014(05)：97－106.

严瑛. 高校监督系统的构建[D]. 南京：南京师范大学,2006：21－22.

杨爱东,张爱淑. 善治视域下的中国现代大学治理探究[J]. 理论与改革,2016(01)：
　　103－107.

杨成名. 大学治理结构的比较与适应性选择[J]. 江西师范大学学报(哲学社会科学版),
　　2013,46(01)：117－122.

杨德广. 试论现代大学的性质和功能[J]. 高等教育研究,2001(01)：29－34.

杨启亮. 为教学的评价与为评价的教学[J]. 教育研究,2012,33(07)：98－103.

杨树政. 大学的责任、使命和价值——院校研究视野下的美国高等教育考察报告[J]. 西南

交通大学学报(社会科学版),2010,11(02):13-19.

杨朔镔.利益相关者治理模式下的大学外部治理结构变革——以"U-G-S"为例[J].黑龙江高教研究,2014(06):24-27.

杨天平.中国特色的现代大学制度建设:问题与思考[J].现代大学教育,2010(02):39-43+111-112.

杨晓翔,温步瀛,钟春玲.地方"211工程"高校多样化人才培养模式的改革探索——以福州大学为例[J].中国大学教学,2012(10):24-26+12.

叶澜.试论当代中国教育价值取向之偏差[J].教育研究,1989(08):28-32.

尹晓敏.高校治理的一种新范式:以提升透明度为核心[J].江苏高教,2010(04):30-32.

于忠海.合法性与再生产:大学学术权力与行政权力博弈反思——布迪厄场域的视角[J].现代大学教育,2009(05):7-10+57+112.

余利川,段鑫星.大学治理的价值逻辑与制度启示[J].广西社会科学,2017(06):212-216.

余小波,陆启越,周巍.社会评价介入大学治理:价值、路径及条件[J].大学教育科学,2015(04):23-27.

余晓,郑素丽,吴伟.地方高校合作专利发展特征及其优势学科的契合度研究[J].高等工程教育研究,2016(01):76-81.

余玉龙.强化教学学术 促高校教学科研双赢[J].中国高等教育,2012(01):33-34.

喻源,眭国荣.基于价值链理论的大学生人文素质教育[J].现代远距离教育,2009(03):32-35.

袁飞.学术权力与行政权力的统一、冲突与平衡[J].高等教育研究,2015,36(07):25-27+12.

湛中乐.大学信息公开制度的建设与反思[J].国家教育行政学院学报,2013(02):3-8.

张凤都,付冉冉.英国大学治理制度的发展变迁及其对中国大学的启示[J].中国教育学刊,2015(S1):384-385.

张海滨.激励相容视角下的大学内部治理[J].教育发展研究,2012,32(01):75-79.

张杰.大学治理的核心——上海交通大学以人为本的制度激励[J].中国高教研究,2015(07):2-5.

张倩.英国大学内部治理结构及其启示[J].当代教育科学,2010(01):46-48.

张维平.大学章程对高校党委与校长责权的划分与协调[J].现代教育管理,2015(10):1-6+20.

张武军.德国大学治理制度及启示[J].大学(学术版),2014(05):71-73+70.

张晓军,席酉民.我国高校科研管理的问题与改革建议——基于资源配置的视角[J].科学学与科学技术管理,2011,32(07):58-63.

张胤、武丽民. "行政主导"到"学术为本、权力共治"——从《高等学校学术委员会规程》看中国高校治理结构[J]. 江苏高教,2015(01): 47-49.

张应强,蒋华林. 关于中国特色现代大学制度的理论认识[J]. 教育研究,2013,34(11): 35-43.

赵文华,周巧玲. 大学战略规划中使命与愿景的内涵与价值[J]. 教育发展研究,2006(13): 61-64.

赵叶珠,游蠡. 十年间高等教育理念的若干新发展——基于两次世界高等教育大会的文本细读[J]. 高教探索,2011(01): 25-28.

赵义华. 我国高校定位政策的变迁及其动力[J]. 国家教育行政学院学报,2012(03): 25-30.

钟秉林,赵应生,洪煜. 中国特色现代大学制度建设——目标、特征、内容及推进策略[J]. 北京师范大学学报(社会科学版),2011(04): 5-12.

查永军. 学术资源配置中的大学学术权力与行政权力[J]. 黑龙江高教研究,2011(03): 5-8.

周光礼,马海泉. 教学学术能力——大学教师发展与评价的新框架[J]. 教育研究,2013, 34(08): 37-47.

周光迅. 高等教育功能创新论[J]. 教育发展研究,2004(12): 109-112.

周湘林. 基于新公共管理理论视角的高校管理模式分析[J]. 教育研究与实验,2014(03): 38-43.

朱海玶,韩泽林. 利益相关者理论下的大学内部治理研究[J]. 内蒙古师范大学学报(教育科学版),2013,26(05): 51-55.

朱家德. 大学有效治理:西方经验及其启示[J]. 高等教育研究,2013,34(06): 29-37.

朱守信,杨颉. 学术评议会与共同治理的形成——以加州大学伯克利分校为例[J]. 现代大学教育,2014(02): 44-48.

(二) 图书

陈立鹏. 大学章程研究——理论与实践的探索[M]. 北京:北京师范大学出版社,2012.

陈明. 我国高校财务管理问题研究[M]. 成都:西南交通大学出版社,2012.

约翰·杜威. 民主主义与教育[M]. 王承绪,译. 北京:人民教育出版社,1990.

詹·法格博格,戴维·莫利,理查德·纳尔逊. 牛津创新手册[M]. 柳卸林,郑刚,蔺雷,等,译. 北京:知识产权出版社,2009.

范文曜,闫国华. 高等教育发展的财政政策——OECD 与中国[M]. 北京:教育科学出版社,2005.

黎琼锋. 教学价值与美好生活[M]. 上海:人民教育出版社,2012.

杨小微,张天宝. 教学论[M]. 北京：人民教育出版社,2007.

燕良轼. 教学的生命视野[M]. 长沙：湖南师范大学出版社,2010.

俞可平. 治理与善治[M]. 北京：社会科学文献出版社,2000.

张维迎. 大学的逻辑[M]. 北京：北京大学出版社,2004.

王琪,程莹,刘念才. 世界一流大学：共同的目标[M]. 上海：上海交通大学出版社,2013.

二、英文参考文献

(一) 论文

ALCHIAN A, Demsetz H. Production information costs and economic organization [J]. American economic review, 1972(05)：777-795

BIRNBAUM R. The end of shared governance：looking ahead or looking back [J]. New directions for higher education, 2004(127)：5-22.

BOATRIGHT J R.Contractors as stakeholders：reconciling stakeholder theory with the nexus-of-contracts firm [J]. Journal of banking and finance, 2002(26)：1837-1852.

FAMA E F. Agency problems and the theory of the firm [J]. Journal of political economy, 1980 (88)：288-307.

FUENTE. UNESCO world conference on higher education WCHE 2009. New dynamics of higher education and research for societal change and development [J]. Universidad's, 2009 (42)：3-5.

HOLMSTROM B. Managerial incentive problem：a dynamic perspective [J]. The review of economics, 1999(66)：169-182.

JENSEN M C, Meckling W H. Theory of the firm：managerial behavior, agency costs and ownership structure [J]. Journal of financial economics, 1976(03)：305-360.

LEVITT T. Production line approach to service [J]. Harvard business review, 1972, 50(04)：41-52.

MIRRLEES J. The optimal structure of incentives and authority within an organization [J]. The bell journal of economics, 1976, 7(01)：105-131.

MODIGLIANI F, Miller M H. Capital costs, corporate finance and investment theory [J]. American economic review, 1958(48)：261-297.

ROSS S. The economic theory of agency：the principles problem [J]. American economic review, 1973(63)：134-139.

WEITZMEN M. The 'ratchet principle' and performance incentives [J]. The bell journal of economics, 1980(11)：302-308.

(二) 图书

BOYER E L. Scholarship reconsidered: priorities of the professoriate [M]. Princeton, NJ: carnegie foundation for the advancement of teaching, 1990.

CLARK B R. The higher education system: academic organization in cross-national perspective [M]. Berkeley: University of California Press, 1983.

CORSON J J. Governance of colleges and universities[M]. New York: McGraw-Hill, 1960.

HECKSCHER C. The Post-bureaucratic organization: new perspectives on organizational change [M]. New Delphi: Sage, 1994.

PORTER M E. Competitive advantage[M]. New York: Free Press, 1985.